序

为打造“广东绿谷”提供文化力量

编史修志，是中华民族的优良文化传统。古语云：“温故而知新”、“以史为鉴，可以知兴替”。只有了解历史，熟悉历史，思考历史上的曲折与成就、苦难与辉煌，才能不断总结经验，从中得到教训和启迪。

当前，我国正处于全面建成小康社会、实现中华民族伟大复兴的中国梦的重要历史时期，在文化生产经营体制变革创新、现代文化市场体系逐步建立与完善的大背景下，河源广播电视台及时组织力量，编纂出版《河源广播电视台志》，这既是河源广电人追逐梦想、不断探索发展、担当时代责任、共筑中国梦的体现，也是河源广播电视战线上一件功在当今、泽流后世的好事。

河源是客家古邑，有两千多年的深厚积淀。公元前 214 年，秦平南越，河源市龙川县是岭南地区最早建县的地区之一，首任县令便是后来的南越王赵佗。自 1988 年建市以来，河源崛起为粤东北一个蓬勃发展的新兴城市。目前，全市上下正深入实施“四大战略”，努力打造“广东绿谷”，建设幸福河源。伴随着省委、省政府促进粤东西北地区振兴发展的东风，河源城市的提质扩容、江东新区的成立，使河源又迎来了新一轮发展潮。

伴随着河源发展大潮，河源广播电视事业也应运而生，1988 年成立了河源市广播电视局，尤其是 2004 年，在整合广电媒体资源的基础上成立南方广播影视传媒集团河源广播电视台后，河源广电事业更是日新月异，各项工作成绩斐然。在宣传党的路线、方针、政策，促进“五个文明”建设，活跃人民文化生活等方面，广播电视发挥了重要作用。

《河源广播电视台志》全面记载了 2004 年至 2013 年这十年来南方广播影视传媒集团河源广播电视台成立发展的历史进程，1988 年至 2003 年河源市广播电视局历程则用附录形式来表现。全书以广电事业发展历程为载体和主线，折射出不同阶段、不同时期河源市政治、经济、社会发展的概况和特色，具有较高的存史、资政、育人价值。

《河源广播电视台志》的编撰，有以下几个鲜明特色：一是坚持了正确的指导思想，篇目设计科学合理，实事求是，突出了河源的地域特点、时代特点、广电行业特点。二是资料翔实，内容丰富，可读性较强。三是填补了河源广电史志的空白，同时也是建设发展河源广电事业，更好地为宣传党的路线、方针、政策服务的好教材。对外界了解认识河源广电事业，探索建设河源广电事业的规律和经验，也有着重要的意义。

文化发展与繁荣是民族振兴的体现，是人民幸福的诉求。只有积极投身其中，为群众提供优秀的精神文化产品，高扬主旋律，奏响时代强音，为伟大的时代鼓与呼，才能无愧于做这个时代洪流的参与者、见证者。目前，河源广电正面临变革发展的关键时期，在新媒体发展迅猛的形势下，未来河源广电发展也必然面临许多挑战，这就需要广电人注重“内外兼修”，一方面抓好改革、创新和管理，进一步提高效率和节目质量；另一方面抓好产业经营和业务形态的扩展，进一步提升传播力和影响力。希望河源广播电视台利用编修台志的机会，总结经验、扬长避短，不断探索传统媒体和新媒体融合的发展规律，进一步巩固主流媒体地位，为推动河源经济社会发展和建设文化河源作出新的贡献！

是为序。

中共河源市委常委、宣传部部长　吴善平

2015 年 6 月于河源

《河源广播电视台志》编纂委员会

主　任： 邹仕选　汪小刚

副主任： 廖　真　叶振廷　车济民

何远航　饶兆勇　涂少俊

委　员：（以姓氏笔画为序）

邓海滨　甘　露　叶运枚　张　惠　张庆华

周小莲　钟来全　钟梓梅　郭佳红　郭志军

诸景强　黄明东　蒋　文

主　编： 叶振廷

副主编： 何远航　饶兆勇

编　辑： 钟梓梅　叶运枚　邓海滨　许志武　黄伟发

廖运林　赖晓君　李成龙

河源廣播電視台
Heyuan radio and television station

河源广播电视台志

THE CHRONICLE OF HEYUAN RADIO AND TELEVISION STATION

叶振廷 ◎ 主编

暨南大學出版社
JINAN UNIVERSITY PRESS

中国·广州

图书在版编目（CIP）数据

河源广播电视台志/叶振廷主编. —广州：暨南大学出版社，2015.10
ISBN 978－7－5668－1577－4

Ⅰ.①河… Ⅱ.①叶… Ⅲ.①广播电台—新闻事业史—河源市—2005—2013②电视台—新闻事业史—河源市—2005—2013 Ⅳ.①G229.276.53

中国版本图书馆CIP数据核字（2015）第175519号

出版发行：暨南大学出版社

地　　址：中国广州暨南大学
电　　话：总编室（8620）85221601
　　　　　营销部（8620）85225284　85228291　85228292（邮购）
传　　真：（8620）85221583（办公室）　85223774（营销部）
邮　　编：510630
网　　址：http：//www.jnupress.com　http：//press.jnu.edu.cn

排　　版：广州良弓广告有限公司
印　　刷：深圳市新联美术印刷有限公司

开　　本：787mm×1092mm　1/16
印　　张：25.5
字　　数：505千
版　　次：2015年10月第1版
印　　次：2015年10月第1次

定　　价：128.00元

前 言

历史每天都在发生，而只有记录下来的，才能成为有记载的历史。一则平凡的记载，可能讲述着不平凡的历史，史志——就是记述这些不平凡历史的载体之一。

翻开尘封的历史，就打开了难忘的记忆。2004 年 3 月 26 日，对于河源广电人来说，无疑是一个值得纪念的日子。这一天，河源广播电视台正式挂牌成立，从此开启了河源广播电视发展史上一个新的纪元。

十多年来，河源广电人在市委市政府的正确领导下，充分发挥主流媒体作用，整合广电媒体的资源优势，做大做强河源广播电视台的事业和产业，为河源市经济社会发展提供强有力的舆论支持，成为推动河源科学发展的主力军。

十多年来，河源广电人用汗水、用心血、用智慧，创作出了无数优秀的新闻作品。这些作品植根于河源，回应百姓关切，传播正能量，为广大群众所喜爱和认可。

十多年来，河源广电人筚路蓝缕，从 2005 年河源市至县光纤联网建设完成，2008 年市区有线数字电视网建成，2009 年河源广播电视中心大楼落成，到河源网络广播电视台建成并投入运营等，累计投资达 1.5 亿元。2006 年，河源广播电视台总资产仅为 3 300 多万元，而到 2013 年底已达 5.5 亿元，八年间增长了近 16 倍。

河源广电人取得的成绩，凝聚了各级党政领导的关怀和支持，凝聚了广大人民群众的信任和呵护，凝聚了河源广电人的智慧、力量和汗水！

为更全面、深入地反映这十多年来河源广电人的创业、奋斗历程，弘扬广电人的精神，作为河源广播电视历史的见证者，本志编者有义务把他们及其前辈所做的工作忠实地记录下来，为后来人留下宝贵的历史资料，以使更多的群众，特别是广播电视从业人员了解河源广播电视的创业史和成长史。

“雄关漫道真如铁，而今迈步从头越。”河源广播电视台的光辉历史有目共睹，但辉煌的成绩只能说明过去，要想把河源广电人的光荣传统不断发扬光大，还需靠河源广电人的继续努力。借《河源广播电视台志》出版的东风，薪火传承，继往开来，鼓足干劲，奋勇拼搏，为开创河源广播电视事业的新局面，为河源“打造‘广东绿谷’、实现生态崛起”作出河源广电人新的更大的贡献！

作为一份特殊礼物，我们以此台志献给诸多坚守理想的河源广播电视人，献给始终关怀、帮助河源广播电视事业的各级领导，献给支持与热爱河源广播电视事业发展的广大群众。

这是河源广电人珍视的一部史志，负载着历史与希望。我们期待它如其他志书一样，能起到“资治、存史、教化”的作用，既服务当代，又惠及后人，对大家有所启迪和帮助。

编 者

2015 年 6 月

凡　例

一、本志以马克思列宁主义、毛泽东思想和邓小平建设有中国特色社会主义理论为指导，坚持科学发展观，坚持实事求是，力求全面翔实地记录河源广播电视事业的发展轨迹。

二、遵循“立足当代，详今略古，详近略远”的编纂原则，重点记述河源广播电视台的发展简史和部分业绩，上自河源广播电视台挂牌成立之日，下至2013年12月，突出时代特点、地方特点和专业特点。

三、本志共设七编，包括组织、事业、宣传、合作、队伍、管理、荣誉等专志，另配编综述和附录，均平行排列。各编分章、节、目，横排门类，纵述史实。

四、叙述结合图表，配以附录，以记叙为主，图表随文而出，寓观点于记述之中。

五、采用现代汉语表述，只记事实，不作评论，寓褒贬于客观记述中，文风力求严谨、朴素、简洁。

六、对机构、部门、社会团体、会议等名称和专用名词的书写，在第一次出现时均用全称，重复出现时用简称。

七、凡介绍、统计物理量、文件编号、证件号码或单位代号，统用阿拉伯数字。

八、对专业术语或科技行话，尽可能少用其行内学名或外文字母，而改用现代测评词来转述。

九、资料来源于文史档案、新闻史料、广电专著以及采访笔录等。

十、各项数据一般采用政府年鉴及主管部门或台各部门、下属单位提供的正式数字。

十一、大事记以编年体为主，辅以纪事本末体。

目　录

第三编　宣　传

第四编 合 作

第五编 队 伍

第七编 荣 誉

附 录

领导关怀

2004年1月10日，广东省委副书记蔡东士（右2）在广东省广播电影电视局局长王克曼（左2）、河源市委书记梁伟发（右1）的陪同下到河源广播电视台视察。

2006年4月18日，河源广播电视台公共频道正式开播。河源市委常委、宣传部部长黄建中（中）、河源市副市长吴有必（右）莅临开播仪式。

2006年8月10日，河源市委常委、宣传部部长黄建中（左）接受南方广播影视传媒集团党委副书记杨长途（右）送来的灾后慰问金60万元。

2006年9月28日，河源市委常委、宣传部部长黄建中（左6），河源市副市长吴有必（左5）参加河源广播电视中心奠基仪式。

2006年10月19日，河源广播电视台召开“河源广播电视台市区有线电视用户发展取得新突破”座谈会，河源市委常委、宣传部部长黄建中（左1），河源市副市长吴有必（右2）莅临指导。

2008年6月24日，河源市委书记陈建华（中）率队视察河源广播电视中心施工工地。河源市委常委、秘书长赖泽华，河源市副市长吴有必等同志陪同视察。

2006年11月28日，河源市委书记梁伟发（右2）在河源市委常委、宣传部部长黄建中（右1），河源市委常委、秘书长刘嘉文（左2）等同志的陪同下到河源广播电视台调研。

2007年8月17日，河源市委书记陈建华（右1）一行到河源广播电视台调研。河源市委常委、宣传部部长吴善平（右2）陪同调研。

2008年6月27日，广东省委常委、宣传部部长林雄（右）来到河源广播电视中心施工工地视察。

2009年6月30日，河源广播电视中心举行全面启动仪式，河源市委书记陈建华，河源市市长刘小华，市委常委、常务副市长黄建中，市委常委、宣传部部长吴善平，市人大常委会副主任刘法奎，副市长温文斐，市政协副主席黄晨光，南方广播影视传媒集团总裁张惠建，广东省广播电影电视局副局长曾培贤等同志为河源广电中心全面启动剪彩。

2009年6月30日，河源广播电视中心全面启用，河源市委书记陈建华（右2）、河源市市长刘小华（左1）、南方广播影视传媒集团总裁张惠建（右1）等领导参观新大楼。

2009年6月1日，河源广播电视台举行河源广播电视中心落成揭幕暨大型电视纪录片《天下客家》开机仪式，河源市委常委、宣传部部长吴善平（右2），副市长吴有必（左2）出席活动。

2009年7月14日，河源市市长刘小华（左2）在市委常委、宣传部部长吴善平（右2）的陪同下参观广电中心大楼。

2009年8月19日，河源市委书记陈建华（右2）在市委常委、宣传部部长吴善平（左2），副市长吴有必（右1）的陪同下出席《说事》开播三周年晚会。

2009年9月，原国家广电部副部长何栋才（右2）莅临河源广播电视台参观指导。

2009年11月3日，河源市委书记陈建华（左1）陪同清远市领导参观河源广播电视台。

2009年10月29日，广东省副省长佟星（右2）一行在河源市委书记陈建华（右1）等同志的陪同下到河源广播电视台视察。

2009年11月18日，河源市委书记陈建华（右1）、市长刘小华（左1）陪同学习实践科学发展观活动中央第二巡回检查组组长王众孚（右2）等领导到河源广播电视台视察。

2009年11月22日，河源市委书记陈建华陪同辽宁省铁岭市党政考察团参观河源广电中心。

2009年12月13日，河源市委书记陈建华等同志陪同《光明日报》社副总编辑李景瑞（右2）视察河源广播电视台。

2009年12月30日，河源市党政领导班子率全市处级以上干部参观河源广播电视台。

2010年2月6日，广东省委宣传部副部长、广东省广播电影电视局局长杨建（下图左5）和南方广播影视传媒集团党委书记白玲（下图左6）到河源广播电视台调研。

2010年2月10日，河源市委书记陈建华（下图左）率队到河源广播电视台慰问春节一线值班工作人员。

2010年7月7日，河源市副市长温文斐（左3）、叶维园（左2）等领导到河源广播电视台网站指导工作。

2010年9月16日，河源市委宣传部和河源广播电视台的退休老同志参观河源广播电视台。

2010年10月11日，广东电视台台长曾国欢（右2）到河源广播电视台调研。

2010年9月10日，广东省老领导方苞（右2）等同志到河源广播电视台参观指导。

2010年9月29日，河源市市长刘小华（左3）等领导到河源广播电视台调研。

2011年1月30日，河源市市长刘小华（左2）到河源广播电视台指导工作。

2011年2月24日，河源市政协主席陈志干（左2）参观河源广播电视台。

2011年3月29日，河源市代市长彭建文（右2）率队到河源广播电视台调研。

2011年7月5日，河源市委常委、纪委书记苏全贵（右2）到河源广播电视台调研。

2011年8月2日，广东省人大常委会副主任钟阳胜（左2）到河源广播电视台指导工作。

2011年8月8日，广东省省长黄华华（右2）到河源广播电视台指导工作。

2011年11月15日，广东电视台副台长徐惠如（左2）到河源广播电视台调研。

2012年1月13日，南方电视台总工程师何弈钊（左3）到河源广播电视台调研。

2012年1月18日，河源市委常委、宣传部部长吴善平（左1）到河源广播电视台慰问春节一线值班工作人员。

2012年3月8日，河源市委书记何忠友（左图右1、下图左4）带队到河源广播电视台调研。

2012年6月25日，南方广播影视传媒集团总裁张惠建（左2）到河源广播电视台检查指导工作。

2013年2月19日，河源市政协主席龚佐林（左2）率队到河源广播电视台调研市广播电视事业发展情况。

2013年3月12日，广东省广播电影电视局党组书记黄小玲（右3）率队到河源广播电视台调研。

基础设施

2004年3月26日，南方广播影视传媒集团河源广播电视台举行挂牌仪式。

2006年12月6日，河源广电网站开通。

2006年10月6日，河源广播电视台台长汪小刚到桂山广播发射基地检查工作。

河源广播电视中心建设初期。

2007年9月3日，河源市委常委、宣传部部长吴善平（左1）到建设中的河源广播电视中心调研。

2007年12月16日，河源广播电视中心大楼顺利封顶。

2008年1月26日，河源广播电视台员工在检修被冰灾损坏的网络线路。

2008年2月9日，河源广播电视台汪小刚台长等台领导在桂山广播发射基地检查无线发射工作。

2008年9月26日，河源市区首个数字电视整转试点小区现场（大同路茶园小区）。

2010年6月29日，河源广播电视台举行标清电视转播车启用仪式。

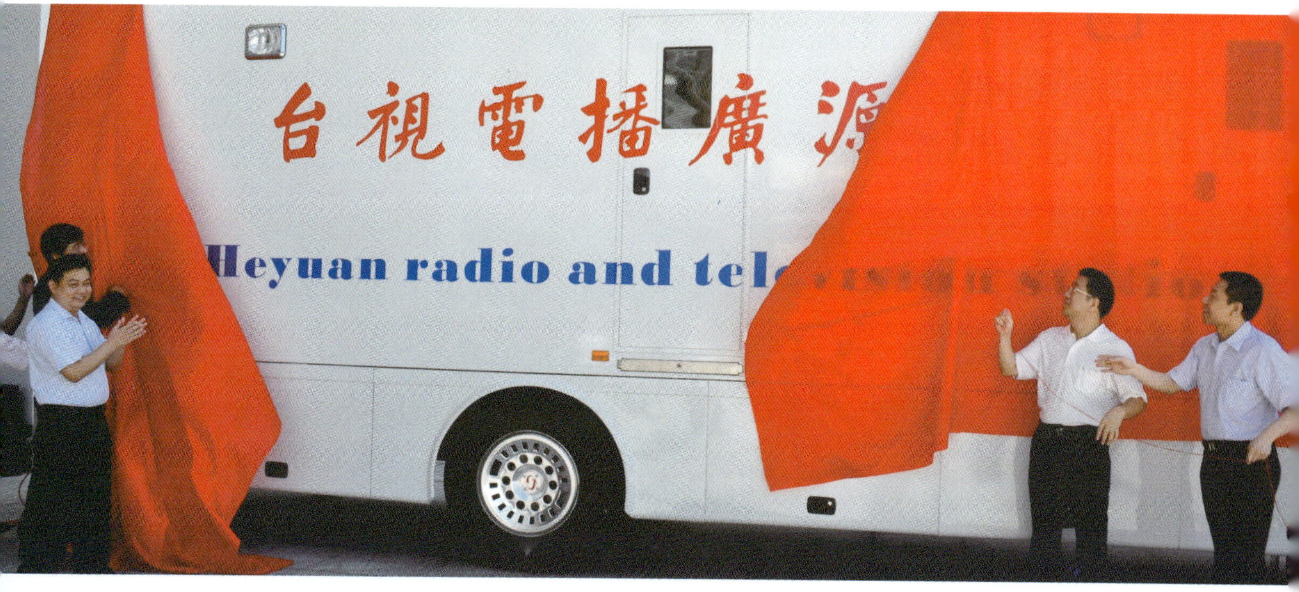

2011年12月14日，广东省文化产业发展专项扶持资金考核组到河源广播电视台检查指导工作。

2012年12月20日，广东省文化产业发展专项扶持资金考核组检查项目资金使用情况。

建设中的茶亭山广播电视塔

位于茶亭山的广播电视发射塔

河源电视台文明路旧址

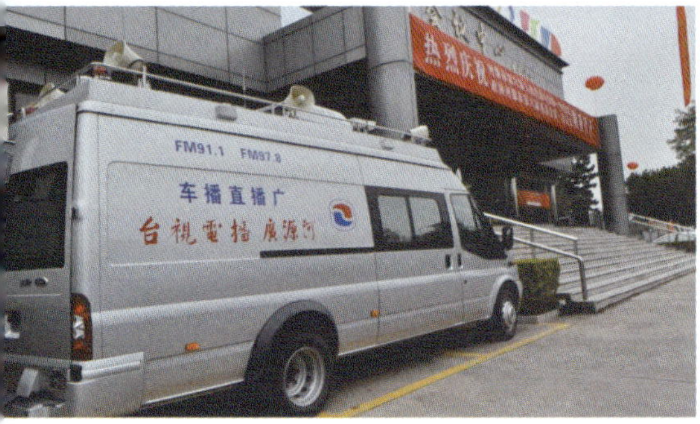

正在执行任务的广播直播车

桂山广播发射基地

自主设计组装的首台4讯道模拟电视转播车

大楼与电视转播车

媒资库

播控机房

发射机房

服务器

发射终端

发射终端

800平方米演播大厅

播控系统

播控系统

非编系统

供配电系统

数字广播服务器

《政风行风热线》直播室

数字广播控制室

重大新闻采访活动

2004年4月，记者采访河源市首届客家文化节。

2005年12月28日，河源广播电视台派出多路记者采访“后发河源”经贸活动。

2007年1月，河源广播电视台记者采访报道河源市第五次党代会。

2005年，记者采访“6·20”受灾群众灾后集体搬迁新居过中秋节的喜庆盛况。

2006年11月，第十一届国际旅游小姐大赛总决赛颁奖晚会。

2008年1月，录制《身边的巨变　辉煌20年》访谈节目。

2008年3月，公共频道录制《思想大解放，促进大发展》访谈。

◀2008年3月11日，录制《红色之旅——河源：中国革命策源地之一系列访谈》节目。

2008年，河源“两会”期间记者采访与会代表。▶

◀2008年9月，直播中国首届客家文化节开幕式。

2009年1月，录制大型民生访谈节目《走过2008》。河源市委书记陈建华（右）作为嘉宾参与访谈。▶

◀2009年2月，录制河源《“两会”大家谈》访谈节目。

2009年10月，直播河源市庆祝中华人民共和国成立六十周年晚会。▶

2009年11月，直播“唱响广东”旅游金曲精英大赛。

2010年7月19日，河源市首届农业金牌产品评选活动。

2010年9月20日，河源广播电视台记者采访第二十三届世客会客家妹选拔大赛冠军。

2010年10月25日，广州亚运会圣火传递河源站。

2010年11月，第二十三届世客会期间，河源广播电视台推出专题栏目《天下客家聚河源》。

2011年5月10日，河源广播电视台记者采访水上居民上岸搬迁仪式。

2011年，“开局‘十二五’，齐心谋跨越”系列访谈。

▲
◄ 2011年11月，河源市第二届农博会。

2010年河源“两会”，记者采访河源市委书记陈建华。

2009年河源“两会”报道。

2011年河源“两会”，记者采访河源市市长刘小华。

2011年河源“两会”报道。

2011年河源“两会”报道。

2012年河源“两会”，记者采访河源市委书记何忠友。

2012年河源“两会”报道。

2013年5月18日，“行风热线与你面对面—— 县区行”户外直播活动。

2013年5月18日，“行风热线与你面对面——县区行”户外直播活动第二站在龙川县文化广场举行。

2013年8月17日，记者在紫金拍摄村民受灾情况。

2013年8月17日，记者在紫金拍摄水毁道路。

河源广播电视台参加中央电视台《客家足迹行》地方台协作会。

2010年10月28日，记者采访曾宪梓（下图右2）、吴惠权（下图左2）、孙穗芳（右图左）等客家名流。

节目品牌

2010年河源广播电视台首届广电文化节盛况

河源廣播電視
HYTV

新闻联播
HYTV NEWS
WWW. dhytv.c m

河源廣播電視中心

2011年河源广播电视台第二届广电文化节剪影

诚信铸造

视文化节
幕式

2011明源·国际

2012年河源广播电视台
第三届广电文化节剪影

东江湾 · 2012
第三届河源广播电视文化节

第三届河源广播电视文化节

2011
河源春节联欢晚会盛况

大拜

2012
河源春节联欢晚会剪影

2013
河源春节联欢晚会剪影

春

河源政风行风热线

2010年7月7日，河源市副市长温文斐（左）参加《政风行风热线》节目。

2011年4月13日，河源市副市长吴有必（中）参加《政风行风热线》节目。

河源市委常委、纪委书记苏全贵对《政风行风热线》开播十周年的成果给予充分肯定。

河源市常务副市长彭定邦出席“行风热线与你面对面（源城站）”活动并致辞。

2012年10月12日，河源市委常委、纪委书记苏全贵（左）参加《政风行风热线》节目。

2012年4月18日，河源市副市长朱蔚蔚参加《政风行风热线》节目。

2012年7月11日，河源市副市长章权参加《政风行风热线》节目。

2012年10月10日，河源市副市长李杨达参加《政风行风热线》节目。

2013年7月10日，河源市委常委、常务副市长赖泽华参加《政风行风热线》节目。

《政风行风热线》2011年度盘点晚会。

《政风行风热线》2012年度盘点晚会。

热心市民向《政风行风热线》栏目组赠送锦旗以表谢意。

“行风热线与你面对面”活动现场，市民踊跃提问、反映问题。

民生主题晚会

2013年1月28日，《非常会生活》与《民生一线》节目组联合举行观众答谢晚会。

2012年河源市首届青年创富电视大赛获奖选手。

2013年河源市第二届青年创富电视大赛获奖选手与评委和市领导合影。

河源广播电视台举行的汽车文化节暨电视超级汽车模特大赛。

河源广播电视台举行的小主持人大赛。

交流合作

2004年11月12日，南方电视台与河源广播电视台举行联合发展签字仪式。

2005年11月19日，广东电台副台长 谭天玄（左2）与河源广播电视台台长汪小刚（右2）签订《广东电台与河源广播电视台联合发展协议书》。

2005年中秋节，河源电视台与广东电视台联合现场直播东源县新回龙镇甘背塘村灾后重建集体搬迁新居庆典活动。

2006年3月3日，南方电视台副台长刘卫（左）与河源广播电视台台长汪小刚（右）在河源市华信大酒店举行“广东南方联合传媒广告有限公司河源分公司”挂牌暨签约仪式。

2005年，河源广播电视台与韶关、梅州、三明、龙岩、吉安、抚州、赣州等赣粤闽三省八市电视台举行客家歌手电视大奖赛。

2006年3月5日，河源市委常委、宣传部部长黄建中（左2），河源市副市长吴有必（右2），南方电视台副台长刘卫（右1），河源广播电视台台长汪小刚（左1）为广东南方联合传媒广告有限公司河源分公司挂牌揭幕。

2006年，广东电视台、河源广播电视台在桂山举行亲近自然活动。

2006年3月，河源广播电视台领导到泉州、漳州、汕头电视台参观学习。

2006年4月22日，南方电视台《今日一线》栏目与河源广播电视台公共频道在河源市区文化广场举办“情牵一线·走进河源”大型户外活动。

2006年11月16日，河源广播电视台在翔丰国际酒店举行“广东省珠江广播电视广告公司河源分公司”挂牌成立暨河源电台客户联谊酒会。南方广播影视传媒集团总编辑、广东人民广播电台台长白玲（中），河源市委常委、宣传部部长黄建中（左3），河源广播电视台台长汪小刚（左1）等出席酒会。

2006年9月28日，广东人民广播电台卫星频道20多名节目主持人与河源广播电视台广播中心节目主持人联合举行“共庆祖国华诞——大型听众见面会”。

2006年，广东省城市电视台节目协作会年会在河源召开。

2006年，南方电视台与河源广播电视台联合发展签字仪式。

2007年10月11日，广东省广播电影电视局巡视员曾广新（右）到河源广播电视台指导工作。

2007年，河源广播电视台与武警河源市支队举行联欢会。

2008年3月10日，河源广播电视台赴东莞考察学习数字电视整转情况。

2009年2月1日，著名传媒人杨锦麟到访河源广播电视台。

2009年6月20日至21日，河源广播电视台台长汪小刚同志率队到赣州参加首届赣粤闽湘四省九市区域广播电视协作体活动，并签署协作体战略合作框架协议。

2009年8月18日，江西省赣州电视台同行前来考察。

2009年9月18日，香港大学生组团参访河源广播电视台。

2009年12月15日，广东省语言文字工作评估组到河源广播电视台实地评估。

2010年3月26日，揭阳广播电视台台长林奠明来访。

2010年6月2日，河源广播电视台与中国联通河源市分公司签署战略合作协议。

2010年9月6日，云浮广播电视台台长黎迺强来河源广播电视台参观。

2010年1月26日，河源广播电视台台长汪小刚到紫金县广播电视台指导工作。

2010年9月18日，广东电视台主持人叶立谦为河源广播电视台员工授课。

2010年11月2日，河源职业技术学院新闻专业学生来河源广播电视台网站参观学习。

2011年9月29日，湖北荆门广播电视台来访。

2010年11月17日，广东省广播电影电视局副局长曾培贤率中南七省广电财务人员来访。

2011年10月16日，广东电视台副台长徐惠如来访。

2011年11月30日，青海广播电视台、广东电台到河源广播电视台参观交流。

2012年1月13日，南方电视台总工程师何弈钊一行前来参观。

2012年2月24日，湛江广播电视台台长黄戈率团前来参观交流。

2012年3月2日，清远广播电视台副台长江凌一行前来参观交流。

2012年3月20日，惠州广播电视台台长（总裁）朱伟思一行到河源广播电视台参观考察。

2012年3月25日，香港社建团队来访。

2012年5月30日，河源广播电视台与河源供电局建立战略合作关系。

2012年6月9日至10日，广东电视台体育代表团前来交流。

2012年5月16日，揭阳广播电视台徐小明副台长一行前来参观交流。

2012年9月19日，广东省十八大安全播出检查整改回头看粤东片区座谈会在河源市召开。

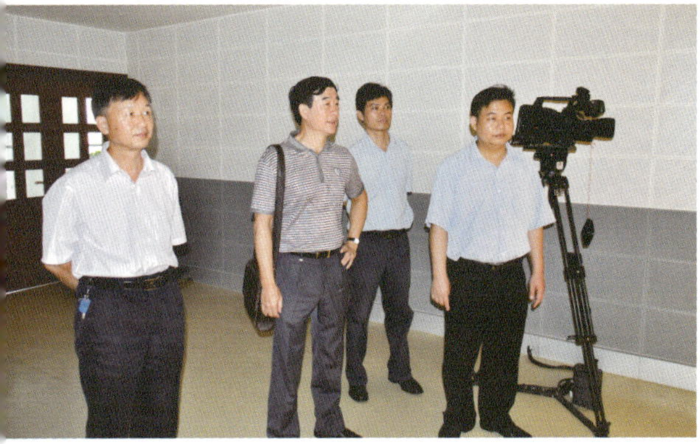

2012年7月8日，潮州广播电视台台长李伟雄一行前来参观交流。

2012年11月14日，南方广播影视传媒集团总工程师夏倜前来检查指导。

2012年7月23日，《民生保障》栏目启播仪式。

2012年12月7日，河源广播电视台召开网络广播电视台县区联盟工作会。

2012年12月13日，中国移动广东公司河源分公司与广东省广播电视网络股份有限公司河源分公司、河源广播电视台签订《战略合作协议》。

2012年12月13日，河源市领导吴善平、谢春森等为移动广电合作启幕。

2012年12月21日，香港客属总会考察团到河源广播电视台考察。

2013年1月6日，电视栏目《惠民之声》签约仪式。

2011年8月28日，河源广播电视台班子及各县台台长到山西省太原电视台参观学习。

岗位风采

河源广播电视台班子检查北京奥运会的安全播出工作。

有线电视网络线路抢修

设备检修

《天下客家》摄制组在海南儋州拍摄

《天下客家》摄制组在广西博白拍摄

播控人员在工作

SONY蓝光设备培训

转播车设备培训

记者在采访

卫星传输设备

导播在工作

摄像人员在安装摇臂

工作人员在直播中国首届客家文化节

记者在现场采访

访谈节目录制现场

编辑在进行新闻节目后期制作

记者深入基层采访

主持人风采

中国移动通信
CHINA MOBILE

河源市政风行风热线2010年度盘点

雅居乐河源首届广播电视文化节
颁奖晚会暨闭幕式

广播电视文化节

第二届河源广播电视文化节

“邮储银行杯”河源市首届
青年创富电视大赛

绿谷迎春百花化
三友之春 2013
河源春节联欢晚会

广播电视文化节
主持人见面会

崔文
蔡晓璐
李国洋
马岚
王婧怡
宋智捷
邓妮
宋文宜
胡琼
邓洁莹
匡永健
戴恒

燕子
飞扬
彩虹
小楷
芦花
谦泽
焦洋
朱铭臣
蒙嘉
曾春
阿伟

广电动态

2006年3月23日至24日，河源市广播电视台长会议在市区召开。河源市委常委、宣传部部长黄建中，副市长吴有必到会并讲话。

2006年8月9日，《说事》开播，栏目组在街头举行便民活动。

2006年12月9日，“魅力新人王”广东广播主持人大赛河源赛区比赛现场。

2007年6月29日，电视节目《河源·红色记忆》开播仪式。

2007年安全播出知识考试。

2006年，河源广播电视台中层干部竞争上岗动员会。

2006年11月28日，河源广播电视台举行国际赛事报道研讨会。

2007年，河源电视台主持人选拔大赛。

2007年8月9日，《说事》开播一周年庆祝活动。

◀ 2007年8月6日，河源广播电视台召开抵制低俗之风和虚假新闻工作会议。

2007年8月28日，河源广播电视台电视栏目《客家古邑》开播座谈会在市区举行，来自省市研究客家文化的专家、学者和省台领导齐聚一堂。▶

◀ 2007年消防知识培训。

2008年4月28日，河源广播电视台公共频道开办两周年庆祝酒会。▶

◀ 2008年8月1日，河源广播电视台位于文化广场的LED大屏幕举行开播仪式。

2008年，《政风行风热线》开播五周年晚会。▶

◀ 2009年10月12日，河源广播电视台主办普通话诵读和语言文字法规知识竞赛。

2009年11月28日，“唱响广东”河源赛区决赛现场。▶

◀ 2010年2月5日，河源市领导与河源广播电视台员工共贺新春。

2010年6月5日至6日，河源广播电视台举办家装电视论坛。▶

2010年5月18日，河源广播电视台召开岗位设置和人员聘用工作会议。

2010年6月4日，河源广播电视台召开创新发展座谈会。

2010年9月3日，河源广播电视台召开安全播出和安全生产工作培训会。

2010年9月16日，河源市宣传战线的部分老同志参观广电中心。

2010年8月5日，河源广播电视台等单位送戏下乡到扶贫“双到”半径村。

2010年5月28日，河源广播电视台相关领导参加浙江传媒学院校园招聘会。

2010年9月3日，河源广播电视台召开技术管理维护总结表彰会。

2010年9月29日，河源市委常委、宣传部部长吴善平为电视纪录片《天下客家》题字。

2010年9月29日，感动河源教育人物评选启动仪式。

2010年10月27日，河源市首届金牌农产品评选颁奖晚会。

2010年12月5日，著名画家骆文冠到河源广播电视台进行文化交流。

2010年度河源市广播电视节目奖评选会议。

2011年1月22日，河源广播电视台总结表彰会。

2011年河源市新年诗会。

2011年河源广播电视台、广电网络河源分公司新年酒会。

2011年4月21日，书画家董全福前来进行文化交流。

2011年9月5日，感动河源教育人物评选颁奖典礼。

2011年12月19日，河源少儿春节联欢晚会。

2011年4月9日，庆祝建党九十周年青年歌手大赛。

2011年5月29日，“百歌颂中华”河源赛区比赛现场。

2011年8月11日，书法家钟志武前来进行文化交流。

2011年11月23日，河源市第二届农博会开幕式。

2011年，河源广播电视台与工商银行河源分行举办联欢会。

2012年河源市新年诗会。

2012年1月17日，河源广播电视台举行2011年度总结表彰会。

2012年1月17日，河源广播电视台举行新年酒会。

2012年4月15日，河源广播电视台中层职位竞争上岗笔试现场。

2012年5月25日，河源广播电视台首届汽车文化节活动现场。

2012年，河源广播电视台举办首届建材家居砍价会。

2012年6月25日，河源广播电视台举行宣传管理知识考试。

2012年7月6日，河源广播电视台举行“十八大”安全播出知识讲座。

2012年9月14日，河源广播电视台举行“十八大”安全播出知识考试。

2012年记者节文艺晚会。

2012年，著名画家骆文冠为《世客会》电视栏目题词。

2013年3月1日，河源广播电视台分支机构负责人年度目标承诺大会。

2012年8月3日，河源广播电视台邀请广州大学王首程教授作“融媒体时代的广播电视节目创新”讲座。

2012年，第三届河源广播电视文化节期间举行环保公益大型活动。

2012年11月，河源市首届少儿国画书法电视大赛获奖的20名选手现场共同创作十米国画书法长卷。

2013年，河源广播电视台广播中心举行“倾城之恋”活动。

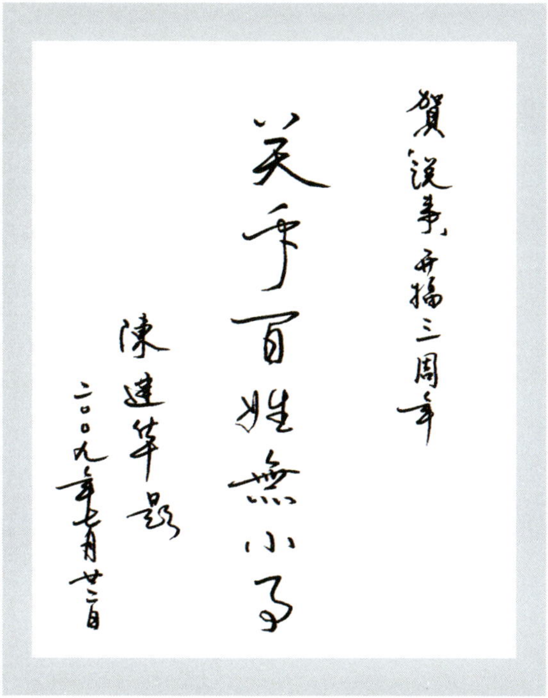

时任河源市委书记陈建华为《说事》开播三周年题词。

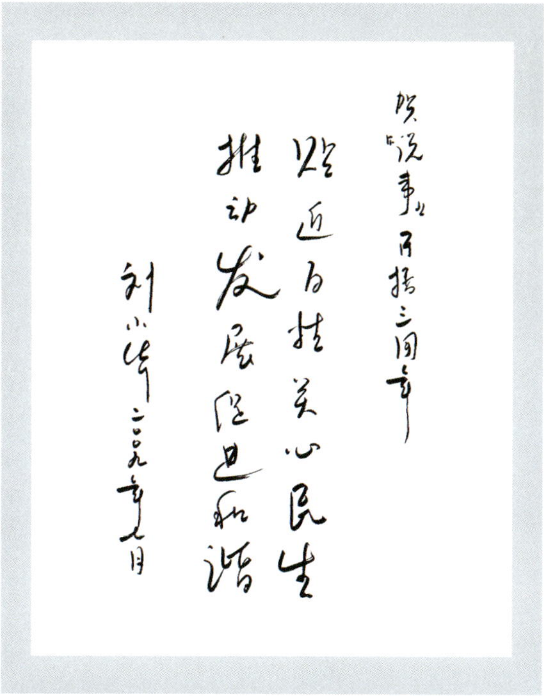

时任河源市市长刘小华为《说事》开播三周年题词。

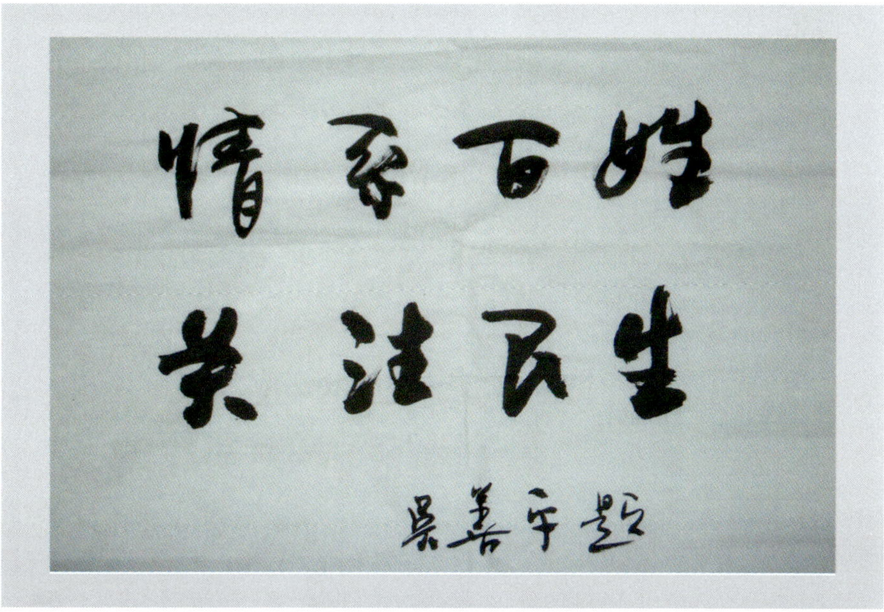

河源市委常委、宣传部部长吴善平为《说事》开播三周年题词。

工青妇风采

2009年河源广播电视台迎新年晚会，员工表演节目《喜乐年华》。

记者节晚会，员工自编自演节目。

员工举行集体生日会。

2009年12月12日，首届广电系统篮球赛东源台与和平台比赛。

2011年12月21日，第三届全市广电系统篮球比赛。

与武警战士共庆建军节。

员工参与植树活动。

员工乒乓球比赛。

中秋节台领导与单身员工联欢。

员工集体江边踏青。

员工外出采风。

采摘草莓，收获喜悦。

2007年7月25日，河源广播电视台召开第一次团代会。

2007年7月26日，河源广播电视台召开第一届工会会员代表大会。

员工拔河比赛。

2013年4月8日，河源广播电视台召开第二届工会会员代表大会。

2013年4月8日，台第二届工会会员代表大会当选委员。

2013年4月9日，共青团河源广播电视台委员会第二次代表大会。

2013年4月9日，台第二次团代会当选委员。

2013年4月10日，台妇女工作委员会成立大会。

2013年4月10日，台妇女工作委员会委员合影。

爱的奉献

2006年8月28日，河源广播电视台新闻助学行动助学金颁发仪式。

2007年，公共频道开展“情暖河源”农村贫困儿童助学行动。

2008年5月14日，台班子成员为5·12汶川地震灾区捐款。

2008年12月4日，台免费为市区低保户安装数字电视。

2009年2月1日，河源广播电视台领导到扶贫村慰问。

2010年4月4日，举行“万绿清泉润西南”募捐活动。

2010年5月8日，河源广播电视台举办世界红十字日文艺晚会。

2010年5月25日，河源广播电视台机关干部到紫金县蓝塘镇扶贫。

2010年6月10日，河源广播电视台扶贫工作组帮助帮扶对象发展生猪养殖。

2010年6月30日，河源广播电视台员工为广东扶贫济困日活动捐资12万多元。

2010年8月5日，河源广播电视台送戏下乡到扶贫点半径村。

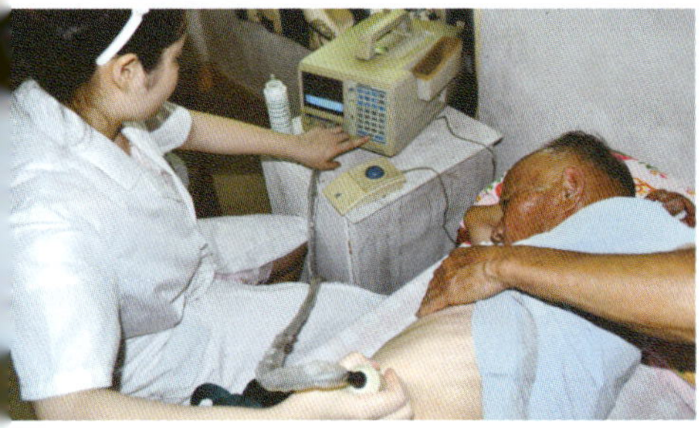

2010年9月1日，河源广播电视台送医送药到半径村。

2012年4月24日，河源广播电视台首届汽车文化节车模公益行活动。

2012年11月21日，河源广播电视台台长汪小刚一行到半径村进行扶贫成效调研。

2013年1月14日，河源广播电视台领导为半径村委送上慰问金，半径村委回赠感谢信和锦旗。

2013年5月12日，河源广播电视台与河源红十字会联合举办公益晚会。

2011年2月25日，河源广播电视台员工义务献血。

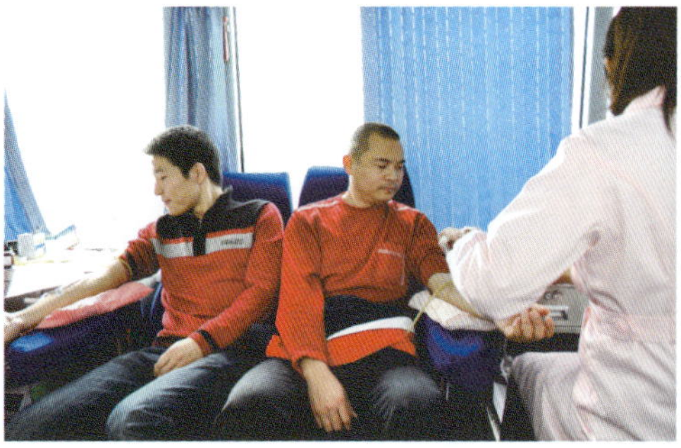

2012年8月24日，开展“善治河源·金秋助学”活动。

2013年3月21日，《非常会生活》栏目组联合河源市巴蜀文化研究会到新江路学校开展爱心助学活动。

2013年7月1日，河源广播电视台召开“关心下一代”工作表彰会。

荣誉与作品

2008年，河源广播电视台荣获“广东省文明单位”称号。

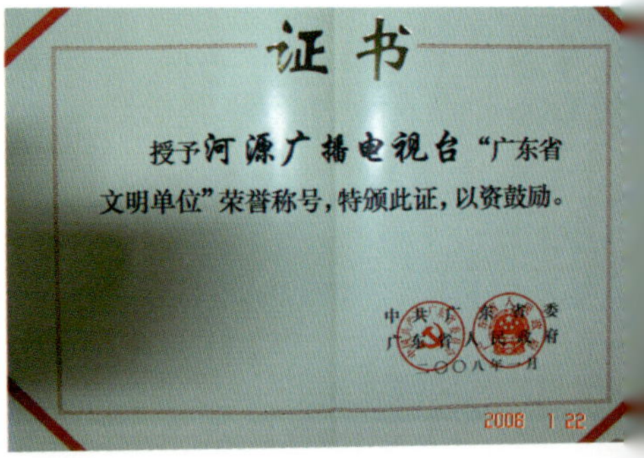

证书

授予河源广播电视台“广东省文明单位”荣誉称号，特颁此证，以资鼓励。

中共广东省委
广东省人民政府
二〇〇八年一月

2008 1 22

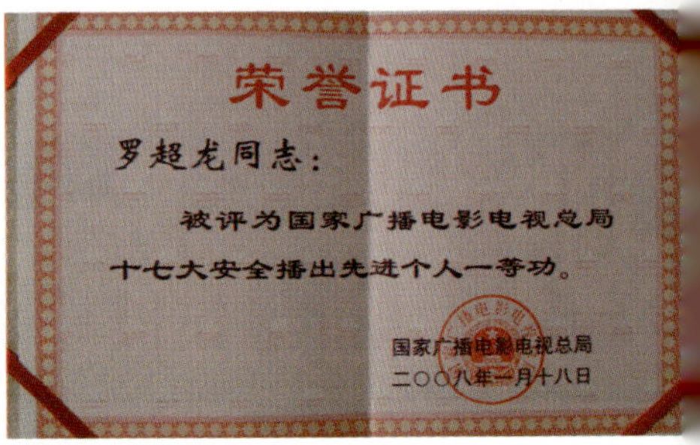

荣誉证书

罗超龙同志：

被评为国家广播电影电视总局十七大安全播出先进个人一等功。

国家广播电影电视总局
二〇〇八年一月十八日

证 书

董秋香 同志：

被评为全国广播电影电视系统先进工作者。

人力资源社会保障部　国家广播电影电视总局

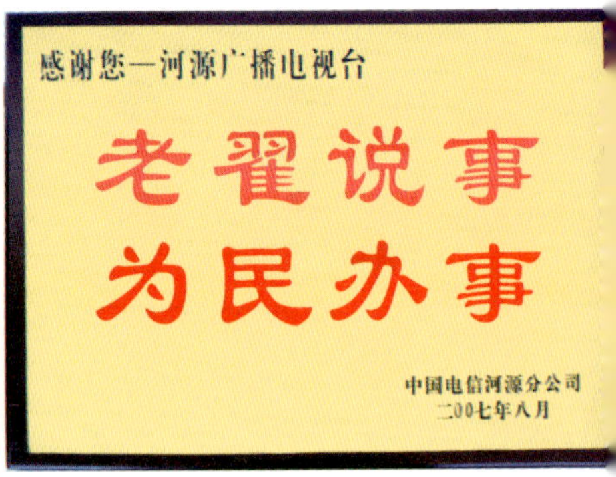

感谢您—河源广播电视台

老翟说事
为民办事

中国电信河源分公司
二〇〇七年八月

2009年，河源广播电视台台长汪小刚获“广东省百佳电视艺术工作者”称号。

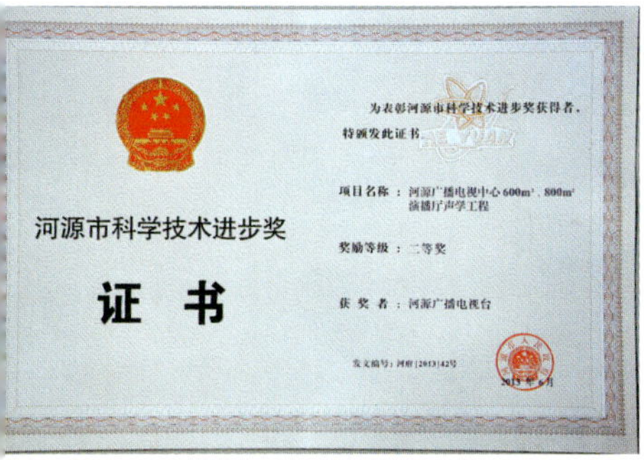
河源市科学技术进步奖

证 书

为表彰河源市科学技术进步奖获得者，特颁发此证书。

项目名称：河源广播电视中心600m²、800m²演播厅声学工程

奖励等级：二等奖

获 奖 者：河源广播电视台

发文编号：河府[2013]42号

2013年6月

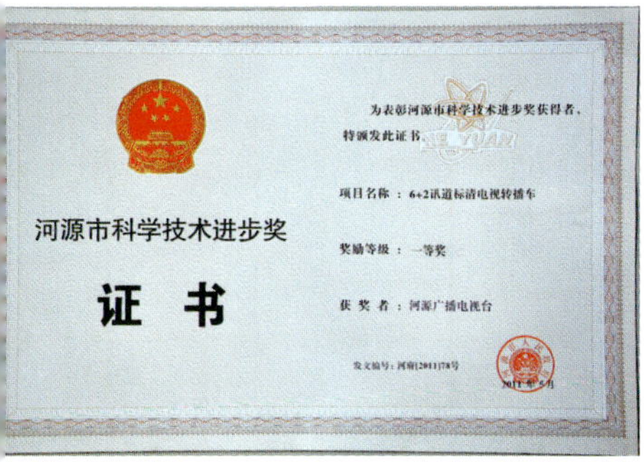
河源市科学技术进步奖

证 书

为表彰河源市科学技术进步奖获得者，特颁发此证书。

项目名称：6+2讯道标清电视转播车

奖励等级：一等奖

获 奖 者：河源广播电视台

发文编号：河府[2011]78号

2011年5月

2008年，河源广播电视台新闻作品《英国佬要做客家郎》获得广东省旅游好新闻特等奖。

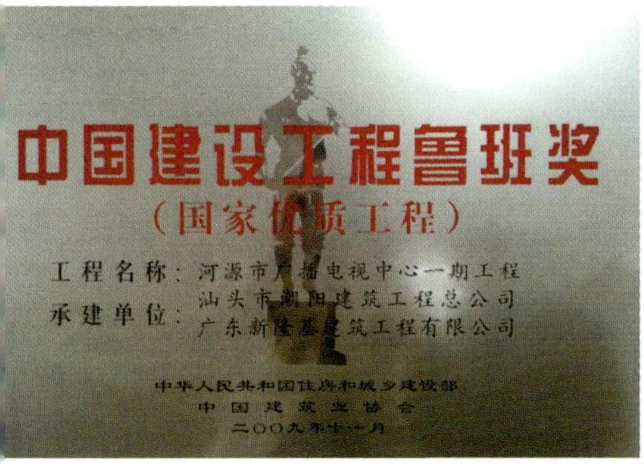
中国建设工程鲁班奖

（国家优质工程）

工程名称：河源市广播电视中心一期工程

承建单位：汕头市潮阳建筑工程总公司
广东新隆基建筑工程有限公司

中华人民共和国住房和城乡建设部
中国建筑业协会
二〇〇九年十一月

2009年，河源广播电视中心一期工程荣获2009年度中国建设工程鲁班奖。

《天下客家》获2010年度南派纪录片优秀奖。

《天下客家》获第九届广东省鲁迅文学艺术奖。

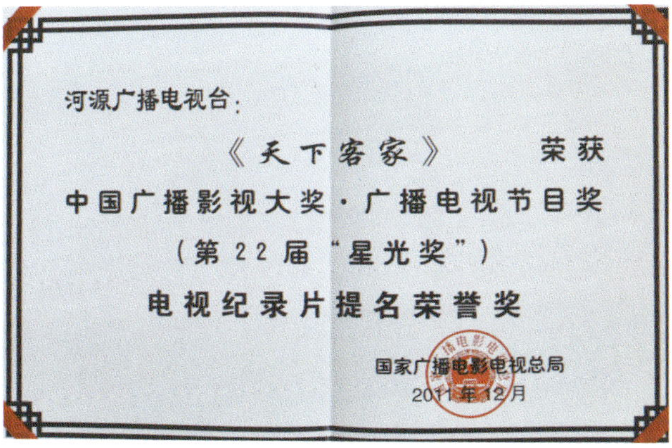
河源广播电视台：

《天下客家》　荣获

中国广播影视大奖·广播电视节目奖

（第22届"星光奖"）

电视纪录片提名荣誉奖

国家广播电影电视总局

2011年12月

《天下客家》获中国电视纪录片提名荣誉奖。

近年来编印的部分书刊

近年来制作、出版的部分音像制品

党建活动

2006年，河源广播电视台领导到扶贫村慰问老党员。

2007年7月20日，河源广播电视台领导到连平颜氏廉政教育基地参观学习。

2007年，河源广播电视台机关党委召开第一次代表大会。

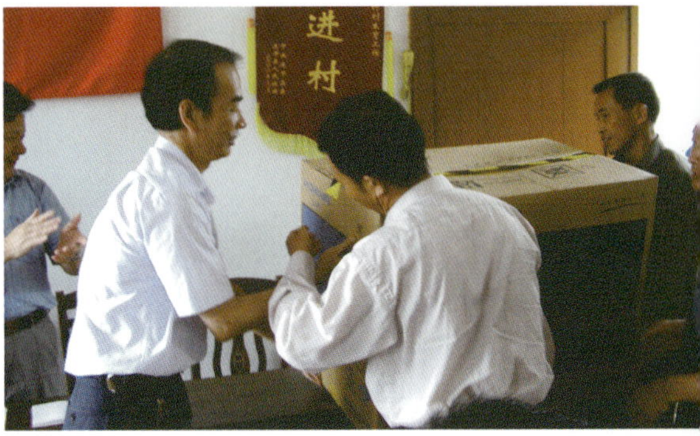

2008年，广播中心党员干部到连平县陂头镇花山村过组织生活。

2009年8月26日，河源广播电视台党员干部到紫金苏区开展党员教育活动。

2010年7月15日，河源广播电视台召开全体党员大会。

2012年12月28日，河源广播电视台学习贯彻“党的十八大精神”报告会。

2013年1月28日，河源广播电视台机关党委召开第二次代表大会。

2005年，河源广播电视台机关党支部与扶贫村支部开展共建活动。

◄▼ 2010年7月，河源广播电视台党员到井冈山、瑞金接受革命传统教育。

2013年6月，河源广播电视台领导班子合影。

2013年6月，河源广播电视台机关全体干部合影。

集体照

2013年11月，河源广播电视台机关全体干部合影。

2013年11月，河源广播电视台领导班子合影。

广播中心班子成员合影

广播中心新闻部合影

广播中心总编室合影

广播中心办公室人员合影

广播中心节目部合影

广播中心技术部合影

广播中心广告部合影

电视中心班子成员合影

电视中心办公室人员合影

电视中心总编室合影

电视中心专题部《非常会生活》栏目组合影

电视中心专题部合影

电视中心《天下网事》栏目组合影

电视中心技术部合影

电视中心《河源新闻联播》栏目组合影

电视中心《民生一线》栏目组合影

公共频道全体人员合影

《河源广播电视周报》社全体人员合影

新媒体运营中心班子成员合影

河源网络广播电视台全体人员合影

经营管理中心班子成员合影

经营管理中心全体人员合影

发射中心班子成员合影

微波站全体人员合影

综　述

中国广播事业始于1923年，但真正让人振奋的是1940年12月30日延安新华广播电台的诞生，它宣告了中国人民广播事业的开始；新中国电视事业在1958年迈出了第一步，第一家电视台——北京电视台（中央电视台前身）于当年9月2日正式播出。中国广播电视在艰苦岁月中起步，在战胜困难中前进，在改革开放和现代化建设中发展，逐步成长为节目丰富、装备先进的现代传媒体系。广东广电体制改革是从1999年启动的，其后于2000年11月开始了集团化改革的前期调研；2001年取消有线台，实现有线台与无线台合并，完成了开办省、市、县三级公共频道的任务；2004年1月18日，南方广播影视传媒集团挂牌成立，同年3月26日，河源广播电视台挂牌成立。从此，开启了河源广播电视台新的纪元。

一

河源市广播电视事业的创建，要追溯到新中国成立初期惠阳地区管辖的时期，其开始于20世纪50年代建立的县级“广播站”和70年代末的县级电视差转台。

改革开放提供的有利契机，使得20世纪80年代成为广播电视业发展和繁荣的黄金时代。但河源因地处广东山区，广播电视的发展步伐走得更慢一些，直到1988年1月8日撤县设立河源市，才迎来发展的良机。

建市之初的1988年上半年，河源还没有一个专门的广播电视机构，负责全市广播电视工作的是成立于1988年3月的河源市文体委，内设广播电视科。同年7月，经市委市政府同意成立河源市广播电视局，主管全市广播电视事业。

随后几年，河源市广播电视局逐渐理顺内部和市县广播电视的工作关系，下属单位有河源人民广播电台、河源电视台、河源市有线电视台、河源市广播电视微波站、《河源广播电视周报》社、河源市电视广告制作中心等。

1993年7月21日，经市委同意，在原源城区广播电视局的基础上筹建成立河源人民广播电台，为副处级单位建制。同年12月28日河源人民广播电台正式开播，发射频率为FM 91.1兆赫。

建台之初，河源人民广播电台的播出设备仅有一台100瓦的发射机，到2001年，已换成3 000瓦立体声调频广播发射机。广播发射塔也于1997年从市区搬到紫金县宝山，并于2003年6月迁到桂山千秀峰。

1993年，河源人民广播电台节目以转播为主，间或插播本地新闻及广告，直至1995年8月首次实现节目直播，并开通热线电话，融直播、听众参与为一体，实现双向交流；到2003年，河源人民广播电台全天栏目已多达三十个。电台节目经过十多年的不懈努力，逐步成为具有固定栏目名称、固定播出时间、固定主持人等特点的广播节目。2003年3月，河源人民广播电台与河源市人民政府纠风办等单位联合开办了舆论监督直播节目《政风行风热线》，受到群众广泛好评，获国务院纠风办及广东省纪委的充分肯定。

河源市的电视事业在20世纪80年代后期迈出了第一步。80年代建市之初，年轻的河源百业待兴，河源电视几乎是在一无所有的情况下艰难起步的。按照河源市广播电视局规划要求，河源电视人开始了艰苦创业，并取得了阶段性成果。

1990年7月10日，河源市成立“市有线电视服务站”，为科级事业单位建制，是河源市广播电视局下属单位；其后，又先后更名为“河源市有线电视台”、“河源市有线广播电视网络中心”。1991年底，市区茶亭山建起了100米高的广播电视塔（兼作电视台办公用），1995年底之前，市区有线电视网络开通了13套电视节目，在上城建起了塔高10米、发射功率50瓦的市区电视转播台。1991年12月9日，经国家广播电影电视部批准成立河源电视台，同年12月24日，河源市机构编制委员会同意成立河源电视台，为副处级事业单位建制。

1992年5月30日，河源电视台正式开始试播，拉开了河源电视发展的序幕。至1997年底，河源电视台自办有《河源新闻》、《河源大地》、《点歌台》、《电视剧场》等栏目，当时，每天自制节目达到30分钟，播出时间为6小时。

1997年6月28日，河源市广播电视局为整合资源，统一广告经营，合并原有的河源电视台广告部和河源市有线电视台广告部，设立河源市电视广告制作中心（即经营管理中心的前身），并取得河源市工商局核发的广告经营许可证，经营范围为设计、制作、发布、代理国内外电视广告业务。

河源市电视广告制作中心的成立，解决了当时河源市电视广告经营机构重叠、人员内耗、资源浪费等突出问题，理顺了关系，统一了经营，扩大了收入。广告收入由1997年的132万元增加到2004年的580万元。

为加强河源山区广播电视事业建设，1989年8月23日，广东省广播电影电视厅和河源市政府决定在河源市区茶亭山建设微波接收发射铁塔和机房。1990年9月，茶亭山发射塔开始施工建设，于1991年12月投入使用。1991年10月18日，河源市广播电视（茶亭山）微波站微波信号传输正式开通。1992年4月，河源市广播电视微波站正式成立，按要求正向传送3套电视节目（中央1台、珠江台、岭南台）、4套广播节目（中央1台和广东新闻台、文艺台、珠江经济台），回向传送一路河源市广播电视信号至省电视台。

1999年10月至2005年6月，河源市广播电视微波站承担了全市广播电视微波覆盖网（11吉赫MMDS）的维护和管理，全市建设有东源蝉子顶、连平凹顶、和平仙女石、紫金宝山等中继站点和各县有线电视机房终端站，正向传送8套电视节目，各县回传一套当地节目，解决了各县广播电视重要节目信号源问题。

20世纪90年代初，得益于广播电视事业快速发展的大环境，以影视节目预告和剧情介绍为重点的《河源广播电视周报》不断发展壮大。1994年11月28日《河源广播电视周报》社成立，成立初期只有 9 名员工。当时《河源广播电视周报》风行全市，成为不少家庭争相订阅的报纸。2000 年 10 月，《河源广播电视周报》被纳入《广东电视周报》的统一出版、发行网中，以《广东电视周报》地方版的形式在全省统一出版、发行。

进入 21 世纪的河源，开始了第二次创业的热潮。2000 年 10 月，河源电视台推出《地方新闻 300 秒》栏目，受到各县区的一致好评。2000 年 12 月 27 日，河源电视台迁入位于新市区文明路51 号的新办公大楼。2002 年6 月，河源电视台自行设计安装的 4 讯道转播车投入使用。2003 年 1 月，河源电视台推出了白天电视节目《午间新闻》。

随着河源广播电视硬件设施的进一步改善，河源广播电视迎来了新的发展春天，全市广播电视事业发展进一步提速。至 2003 年底，全市行政区域内有 6 个无线电视台、6 个有线电视台、6 个调频广播电台、183 座电视差转台、392 个卫星地面接收站、3 个微波站、110 个广播电视站的综合配套广播电视网络。广播电台每天播出自办节目 17 小时；电视台自办频道每天播出节目 6 小时；有线电视台传输 35 套电视节目。市区入网户数达 3.7 万，每周一期的《河源广播电视周报》发行量最高时达 3 万份，全市广播节目综合人口覆盖率达 98.3%，电视节目综合人口覆盖率达 96.3%，覆盖人口约 273 万。

2004 年 3 月 26 日，根据《中共广东省委办公厅、广东省人民政府办公厅关于转发〈广东省广播电影电视局关于《南方广播影视传媒集团组建方案》的实施意见〉的通知》（粤办发〔2004〕5 号）的要求，南方广播影视传媒集团河源广播电视台挂牌成立，成为南方广播影视传媒集团的成员单位。

2005 年 3 月 9 日，河源市机构编制委员会印发了《河源广播电视台机构编制方案》，明确河源广播电视台由河源人民广播电台、河源电视台、河源市有线广播电视网络中心、河源市广播电视微波站、《河源广播电视周报》社、河源市电视广告制作中心等单位合并组成。河源广播电视台成立后，直接管理频道、频率，不再保留河源人民广播电台、河源电视台建制，只保留其播出呼号。新组建的河源广播电视台是市委宣传部管理的正处级事业单位，机关本部共有五个部室，分别是办公室、人力资源部、计划财务部、总编室、技术发展部，同时设有六个分支机构，分别是广播中心、电视中心、有线广播电视网络中心、经营管理中心、《河源广播电视周报》社和广电发射中心。由此，河源广播电视台实现了宣传、事业和人、财、物的统一，激活了河源广播电视发展的潜力，形成了体制顺、人心齐、事业兴的局面。

2006 年 4 月，河源广播电视台第二个电视频道——公共频道正式开播，推出两档自办栏目《河源报道》和《教育视线》。

2009 年，河源广播电视网站并入《河源广播电视周报》社，由《河源广播电视周报》社经营管理。

2009 年底，按广东省委办公厅、省政府办公厅《关于组建广东省广播电视网络股份有限公司的通知》规定，河源市正式启动广播电视网络整合收编工作。2010 年 10 月，河源广播电视台先后完成了对网络中心的资产评估、资产清查、资产入股、人员划转等各项工作。同年 11 月，广东省广播电视网络股份有限公司河源分公司正式挂牌成立。河源广播电视台持有省广电网络股份有限公司4 641多万股，占比1.76%。

2012年11月28日，河源市机构编制委员会新印发《河源广播电视台机构编制方案》，台内除原有科室和分支机构外，理顺了同河源市广播电视微波站的隶属关系，新增加了网络广播电视台、新媒体运营中心和行政后勤服务中心等三家正科级分支机构。

至2013年4月，河源广播电视台内设五个部室，下设广播中心、电视中心、经营管理中心、广电发射中心、《河源广播电视周报》社、公共频道、网络广播电视台、新媒体运营中心和行政后勤服务中心等九个正科级分支机构和一个正科级下属单位——河源市广播电视微波站。

2004年春，广东全省启动文化体制改革，拉开了省市联合发展的序幕。同年11月，河源广播电视台与南方电视台签署了电视联合发展协议。2005年下半年，河源广播电视台与南方广播影视传媒集团广告总公司分别签署了广播和电视联合发展协议。至此，河源广播电视事业发展进入了快车道，喜事连连，捷报频传。2006年，电视广告收入首次突破千万元大关，达到1 251万元，比2003年翻了一番。同年12月26日，占地3.2万平方米、建筑面积2.3万平方米的河源广播电视中心动工建设，该中心总投资7 000多万元，功能涵盖节目制作、演播、采编、播控、行政办公等五大部分。2009年，大楼建成并获“鲁班奖”。同年，台各分支机构相继搬进新大楼办公。

河源广播电视台自成立以来，紧紧抓住文化体制改革这一事业发展的契机，努力将合并后的资源优势转化为效率优势、产业优势和竞争优势，不断发展壮大广播电视产业，各项事业有了长足的发展。

二

广播电视事业建设的蓬勃发展为广播电视宣传提供了有力的支撑。一直以来，全台新闻宣传机构充分发挥党的喉舌、宣传主渠道的作用，始终把握正确舆论导向，坚持“三贴近”原则，唱响主旋律，打好主动仗，圆满地完成了市委市政府的重大决策、中心工作、重大活动和主要节庆的宣传报道任务，深入持久地宣传了全市经济建设和改革发展中取得的辉煌成就，积极推动了全市经济发展、社会和谐进步。同时，贴近百姓、关注民生，为河源社会的和谐发展营造了良好的舆论氛围。

从2004年开始，河源广播电视台广播中心（原河源人民广播电台）走向全方位改革，节目陆续进行大幅度调整，相继开办综合广播、旅游广播频率，频率分别是FM 91.1兆赫和FM 97.8兆赫。两个频率根据各自性质设置节目，大量采用主持人直播板块形式，新闻类、社教类、服务类、文艺类等节目和栏目可谓异彩纷呈。由建台初期一套节目，每天播音不到12小时，发展到两套节目，每天播出38小时。目前节目覆盖河源全市和周边城市部分区域。

原河源人民广播电台的“综合广播”频率以新闻生活信息为特色，以新闻、法制、民生、娱乐、情感为主要内容。新闻类节目先后有《全市新闻联播》、《新闻早餐档》、《河源早晨》等，社教类、娱乐类节目先后有《政风行风热线》、《快乐宝贝》、《都市客栈》、《七色彩虹》、《供求热线》、《教育时空》等。2005年10月，《政风行风热线》栏目组被广东省人民政府纠风办和南方广播影视传媒集团评为全省“行业之星”先进集体，2012 年《政风行风热线》栏目被省广电局评为“2012 年度广东省广播电视创新创优十佳栏目”。

旅游广播频率于2008 年经国家广电总局批准，其节目以旅游、交通为主要内容，以地方旅游交通和时尚娱乐信息为特色，每天播出 19 小时。先后开设有《978 资讯网》、《978 车友俱乐部》、《倾城之恋》、《美食订餐热线》等栏目。

2004 年后，随着机构改革和办公场所的搬迁，河源广播电视台电视中心迎来了新的发展机遇。新闻宣传、技术设施、采编队伍建设都跃上了新的台阶。2008 年 7 月，《河源新闻》改版为《河源新闻联播》，并增设客家话版，同时推出《访谈》以及新闻资讯类节目《晚间时分》，《说事》栏目的内容和风格也进行了优化升级。2012 年 5 月，电视中心对所有栏目再次进行改版，《说事》改版为《民生一线》，《晚间时分》改版为《天下网事》，并新开办新闻专题类节目《新闻深一度》和体验类生活栏目《非常会生活》。此次栏目改版，在社会上引起较大反响，目前《河源新闻联播》、《民生一线》已成为河源家喻户晓的品牌栏目。作为电视媒体的核心竞争力——栏目和节目，经过多年改版，提升了质量和扩大了影响力，使电视节目更贴近实际、贴近生活、贴近百姓。截至 2012 年底，河源广播电视台电视中心设有新闻一、二、三部，专题部，技术部，总编室，办公室等七个部门，办有《河源新闻联播》、《民生一线》、《新闻深一度》、《天下网事》、《非常会生活》以及《民生一线》客家话版等六个栏目，每天播出节目 17 小时。

2007 年，河源广播电视台公共频道开始尝试通过活动来带动栏目，依托《教育视线》栏目的影响力，举办了第一届全市少儿电视节目主持人大赛，活动选出的“十佳小主持人”作为特邀主持参与《教育视线》栏目的相关工作，在社会上反响强烈。此后，每两年一届的少儿电视节目主持人大赛活动逐步成为频道的品牌活动。2009 年 11 月，频道承办“唱响广东”2009 旅游金曲精英大赛河源赛区活动，其中一名选手在全省总决赛中取得了第二名的好成绩。2010 年 5 月推出新栏目《看河源》。2013 年 1 月与河源市人力资源和社会保障局合作，推出民生服务类栏目《惠民之声》。公共频道从开办时的《教育视线》、《河源报道》两档自办栏目，到如今拥有《教育视线》、《看河源》、《县区新闻》、《惠民之声》等四档栏目和少儿电视节目主持人大赛、少儿国画书法电视大赛等品牌活动的同时，还不断引进内容丰富的《音乐风云榜》、《法治中国》等综艺和影视类优秀节目，每天为电视观众提供丰富的娱乐和民生信息，成为河源人民喜爱的电视频道。

作为河源广播电视台唯一的平面媒体，《河源广播电视周报》社从 2004 年起根据市场需求和读者意见，连续多年调整版面，突出地方特色，重点围绕客家文化、民俗风情，大力宣传推介河源的经济社会建设。《河源广播电视周报》从最初的对开双色 4 版到现在的彩印 4 开 16 版，内容越来越丰富，版式越来越新颖。

2006 年 12 月开始上线运行的河源广播电视网，充分发挥了新媒体容量大、反应快、传播广和互动性强的优势，历经数次改版，信息量不断丰富，已打造成为河源第一视频新闻资讯网站，成为关注社会、关注民生、关注发展和宣传河源的重要平台，是河源市党委政府的四大网站之一。

2004 年以来，河源广播电视作品创作不断发展繁荣，特别是近年来在省级以上各类奖项评比中均获得好成绩，涌现出一大批为广大群众所喜闻乐见、适应时代发展潮流、具有浓郁地方特色的优秀作品。自建台以来，河源广播电视台的广播电视作品获省级以上奖 100 多件（其中，一等奖作品 5 件，二等奖作品 7 件）。《恐龙出世》等 3 件作品还获得广东省首届百佳电视艺术作品奖；而为迎接第 23 届世客会拍摄的大型电视纪录片《天下客家》，荣获第二十二届中国广播影视大奖·广播电视节目奖“星光奖”电视纪录片提名荣誉奖。

此外，各类大型活动精彩纷呈，有青年创富电视大赛、春节联欢晚会、广播电视文化节、广播电视汽车文化节、感动河源教育人物评选等。

三

广播电视事业是一个有机整体，要发展广播电视事业，确保完成新闻宣传、事业建设任务，必须完善和规范广播电视行业管理工作。2004 年文化体制改革后，河源广播电视台逐步建立公正、公平、科学的广播电视节目质量评估体系，推出了《河源广播电视台制度汇编》管理手册（共 116 项制度），制订了系统、完备的广播电视安全播出应急预案等。这些行之有效的规章制度，维护了河源广播电视台的正常秩序，确保了广播电视的安全播出，促进了广播电视事业的健康发展。

十多年来，河源广播电视台高度重视人才队伍建设，为人才的引进、成长提供了良好的环境，不管是数量还是质量都有了质的飞跃。人员素质由过去的学历较低、水平参差不齐到目前整体水平较高，专业技术人才由较为单一、专业水平较低到采、编、录、播、技术维护等岗位人员基本具备，经历了由小到大、由弱到强的发展过程。在人员结构逐步得到合理调整的同时，随着广播电视事业发展的需要，河源广播电视台对人才的培训力度也在不断加大，尤其在近几年，通过继续教育、短期培训等形式培训数百人次，为广播电视事业的长足发展奠定了基础。至 2013 年底，全台从业人员 259 人，其中本科以上 136 人，高级职称 1 人，副高级职称 4 人，中级职称 63 人。

广播电视是一个重装备、高投入的行业，基础设施、硬件条件直接影响了事业的发展。纵观十多年来河源广播电视台的发展过程，也是基础设施不断完善的过程。河源广播电视台一直不等不靠，积极运用自身力量推进事业发展。过去是 100 瓦的发射机，几平方米的小机房；如今已经拥有现代化的广播电视中心，全台的技术系统更加完备，各类采、编、录、播设备达到先进水平。

2006 年，河源广播电视台在市政府的支持下，以政府划拨形式取得位于市区越王大道旁的一块 3.2 万平方米的土地，筹资 7 000 多万元建设广播电视中心大楼，首期建筑面积 2.3 万平方米。2008 年 12 月，大楼全面竣工。2009 年 11 月，河源广播电视中心大楼获得鲁班奖。就当时而言，这是全国地级市广播电视台中第二家、广东省广电系统和河源市建筑行业第一家获此殊荣的单位。

从 2009 年开始，河源广播电视台积极筹措资金，逐步对全台技术设备体系进行了全面的升级改造建设，包括新闻非线性编辑制作网络的升级扩容，电视播出前端的数字化升级改造，数字广播网络一体化，采购高清采编制作设备及 12 米、7 米摇臂各一套，设计安装 6 +2 讯道标清数字电视转播车，完善 600 平方米和 800 平方米演播厅设备等。截至 2013 年底，河源广播电视台技术系统已实现数字化和网络化。2011 年 6 月，自行设计的 6 +2 讯道标清数字电视转播车项目获得了河源市科学技术进步奖一等奖。2013 年 4 月，南方广播影视传媒集团专家组在总工程师夏倜的带领下，专门对河源广播电视台技术体系进行了鉴定，并给予了高度评价，专家组认为，河源广播电视台的技术装备和管理处于地级市台的前列。2013 年 8 月 23 日，河源广播电视台举行了河源网络广播电视台和数字广播一体化网络系统的启用仪式，这标志着河源广播电视台广播系统的数字化、网络化、信息化，也标志着河源广播电视台正式迈入“全媒体时代”。

河源广播电视台的有线电视网络建设，也靠自身力量稳步推进。2005 年，河源广播电视台投入 470 多万元完成了市县光纤联网，里程达 220 公里，有力地推动了市、县、镇、村光纤联网工作。从 2008 年初开始，河源广播电视台对市区有线电视网络采取“先试点后铺开”、“先易后难”的策略，积极稳妥地完成了市区有线数字电视整体转换，并于 2008 年 12 月完成了此项工作，形成了市区统一、完整、全程全网的有线数字广电网。由于加强管理，不断收编整合市区网络，用户数大幅增加，2004 年市区网络用户仅 3.7 万，2010 年底已超过 10 万。

在信息全球化的时代，异军突起的新媒体对传统的广播电视行业构成巨大的威胁，河源广播电视台顺应历史潮流，积极推进新媒体建设。2006 年 12 月，河源广播电视台同时推出了河源广播电视台和河源电视台两个网站，2009 年 12 月，两个网站合并组成河源广播电视网；为进一步带动产业的新发展，2011 年底，河源广播电视台成功申请广东省文化产业发展专项资金 200 万元，将河源广播电视网升级建设为河源网络广播电视台；2013 年 8 月，河源网络广播电视台开始上线运营。在积极推动网站建设的同时，手机电视业务也在探索中前行，2010 年 4 月，与中国联通河源分公司合作开通了手机电视直播业务。

从 2005 年市至县光纤传输网建成，2008 年市区数字电视网建成，2009 年河源广播电视中心大楼落成，到 2013 年 8 月河源网络广播电视台建成运营等，河源广播电视台的事业建设，累计投资超过 1.5 亿元。

十多年来，河源广播电视台坚持正确政治导向，弘扬社会正气，坚持改革创新，实现跨越发展。十多年的积累，使河源广播电视台的广播电视事业发展取得了巨大的进步，尤其是 2005 年以来，广播电视的产业总量有了很大增长，覆盖率也大为提高，听广播、看电视已经成为河源广大人民群众精神文化生活的重要组成部分。

广播逐步振兴，电视愈加精彩，新媒体前景一片大好。河源广播电视事业从无到有、从小到大，整体实力逐步增强。2006 年总资产为 3 300 多万元，2013 年底已达到 5.5 亿元，八年间增长了近 16 倍。

十多年来，河源广播电视台想方设法克服困难，积极拓宽经营创收渠道，千方百计创收增收。

一是练好内功。一方面，全力经营好有线广播电视网络资产，通过网络线路的改造优化和数字电视整转，促使网络资产经营大幅度增值，成为全省优质网络资产之一；另一方面，创新经营方略，千方百计拓展市场，切实提升广告经营水平和能力。二是借力发展。2005 年底与广东电台签订《联合发展经营协议》，借助广东电台力量，全面提升河源广播广告经营管理水平。2005 年广播广告创收 250 万元，2008 年创收 367 万元，2011 年创收 483 万元，不断刷新创收新高。近十多年来经营创收取得了较好的成绩，保证了广播中心各项工作的正常开展。电视广告经营也借助外力不断推进，从 2005 年起，先后两次与南方广播影视传媒集团广告总公司合作，共同经营河源广播电视台的电视广告，经营管理中心积极引进南方广播影视传媒集团广告总公司先进的经营模式，大胆改革，积极创新，很快就打开了局面。电视广告经营快速发展，广告创收飞跃增长。2006 年完成广告收入 1 251 万元，2008 年 1 430 万元，2011 年达到 1 693 万元。从 2008 年 5 月起，《河源广播电视周报》社先后与河源市绿意投资有限公司、深圳点创广告有限公司、河源市银河文化发展有限公司合作办报，取得了良好的经济效益。三是依托活动增加创收。河源广播电视台通过走出去学习取经，积极举办活动增加创收，进一步巩固了广播电视主流媒体地位，提升了影响力和媒体形象。

栉风沐雨，春华秋实。河源广播电视的影音已经覆盖到河源客家古邑的每一个角落，成为人们日常生活中极其重要的一部分。人们通过电视画面和广播电波感知到外面的世界，也见证着河源经济社会发展的历史进程。在广播电视数字化逐步推进、各类新视听业务层出不穷的今天，河源广播电视台必将生产更多更精彩的节目以满足河源人民群众日益增长的精神文化需求。

进入新时代，河源广电人在路上。

大事记

2005 年

1 月 18 日，河源市区至五县一区的有线广播电视光纤联网工程信号开通。

1 月 28 日，河源广播电视台召开市直广电系统保持共产党员先进性教育活动动员大会。

2 月 3 日，中共河源市委组织部（河组干〔2005〕20 号）任命汪小刚为河源广播电视台台长。

2 月 23 日，台长汪小刚率机关全体党员前往扶贫驻村点紫金县临江镇禾坑村，与村委班子一起过党日活动。

3 月 9 日，河源市编委（河机编〔2005〕4 号）印发《河源广播电视台机构编制方案》。河源广播电视台为正处级事业单位建制，内设办公室、总编室、人力资源部、计划财务部、技术发展部，并下设广播中心、电视中心、网络中心、广播电视发射中心、经营管理中心、《河源广播电视周报》社共六个正科级分支机构。

在 2004 年度广东省广播电视新闻奖评选会上，河源广播电视台选送的《宝贝的烦恼》获广播社教类二等奖。

4 月，车济民被河源市委市政府授予河源市“先进工作者”称号。

4 月 4 日，河源广播电视台召开第一次编辑会议。

4 月 29 日，河源广播电视台与市委办、市委政研室、市人事局等六个单位联合举行“庆五一”、“迎五四”联谊活动。

5 月 12 日，河源广播电视台被市政府残工委授予“扶残助残先进单位”荣誉称号。

5 月 19 日至 21 日，河源广播电视台组织台机关全体党员前往江西瑞金革命根据地参观学习。

6 月，车济民被评为 2004—2005 年度河源市“优秀共产党员”。

7 月 1 日，河源市副市长吴有必在河源广播电视台台长汪小刚的陪同下前往南方广播影视传媒集团汇报河源市广播电视系统“6・20”水灾情况以及灾后复产计划。南方广播影视传媒集团总编辑白玲听取了汇报。

7 月 18 日，河源广播电视台电视中心及廖新民、车济民、邹云、赖国全等四位同志分别获得中共河源市委、市政府授予的“6・20 抗洪抢险先进集体和先进个人”荣誉称号。

7 月 27 日，河源广播电视台在电视中心七楼演播厅召开全市广播电视系统“6・20”抗洪表彰大会。

8月31日，河源广播电视台与电视中心朱玮珺分别获得中共河源市委、市政府授予的“查处市区违法用地建设和河道设障行为工作先进集体和先进个人”荣誉称号。

9月30日，广东省广播电影电视局（粤广局管〔2005〕18号）同意河源市广播发射台由茶亭山搬迁到桂山千秀峰。同时，国家广播电影电视总局批准该发射台扩大发射机功率至1 000瓦（广局技字〔2005〕199号）。

10月17日，河源市政府（河府办函〔2005〕180号）同意建设河源广播电视中心，建设用地安排在市东城区黄沙大道地段，用地面积为31 899.993平方米。

10月17日，在广东省广播电影电视局组织的“广东省广播影视行业之星”评选活动中，河源广播电视台广播中心《政风行风热线》栏目组被评为“广东省广播影视行业之星先进集体”。

10月至2006年1月，河源广播电视台进行了第一次，也是规模最大的一次中层干部公开竞争上岗，拿出21个科级岗位（6正15副）全台公开竞争选拔，一批干部脱颖而出。

11月8日，广东省新闻界庆祝记者节暨颁奖大会在广州举行，河源广播电视台广播中心邓海滨被授予“省优秀新闻工作者”荣誉称号。

11月9日，南方广播影视传媒集团副总裁张小棣一行五人前来河源市就广电安全播出、节目覆盖等工作进行调研。

11月19日，广东电台副台长谭天玄与河源广播电视台台长汪小刚签订了《广东电台与河源广播电视台联合发展协议书》。

12月18日，河源广播电视台网络中心采用数字MMDS系统，为市高新区开通第一台数字电视。

2006年

1月，河源广播电视台电视中心与河源市公安局合办的《河源警讯》栏目正式播出。

1月10日，“河源市电视广告省、市、县三级联合发展协议”签字仪式在和平县举行。南方广播影视传媒集团广告总公司总监周燕辉分别与各县台签订联合发展协议书。

3月3日，南方电视台副台长刘卫与河源广播电视台台长汪小刚在市区举行的“广东南方联合传媒广告有限公司河源分公司”挂牌暨签约仪式上签订联合发展经营协议。中共河源市委常委、宣传部部长黄建中，市政府副市长吴有必等同志为公司成立揭幕。

3月17日，河源广播电视台台长汪小刚带领副台长谢振标、纪委书记叶振廷等同志到扶贫驻村点紫金县临江镇前进村和禾坑村开展慰问活动，并各送上慰问金1万元。

3月23日至24日，河源市广播电视台台长会议在市区召开。中共河源市委常委、宣传部部长黄建中，市政府副市长吴有必到会并讲话。

4月10日，揭阳广播电视台班子一行到河源广播电视台进行学习交流。

4月18日，河源广播电视台公共频道正式开播，推出自办栏目《教育视线》和

《河源报道》，文艺节目《轻松驿站》，县区新闻节目《东源新闻》。中共河源市委常委、宣传部部长黄建中，市政府副市长吴有必莅临开播仪式。

4 月 22 日，南方电视台《今日一线》栏目与河源广播电视台公共频道在河源市区文化广场举办“情牵一线·走进河源”大型户外活动。

4 月 25 日，粤东区域兄弟台与南方电视台合作开办的公共频道座谈会在河源召开。粤东区域梅州、潮州、揭阳、汕尾等兄弟台的领导参加了会议。

4 月 26 日，广东卫星广播、河源广播电视台广播中心在紫金县举行《走进河源》特别节目启播仪式。河源市政府副市长温文斐、河源广播电视台台长汪小刚、广东卫星广播执行总监赵欲明共同按下启播按钮。

5 月 18 日，“南方广播影视传媒集团广告总公司地方台广告经营中心 2006 年度广告代理签约仪式”在阳江市举行。集团总裁王克曼为各地方台颁发广告一级代理证书。河源广播电视台副台长廖真参加了签约仪式。

5 月，在 2005 年度广东省广播电视新闻奖评选会上，由河源广播电视台电视中心选送的短消息《洪水袭山村，武警官兵勇救遇险群众》和电视文学节目《花灯》分别获得 2005 年度政府奖一等奖和文艺奖一等奖。

5 月，车济民荣获由广东省新闻工作者协会、广东新闻人才基金会颁发的广东省第七届金枪奖。

6 月 7 日，河源广播电视台台长汪小刚率副台长谢振标、纪委书记叶振廷等同志前往扶贫驻村点紫金县临江镇禾坑村和前进村开展慰问活动，为两个村送上扶助发展资金 5 万元。

6 月 16 日，河源广播电视台网络中心源城南门有线电视收费点正式挂牌，河源广播电视台台长汪小刚、市行风评议团团长曾镜初等同志参加了挂牌仪式。

7 月 18 日，河源广播电视台全体正科以上干部前往连平监狱开展警示教育活动。

7 月 20 日，南方广播影视传媒集团授予河源广播电视台“集团广告总公司联合经营先进单位”荣誉称号。

7 月 26 日，河源广播电视台特邀广东卫星广播执行总监赵欲明在市区举行“广播业务培训讲座”。河源市广播电视系统 100 多人听取了讲座。

8 月 9 日，河源广播电视台电视中心首档民生栏目《说事》开播。

8 月 10 日至 12 日，南方广播影视传媒集团党委副书记杨长途一行五人，到河源市广播电视系统开展灾后慰问活动，并送上 60 万元慰问金。

8 月 12 日，河源广播电视台与市政府纠风办在市区茶山公园联合举办“行风热线与你面对面”首期大型户外直播活动。

8 月，广东电台划拨 50 万元支持河源广播电视台广播中心硬件设备升级改造。

9 月 28 日，河源广播电视台在市区黄沙大道广电中心建设工地举行河源广播电视中心奠基仪式。中共河源市委常委、宣传部部长黄建中，市政府副市长吴有必，南方广播影视传媒集团副总裁梁达初，市政府副秘书长梁志军出席奠基仪式，台 100 多名干部职工见证了这一仪式。

9 月 28 日，广东电台卫星频道 20 多名节目主持人与河源广播电视台广播中心节目主持人在河源市区联合举行“共庆祖国华诞——大型听众见面会”。

9月30日，河源广播电视台电视中心朱玮珺被河源市委授予“河源市十大杰出青年”荣誉称号。

10月14日，中共河源市委常委、宣传部部长黄建中，市委宣传部常务副部长刘月朋在河源广播电视台台长汪小刚的陪同下到河源广播电视台公共频道进行调研。

10月19日，河源广播电视台在网络中心召开“河源广播电视台市区有线电视用户发展取得新突破”座谈会。中共河源市委常委、宣传部部长黄建中，市政府副市长吴有必，市政府副秘书长梁志军，河源广播电视台领导班子成员等参加了座谈会。

11月4日，由广东电台、河源广播电视台联合主办的“魅力新人王”广东广播主持人大赛河源分赛区初赛在广晟广场举行。比赛吸引了不同地区不同年龄、阶层的人员参加，其中最小的选手只有十岁。

11月13日，河源广播电视台广播中心在广东电台卫星频道的指导和帮助下顺利完成广播节目改版，开始推出全新的广播节目。

11月16日，河源广播电视台在市区举行“广东省珠江广播电视广告公司河源分公司”挂牌成立仪式暨河源广播电视台广播中心客户联谊酒会。南方广播影视传媒集团总编辑、广东人民广播电台台长白玲，中共河源市委副书记、纪委书记龚佐林，市委常委、宣传部部长黄建中，市政府副市长吴有必，市政协副主席王志红，河源广播电视台台长汪小刚等同志出席了酒会。

11月27日，“河源市大型国际性活动广播电视宣传报道工作研讨会”在河源广播电视台电视中心举行。中共河源市委常委、宣传部部长黄建中出席了会议。

11月28日，中共河源市委书记梁伟发在市委常委、宣传部部长黄建中，市委常委、秘书长刘嘉文等的陪同下到河源广播电视台进行调研。

12月10日，河源广播电视台电视中心正式开工建设。

12月21日，河源广播电视台广播中心在河源市会议中心举行“魅力新人王”广东广播主持人大赛河源分赛区决赛，桂冠由杨帆摘得，并获推荐参加全省总决赛。

12月22日至24日，南方广播影视传媒集团年度考评检查组成员刘建国一行五人在河源广播电视台台长汪小刚的陪同下对河源市紫金县、东源县、连平县、和平县、龙川县广播电视台进行了考评检查。

2007年

3月，河源广播电视台拍摄的电视作品《渔船》荣获广东省广播电视节目奖电视文艺类一等奖。

3月21日，汕尾广播电视台班子一行五人前来了解河源广播电视台与南方广播影视传媒集团广告总公司联合经营广告等方面的情况。

4月18日，南方广播影视传媒集团和河源广播电视台在河源市区举办“2006—2007河源房地产论坛暨十佳楼盘评选”颁奖典礼。河源市政府副秘书长梁志军，南方电视台副台长、广东南方联合传媒广告有限公司董事长刘卫，河源广播电视台班子成员等出席典礼。

4 月 18 日，河源广播电视台公共频道主办的“河源市首届少儿电视节目主持人选拔大赛”正式启动。该赛事每两年举办一届，成为河源广播电视台的品牌活动。

4 月 20 日，河源广播电视台公共频道一周年开播庆典活动在高新区举行。中共河源市委常委、宣传部部长吴善平，河源市教育局局长苏晖，河源广播电视台台长汪小刚等出席典礼。

4 月 25 日，《政风行风热线》开播五周年庆典活动在市区举行。中共河源市委常委、宣传部部长吴善平，市政府副市长杨耀初出席活动并讲话。

7 月 18 日，中共河源广播电视台机关委员会第一次代表大会召开，选举汪小刚、廖真、谢振标、叶振廷、邹仕选、车济民、饶兆勇、冯永根、甘露为党委委员，汪小刚当选党委书记，廖真、谢振标、叶振廷为党委副书记；选举叶振廷、冯永根、蔡启发、杜伶俐、张水清为纪委委员，叶振廷当选纪委书记，冯永根为纪委副书记。

7 月 25 日，共青团河源广播电视台第一次代表大会召开，选举张庆华、张昭、周凤娟、李滨蜻、钟灏、桑晓、景世来七人为共青团河源广播电视台第一届委员会委员，张庆华当选为团委书记，张昭为团委副书记。

7 月 26 日，河源广播电视台工会委员会成立大会召开，选举周小莲、邹华东、刘海、杜伶俐、冯少珍、陈芬芳、董秋香、钟志明、李贵花为河源广播电视台工会委员会委员，周小莲当选为工会主席，邹华东为工会副主席。

7 月 28 日，河源广播电视台与武警河源市支队在市区联合举办庆“八一”联欢会。市武警支队领导、台领导班子以及全台转业与复退军人等参加了联欢会。

8 月 16 日，为保障十七大期间及日常广播电视安全播出，河源广播电视台工程技术人员、值班播控人员及有关管理人员等 102 人参加安全播出知识考试。

8 月 17 日，中共河源市委书记陈建华一行到河源广播电视台调研。中共河源市委常委、宣传部部长吴善平，市政府副市长吴有必陪同调研。

8 月 28 日，河源广播电视台电视中心《客家古邑》栏目开播座谈会在市区举行，来自省市研究客家文化的专家学者和省台领导齐聚一堂，对栏目的开播提出许多建设性的意见。

8 月 31 日，河源广播电视台携手广东霸王花食品有限公司、河源嘉信拍卖行等六家单位在电视中心举行“新闻助学行动”助学金颁发仪式，为 21 名贫困大学生颁发助学金。

9 月 20 日，河源广播电视台广播中心在市区举行“月圆友缘”中秋联谊会。中共河源市委宣传部副部长刘月朋、广东电台副台长谭天玄、河源广播电视台班子成员等出席了联谊会。

9—11 月，河源广播电视台电视中心主办首届电视节目主持人选拔大赛。

11 月，河源广播电视台广播中心主办“魅力新客家——外来工卡拉 OK 比赛”，吸引了 3 000 多名外来工报名参赛。

12 月 16 日，河源广播电视台电视中心大楼顺利封顶。

12 月 28 日，河源广播电视台获得中共广东省委省政府授予的“省文明单位”称号，这是建台（局）以来获得的最高荣誉。

2007 年度广东省广播电视节目奖评选会上，河源广播电视台选送的 14 件参评作品中 13 件获奖，其中《无掌英雄当选北京奥运火炬手》、《神秘妻子寻亲记》分别荣获广播新闻和电视新闻二等奖。

2008 年

1 月 25 日，河源市南方电视广告有限公司举行挂牌成立仪式，河源广播电视台台长汪小刚、副台长廖真为公司成立揭幕。

2 月 28 日，河源广播电视台技术发展部主任罗超龙获国家人事部、国家广播电影电视总局授予的“党十七大安全播出先进个人一等功”称号。

3 月 10 日至 12 日，为加快河源市数字电视整体转换工作进程，河源广播电视台由台长汪小刚带领一行十人前往东莞、深圳考察学习数字电视整体转换和前端设备建设工作经验。

4 月 10 日，河源广播电视台就数字电视项目前端平台及数字电视机顶盒向社会进行公开招投标。招投标的 6 500 多万元，最后中标总金额为 4 710. 8 万元。

4 月 17 日，国家广播电影电视总局（广局〔2008〕127 号）同意河源人民广播电台开办第二套节目——旅游广播，播出时称“河源人民广播电台旅游广播”。

4 月 25 日，河源广播电视台举办《政风行风热线》栏目开播五周年纪念活动。

6 月 17 日，南方广播影视传媒集团副总裁陈廷烈一行六人到河源广播电视台调研，中共河源市委宣传部副部长管思燕、河源广播电视台有关领导和各县台台长参加了座谈会。

6 月 24 日，中共河源市委书记陈建华率队视察河源广播电视台电视中心施工工地。市委常委、秘书长赖泽华，市政府副市长吴有必等同志陪同视察。

6 月 27 日，中共广东省委常委、宣传部部长林雄到河源广播电视台电视中心工地视察。

7 月 19 日，南方广播影视传媒集团“迎奥运”安全播出检查组到河源广播电视台检查安全播出工作落实情况。

7 月，在 2008 年广东电视新闻年会上，河源广播电视台电视中心获得抗冰灾报道三等奖，电视中心邹菡萏获得 2007 年度优秀通联编辑奖。

7 月 21 日，河源广播电视台电视中心各栏目全面改版。其中，《河源新闻》更名为“河源新闻联播”，并增设客家话版，新开设《晚间 10 分》、《访谈》等栏目。

8 月 1 日，河源广播电视台在河源文化广场举行 LED 电子大屏幕正式开播仪式，项目总投资达 264 万元。仪式由河源市政府副市长吴有必主持，市长刘小华作重要讲话。中共河源市委书记陈建华，市委常委、宣传部部长吴善平出席仪式，市直相关单位的负责人及河源广播电视台全体员工参加仪式。

8 月 5 日，云浮广播电视台台长黎迺强一行来河源广播电视台了解网络建设和人事、财务管理等方面的情况。

8 月 25 日至 26 日，南方广播影视传媒集团总裁王克曼一行在河源广播电视台台长汪小刚的陪同下赴河源市东源、连平、龙川三县检查指导工作。

11 月 14 日，广东省广播电影电视局副局长曾培贤到河源广播电视台调研广播电视发展情况。

12 月初，河源广播电视台广播中心制作的廉政公益广告《防火墙》在中纪委举办的全国廉政公益广告大赛评选活动中获广东赛区二等奖。

12 月 3 日，河源广播电视台台长汪小刚带领班子部分成员前往紫金县水墩镇水墩村了解情况，为该村提供了农田水利基础建设资金 3 万元。

截至 12 月 31 日，整转有线电视用户终端达到 7.03 万部，河源市区有线电视用户终端（模拟、数字）总数增长至 10.47 万部（其中含数字副机终端 1.02 万部），全年总收入达 1 726 万元。

2009 年

1 月，河源广播电视台电视中心举办大型民生访谈节目《走过 2008》，中共河源市委书记陈建华、市长刘小华作为节目嘉宾参与访谈。

1 月 6 日至 9 日，河源广播电视台副台长谢振标率台相关部门负责人一行六人前往揭阳、潮州、汕头、汕尾等台考察学习体制建设、员工绩效管理、队伍建设等方面的好经验、好做法。

1 月 12 日，河源广播电视台被河源市政府评为“环境保护工作先进单位”，电视中心江礼贤被评为“环境保护工作先进工作者”。

1 月 19 日，河源广播电视台广播中心主持人芦艳荣获“SMC2008 广播电视十大金牌主持人”称号。

1 月 19 日，在南方广播影视传媒集团 2008 年度总结表彰大会上，河源广播电视台荣获“广播电视创新发展先进单位二等奖”。

3 月，河源广播电视台电视中心新闻作品《我们有个“疯妈妈”》获广东残疾人事业好新闻评选一等奖。

4 月 17 日，茂名广播电视台台长邓允一行四十人前来河源广播电视台学习考察。

5 月 5 日，潮州广播电视台副台长陈歆明一行七人前来河源广播电视台学习考察。

6 月 1 日，河源广播电视台举行河源广播电视中心落成揭幕暨首部大型电视系列片《天下客家》开机仪式。中共河源市委常委、宣传部部长吴善平，市政府副市长吴有必出席了活动。

6 月 16 日，湛江市委宣传部会同该市编办、文广新局、广电台一行七人前来河源广播电视台考察。

6 月 20 日至 21 日，河源广播电视台台长汪小刚率队到赣州参加首届赣粤闽湘四省九市区域广播电视协作体活动，并签署协作体战略合作框架协议。

6 月 30 日，河源广播电视台电视中心举行全面启用仪式。中共河源市委书记陈建华，市长刘小华，市委常委、常务副市长黄建中，市委常委、宣传部部长吴善平，市人大常委会副主任刘法奎，市政府副市长吴有必、温文斐，南方广播影视传媒集团总裁张惠建，广东省广播电影电视局副局长曾培贤莅临剪彩。

7 月 7 日至 10 日，河源广播电视台副台长廖真率台相关分支机构和部门负责人到梅州、潮州、惠州等兄弟台学习考察。

7月14日，河源市市长刘小华在市委常委、宣传部部长吴善平和副市长吴有必的陪同下参观河源广播电视台电视中心大楼。

7月24日，惠州广播电视台副台长李观雄、黄胜钦一行十五人前来河源广播电视台学习考察。

7月24日，河源广播电视台广播中心和河源市教育局联合开办的《教育时空》栏目正式开播，河源市政府副市长叶维园、河源广播电视台台长汪小刚、河源市教育局局长苏晖参加了开播仪式。

8月10日至12日，中国建设工程鲁班奖国家复查专家组一行三人对河源广播电视台电视中心一期工程进行检查验收，专家组一致认为该工程符合“鲁班奖”评选条件，同意推荐参加“鲁班奖”评选。

8月18日，河源广播电视台举行《说事》栏目开播三周年文艺晚会暨600平方米演播厅启用仪式。中共河源市委书记陈建华，市委常委、宣传部部长吴善平，副市长吴有必同志出席了活动。

9月28日，河源广播电视台高清频道接入和用户服务工作正式启动，开通有央视高清、北京高清、广东高清等频道。

10月26日，中国建筑业协会发文《关于公布2009年度中国建设工程鲁班奖（国家优质工程）评选结果的通知》（建协〔2009〕47号），河源广播电视台电视中心一期工程荣获“2009年度中国建设工程鲁班奖”。

10月29日，广东省副省长佟星一行在中共河源市委书记陈建华等同志的陪同下视察河源广播电视台。

截至10月底，央视通联的数据统计显示，河源广播电视台上送电视新闻中被中央电视台采用37条，创电视新闻被中央电视台用稿最高纪录。

11月10日，河源广播电视台台长汪小刚、电视中心主任涂少俊荣获“广东百佳电视艺术工作者”称号。

11月26日，中国建筑业协会在深圳举行2009年度中国建设工程鲁班奖（国家优质工程）颁奖仪式，河源广播电视台纪检组长叶振廷代表建设单位出席了颁奖礼。

11月28日，河源广播电视台公共频道与南方电视台综艺频道共同举办的“唱响广东2009旅游金曲精英大赛”河源赛区决赛在市会议中心举行（河源为全省三个赛区之一），从河源赛区晋级的选手陈玲青为河源捧回冠军奖杯。

11月，河源广播电视台筹措1 000多万元对全台技术设备体系进行全面升级改造建设，全台实现数字化。

11月，河源广播电视台被河源市政府授予“2009年先进单位”荣誉称号。

12月11日至15日，首届河源市广电系统男子篮球赛在河源广播电视台电视中心篮球场举行，来自市县广电台共六支代表队参赛，市台、龙川台和和平台三支代表队分别获得冠、亚、季军。

12月23日，河源广播电视台在600平方米演播厅首次举办“河源广播电视台新年文艺晚会”。

12 月，河源广播电视台数字电视整体转换工作顺利完成。截至 12 月，市区有线电视用户数达 96 241 户，其中，数字电视达 88 091 户。

12 月，河源广播电视台被南方广播影视传媒集团授予“2009 年度创新发展奖”荣誉称号。

12 月 31 日，中共广东省委省政府下发《关于组建广东省广播电视网络股份有限公司的通知》（粤办发〔2009〕34 号）。省网络公司在各地级市设立分公司，市分公司为非独立法人二级单位；河源市广电网络整合工作正式启动。

2010 年

1 月 18 日，河源广播电视台电视中心在 600 平方米演播厅举行“温暖河源·民生2009”大型电视主题活动，河源市市长刘小华出席了活动。

1 月 22 日，《河源广播电视周报》社在市区举行创刊十五周年庆祝酒会，台领导班子与社会各界嘉宾共 80 多人参加了庆祝会。

1 月下旬召开的河源市“两会”（市人大、市政协例会），河源广播电视台首次在会场工作区设立了广播直播室和电视访谈区，深入解读“两会”盛况。期间，河源市委书记陈建华到河源广播电视台“两会”采访区慰问工作人员，高度评价广电“两会”宣传做到了新、全、准。

2 月 6 日，中共广东省委宣传部副部长、广东省广播电影电视局局长杨建和南方广播影视传媒集团党委书记白玲到河源广播电视台调研。

2 月 10 日，中共河源市委书记陈建华率队到河源广播电视台慰问春节一线值班工作人员。

3 月 17 日，河源广播电视台与河源市政府纠风办联合主办的《政风行风热线》栏目实现广播、电视同步直播。

4 月 29 日，河源广播电视台承拍的电视系列片《天下客家》被列入广东省第二批重点文艺项目，是全省 17 个重点项目中唯一获批的电视专题片项目。

4 月底，河源广播电视台与中国联通河源分公司联合推出河源电视台 3G 手机电视节目试运行，首次实现在手机上进行视频直播和点播。

5 月 18 日，河源广播电视台网站改版后开通上线试运行，网站名称为“河源广播电视网”。

5 月 20 日，河源广播电视台公共频道专题节目《看河源》栏目正式推出。

5 月 27 日至 28 日，广东省广播电视协会播音主持专业委员会客家地区播音主持委员会成立大会在梅州举行，河源、梅州、韶关、惠州等四市广播电视台为成员单位。

6 月 29 日，河源广播电视台首辆标清数字电视转播车正式启用，该转播车按 6 +2 讯道标清电视转播车设计，整车达到标清电视顶级水平。

6 月 30 日，河源广播电视台全台员工积极参与“广东扶贫济困日”活动，自发捐款 121 567 元。

7 月 1 日，国家广播电影电视总局颁发河源广播电视台广播频率（综合广播和旅游广播）、电视频道（新闻综合频道和公共频道）许可证。

7月5日，国家广播电影电视总局（广局〔2010〕306号）同意河源人民广播电台、河源电视台合并为河源广播电视台，并使用新台标。

7月7日，河源市政府副市长温文斐作客《政风行风热线》节目，通过直播热线与市民进行交流。这是该栏目开播以来首位市政府领导上线。

10月15日，河源市政府同意河源广播电视台以货币资金和资产出资入股广东省广播电视网络股份有限公司。

10月16日至17日，河源广播电视台在广电中心成功举办河源首届广播电视文化节，吸引了近两万名受众参与。

10月17日，河源广播电视台聘请王永刚、杨俊峰、骆文冠、刘可达、刘锦强、欧阳山、钟志武（啸鸣）、陈晓敏、董全福、刘伟德、叶剑才、张冠初12位同志为艺术顾问。

10月17日，河源广播电视台启用新台标。

10月27日，由河源广播电视台与市农业局联合主办的“河源市首届农业金牌产品评选活动”在河源广播电视台600平方米演播厅举行颁奖晚会，20个农产品分获经作类、粮油类、养殖类金牌产品。

11月16日，广东省广播电视网络股份有限公司河源分公司正式挂牌成立，标志着台网正式分离。中共河源市委书记陈建华，市长刘小华，广东省广播电视网络股份有限公司党委书记、董事长张健等同志莅临揭幕。

11月29日，河源广播电视台拍摄的大型电视系列片《天下客家》举行首发仪式。该片共5集，每集24分钟。

12月6日，河源广播电视台拍摄制作的长篇电视系列片《天下客家》荣获2010年中国南派纪录片优秀奖（综合）和最佳摄影奖（单项）。

12月11日至12日，河源广播电视台班子等一行十人到东莞广播电视台考察学习。

12月22日，河源广播电视台《爱护环境之“牛皮癣”篇》、《恐龙出世》、《渔船》三部作品入选2006年至2009年广东省首届百佳电视艺术作品。

12月25日，广东省扶贫“双到”（规划到户、责任到人）考评组通过了河源广播电视台对紫金县蓝塘镇半径村“双到”扶贫工作的考评，并被评为优秀。

2011年

1月3日，河源广播电视台旅游广播（FM 97.8兆赫）开始试播，全天播音从早上6：00到晚上12：00，共18小时。

1月9日，由河源广播电视台与市语委、市朗诵艺术学会联合主办的2011年新年诗会“春天的问候”在市会议中心举行，中共河源市委副书记龚佐林到场观看。

1月13日，河源广播电视台电视中心在600平方米演播厅举行“蝶变2010·幸福河源”大型民生主题晚会。河源市市长刘小华，市委常委、宣传部部长吴善平等同志出席了活动。

1月18日，由河源广播电视台与市纪委、市监察局、市纠风办共同举办的“河源《政风行风热线》2010年度盘点活动”在600平方米演播厅举行，中共河源市委常委、副市长杨耀初出席了活动。

1月20日，河源广播电视台被南方广播影视传媒集团授予“2010年度广播电视安全播出奖”荣誉称号。

1月22日，河源广播电视台2011年春节联欢晚会在首次启用的800平方米演播厅举行，中共河源市委常委、宣传部部长吴善平观看了晚会。

1月30日，河源市市长刘小华、副市长吴有必等同志到河源广播电视台慰问一线采编播工作人员。

3月4日，惠州广播电视传媒集团副总裁魏光东一行到河源广播电视台参观考察。

3月10日，由河源广播电视台与市工商局联合主办的“3·15”文艺晚会在台800平方米演播厅录播。中共河源市委副书记黄建中，政协副主席朱深寿、黄晨光现场观看了晚会。

3月23日，广东省广播电视网络股份有限公司总经理徐永胜率队到河源广播电视台和省广电网络河源分公司调研，协调解决广电网络重组后省广电网络河源分公司遇到的各种发展难题。河源市代市长彭建文、副市长吴有必会见了徐永胜一行。

3月29日，河源市代市长彭建文率队到河源广播电视台调研。

4月13日，河源市政府副市长吴有必率领市旅游局、市文广新局、市体育局、市卫生局等单位负责人上线《政风行风热线》节目。

4月20日，《政风行风热线》节目音频和视频在河源广播电视网站上进行同步直播，在全省率先实现广播、电视、网站、部分手机电视“四位一体”同步直播。

4月28日，“好歌献给党”——河源市庆祝建党九十周年青年歌手大赛总决赛在800平方米演播厅举行，选手林作献获得金奖。中共河源市委常委、宣传部部长吴善平出席了活动。

5月6日，广东省书法家协会常务副主席、秘书长纪光明来河源广播电视台参观，并现场挥毫创作多幅墨宝馈赠予台。中共河源市委常委、宣传部部长吴善平陪同参观。

5月中旬，在2010年度广东省广播电视节目奖评选会上，河源广播电视台选送的电视系列片《天下客家》获电视专题一等奖、《激流中的生命壮歌》获电视新闻二等奖，电视原创歌曲《客家人的围屋》获电视文艺二等奖。

6月初，河源广播电视台自行设计的6+2讯道标清电视转播车项目荣获“2010年度河源市科学技术进步奖一等奖”。

6月1日至3日，河源广播电视台班子成员先后到湛江广播电视台和茂名广播电视台考察学习。

6月28日，由河源广播电视台承办的“千年古邑·红色河源”河源市庆祝建党九十周年诗歌朗诵会在台600平方米演播厅举行，中共河源市委常委、宣传部部长吴善平出席了朗诵会。

7月5日，中共河源市委常委、纪委书记苏全贵到河源广播电视台调研。

8月2日至3日，广东省人大常委会副主任钟阳胜到河源考察经济、文化等事业建设时参观河源广播电视台电视中心大楼。

8月8日至9日，中共广东省委副书记、省长黄华华率队到河源调研时专程到河源广播电视台电视中心大楼参观。

9月5日，由河源广播电视台和市教育局、中国移动河源分公司共同主办的“139社区杯”感动河源教育人物颁奖典礼在台800平方米演播厅举行。中共河源市委书记陈建华，市长彭建文，政协主席陈志干，市委常委、宣传部部长吴善平，市委常委、组织部部长白涛，市人大常委会副主任曾瑞凤，市政府副市长叶维园等同志出席了颁奖典礼。

9月29日，湖北省荆门市广播电影电视局考察团到河源广播电视台交流广电事业和产业发展工作。

11月，河源广播电视台广播中心《新闻早餐档》栏目被广东省广播电影电视局评为“2011年度广东省广播电视创新创优十佳栏目”。

11月23日至28日，河源市第二届现代生态农业成果博览暨农产品交易会在市区文化广场举行。国家农业部党组成员张玉香，广东省政府党组成员、广东省扶贫开发领导小组副组长李容根，中共河源市委书记陈建华等同志出席了开幕式。

11月30日，青海广播电视台经济广播和广东人民广播电台新闻中心负责人一行五人到河源广播电视台考察《政风行风热线》运作情况。

12月5日，在2011年广东省新闻年会上，河源广播电视台被南方电视台授予“最具成长性伙伴奖”荣誉称号。

12月，河源网络广播电视台项目获得广东省文化产业扶持资金200万元的扶持。

12月31日，河源广播电视台2012年春节联欢晚会在800平方米演播厅录制，中共河源市委常委、宣传部部长吴善平现场观看演出并予以高度评价。

2012年

1月5日，河源广播电视台“双到”挂钩扶贫干部40多人前往紫金县蓝塘镇半径村了解帮扶进展情况，并为贫困户送上新春的慰问与祝福。

1月5日，河源广播电视台与市语委等单位在市会议中心联合举办“经典回眸·河源市2012年新年诗会”。

1月6日，河源广播电视台与市纪委、市监察局、市政府纠风办在台600平方米演播厅联合举办“河源市《政风行风热线》2011年度盘点”活动，中共河源市委常委、市纪委书记苏全贵出席了活动。

1月6日，河源广播电视台广播中心自行设计和安装的广播数字音频直播车正式启用。

1月18日，中共河源市委常委、宣传部部长吴善平到河源广播电视台看望慰问一线采编播工作人员，并送上新春祝福。

1月19日，河源广播电视台被南方广播影视传媒集团授予“2011年度安全播出先进单位”称号。

3月2日，清远广播电视台领导班子一行六人到河源广播电视台参观考察。

3月8日，中共河源市委书记何忠友在市委常委、宣传部部长吴善平的陪同下到河源广播电视台调研。

3月16日，河源广播电视台、共青团河源市委、河源市人力资源和社会保障局联合举办的“邮储银行杯”河源首届青年创富电视大赛正式启动。

3月16日，河源广播电视台广播中心缪俊芳被南方广播影视传媒集团授予“2011年度优秀女员工”称号。

3月20日，惠州广播电视台台长（总裁）朱伟思一行十二人到河源广播电视台参观考察。

4月21日，河源广播电视台副台长车济民率队赴湖北武汉市参加由国家广电总局主办的星光奖盛典。由河源广播电视台拍摄的大型纪录片《天下客家》荣获中国广播影视大奖·广播电视节目奖（第22届“星光奖”）电视纪录片提名荣誉奖。

5月1日，河源广播电视台电视中心《河源新闻联播》等栏目全面改版。其中，《说事》改版为《民生一线》，《晚间时分》改版为《天下网事》。

5月8日至9日，河源广播电视台召开2012年度中层干部工作目标承诺大会，广播中心、电视中心、公共频道、周报社、经营管理中心等分支机构的班子成员在大会上做出年度工作承诺。

5月15日、22日，河源广播电视台台长汪小刚率领台有关领导班子成员参加全省“民声热线”上线活动。

5月17日，揭阳广播电视台副台长徐小明一行到河源广播电视台参观交流网络电视台的建设情况。

5月22日，河源广播电视台副台长车济民带领市直新闻单位十名记者到紫金县、龙川县开展“河源古村落文化行”系列专题报道活动。

5月25日，广东省广播电影电视局召开“全省迎接十八大导向管理和安全播出”电视电话会议。河源市文化广电新闻出版局、河源广播电视台以及各县（区）文广新局和广电台有关领导共二十多人参加了会议。

5月25日至27日，“河源首届汽车文化节暨电视超级汽车模特大赛”在文化广场举行，吸引了近二十家参展商参展。中共河源市委常委、宣传部部长吴善平出席了开幕式。

5月30日，河源广播电视台与河源供电局“2012—2013年度紧密型战略合作协议签约仪式”在台600平方米演播厅举行，双方共同签署框架性合作协议。

6月25日，南方广播影视传媒集团总裁张惠建率领安全播出检查组一行六人到河源广播电视台检查党的十八大安全播出工作。

7月，河源广播电视台广播中心荣获“河源市精神文明建设先进单位”称号。

7月6日，河源广播电视台在600平方米演播厅举行迎接党的十八大安全播出政治常识知识讲座。全体一线采编播人员听取了讲座。

7月7日，河源广播电视台电视中心推出生活服务类栏目《非常会生活》。

7月11日，广东省广播电影电视局组织的党的十八大安全播出地市交叉检查组到河源广播电视台进行广播电视宣传管理和安全播出大检查。

7月21日，河源广播电视台电视中心“印象河源”系列城市形象宣传片之《走进和平县》在和平县举行开机仪式。

7月23日，河源广播电视台与河源市人力资源和社会保障局联合主办的广播栏目《民生保障》启播仪式在台600平方米演播厅举行。

8月3日，河源广播电视台一百多名采编播人员在台513会议室听取了由广州大学新闻与传播学院院长王首程主讲的“融媒体时代的广播电视节目创新”专题讲座。

8月21日，河源广播电视台电视中心推出新闻专题栏目《新闻深一度》。

8月23日，河源广播电视台电视中心新闻一部采写的“国庆走基层·今天我加班”系列报道荣获广东省新闻战线“走转改”新闻评选一等奖。

9月14日，河源广播电视台举行党的十八大安全播出岗位人员业务常识考试。一线采编、技术值班、维护、供电、安全播出等岗位共147人参加考试。

10月1日至3日，由河源广播电视台主办的“尚绿生活·幸福家园”大型环保公益主题活动在华达新城举行，吸引了近8 000名市民踊跃参与。

10月27日，河源广播电视台与共青团河源市委联合主办的“倾城之恋”秋日浓情浪漫夜大型交友活动在雅居乐花园举行。

11月，河源广播电视台《政风行风热线》栏目被广东省广播电影电视局评为“2012年度广东省广播电视创新创优十佳栏目”。

11月3日，河源广播电视台2013年春节联欢晚会导演组在台600平方米演播厅对报名参加“我要上春晚”的五十多个草根节目进行了甄选。

11月8日，中共河源市委常委、宣传部部长吴善平和河源广播电视台班子成员以及员工代表在台318会议室一起收看收听了“胡锦涛同志在党的十八大上的报告”。

12月5日，国家广播电影电视总局（广局〔2012〕468号）同意河源市调频广播频率97.8兆赫（旅游广播）发射台由河源市茶亭山迁至桂山千秀峰。

2013年

1月，河源广播电视台拍摄的电视系列片《天下客家》荣获由广东省文学艺术界联合会颁发的第九届广东省鲁迅文学艺术奖（艺术类）。

1月，河源广播电视台广播中心董秋香被国家广播电影电视总局授予“国家广电系统先进工作者”荣誉称号。

1月，河源广播电视台广播中心焦洋被南方广播影视传媒集团授予“2012年度优秀主持人”荣誉称号。

1月5日，第四届河源市春节联欢晚会在800平方米演播厅录制。河源市市长彭建文，市委副书记黄建中，市委常委、宣传部部长吴善平，副市长朱蔚蔚等同志现场观看了演出并予以高度评价。

1月14日，河源广播电视台分支机构班子成员2012年度述职会在502会议室举行。台考核小组对各分支机构进行年度考核，评出三个先进单位和五名分支机构班子成员先进工作者。

1月24日，河源广播电视台机关支部党员大会在402会议室召开，选举产生了新一届党支部委员。

1月28日，中共河源广播电视台机关委员会第二次代表大会在502会议室召开，选举产生了新一届机关委员会和纪律检查委员会。

1 月 28 日，南方广播影视传媒集团在广州举行 2012 年度总结表彰大会，河源广播电视台获得“安全播出先进单位奖”。

1 月 29 日，河源广播电视台 2012 年度总结表彰大会在 800 平方米演播厅举行，表彰 3 个年度考核先进单位和 54 名年度优秀个人。中共河源市委常委、宣传部部长吴善平出席了会议并讲话。

1 月至 4 月，河源广播电视台首次严格按照中共河源市委组织部公开竞争性选拔科级干部的要求，拿出 7 个科级岗位（3 正 4 副）全台公开竞争选拔，7 名年轻干部走上新的工作岗位。

2 月 5 日，中共河源市委常委、宣传部部长吴善平到河源广播电视台看望慰问一线采编播工作人员，并送上新春祝福。

2 月 8 日，广东省通信管理局域名备案中心审批通过河源网络广播电视台新域名（www. hyrtv. cn），备案号为粤 ICP 备 12036236 号 -2。

2 月 19 日，河源市政协主席龚佐林率队到河源广播电视台调研市广播电视事业发展情况。

2 月 28 日，《河源广播电视台志》编纂工作会首次召开，台志材料收集工作有序开展。

3 月 1 日，河源广播电视台分支机构班子成员 2013 年度工作目标承诺会在 800 平方米演播厅举行，各分支机构班子成员分别对今年的工作做出承诺。

3 月 12 日，广东省广播电影电视局党组书记黄小玲率队到河源广播电视台调研。

3 月，河源广播电视台广播中心前端机房数字化改造全面完成。

4 月 8 日，河源广播电视台第二届工会会员代表大会在 502 会议室召开，选举产生了新一届工会委员会。

4 月 9 日，共青团河源广播电视台第二次代表大会在 502 会议室召开，选举产生了新一届共青团委员会。

4 月 10 日，河源广播电视台妇女工作委员会成立大会在 502 会议室召开，选举产生了首届妇委会。

4 月 10 日，山东省淄博市政府纠风办考察组一行到河源广播电视台考察《政风行风热线》工作。

4 月 12 日，广东电台 1077 经典广播总监陈红丹率队到河源广播电视台开展党日活动。

4 月 29 日至 5 月 1 日，河源广播电视台在市区举办河源市第二届汽车文化节，共有 20 多家汽车企业参展，3 天时间共售出汽车 270 多辆，成交金额突破 3 000 万元。

5 月 25 日，河源广播电视台在 800 平方米演播厅举行“河源市第二届汽车文化节暨电视超级汽车模特大赛”首场海选，赛事吸引了来自省内外近 300 名选手报名参与。

5 月中旬至 6 月下旬，河源市纪委监察局、河源市政府纠风办、河源广播电视台联合举办以“关注百姓民生·建设幸福河源”为主题的“行风热线与你面对面——县区行”户外直播活动。据统计，在六站的户外直播活动中，现场共接访群众 827 名，收到各类投诉、咨询、建议761件，现场解决和答复347件。

6月14日至17日，河源广播电视台在市区举办河源首届家装建材家具博览会，有近二十家相关企业和三十多个品牌参加展销。

6月22日，河源广播电视台在600平方米演播厅学习广东省广播电影电视局颁发的《安全播出检查宣传管理内容标准细则》，全台一线采编播人员180多人参加了学习会。

7月1日，河源广播电视台在600平方米演播厅举行关心下一代工作表彰会，对先进集体电视中心、公共频道，爱心团队《民生一线》栏目组，先进个人梁雯、周凤娟等十位同志进行表彰。河源市关工委常务副主任李万源出席表彰会。

7月3日，河源广播电视台联合共青团河源市委员会、中国邮政储蓄银行河源分行、河源市人力资源和社会保障局在600平方米演播厅举办“邮储银行杯”河源市第二届青年创富电视大赛海选活动，共有236个项目参加评选，最终有80个项目顺利晋级。

7月9日，中共广东省委常委、宣传部部长庹震在中共河源市委副书记、市长彭建文，市委常委、宣传部部长吴善平等人的陪同下到河源广播电视台进行调研，并对河源广播电视台近年来各项工作取得的成绩给予充分的肯定。

7月12日，清远广播电视台总编辑郭嘉锐一行六人到河源广播电视台考察河源网络广播电视台的运营情况。

7月15日，河源广播电视台综合频道《非常会生活》节目组首次前往泰国的曼谷和芭堤雅进行节目录制。

7月17日，城市联合网络电视台常务副总经理梅宏一行五人到河源广播电视台指导河源网络广播电视台的运营工作。

7月18日，揭阳广播电视台副台长吕炎选一行三人到访河源广播电视台，双方就河源广播电视台电视中心大楼建设、后勤管理、大型活动的举办等进行了交流。

7月29日，河源广播电视台按照河源市普法办要求组织在编员工参加普法考试，并首次施行无纸化的学法用法考试系统。

8月14日，河源广播电视台电视中心制作的专题片《山情水韵醉美河源》在广东省山区（生态）旅游产业园区竞争性扶持资金评审会上展播，获得评审专家们的一致好评，为我市拿下3亿元的旅游扶持资金发挥了积极作用。

8月16日，受台风“尤特”影响，紫金县龙窝镇等地方遭200年一遇特大洪灾。闻讯，河源广播电视台第一时间派出记者赶往受灾现场，及时准确地报道了灾区情况。据统计，播出抗洪赈灾的广播新闻41条、电视新闻77条；发布官方微博（微信）140多条；制作抗洪救灾电视专题片和宣传片各1部。

8月23日，河源广播电视台在600平方米演播厅举行河源网络广播电视台和数字广播一体化网络系统的启用仪式，标志着河源地区唯一一家按国家广电总局要求筹建的网络广播电视台（测试版）正式开通上线。广播则实现了节目录制、编辑、播出、储存、监控和管理等全业务流程的数字化、网络化和信息化。

9月10日，河源广播电视台台长汪小刚带队前往龙川县田心镇陂角村开展“双到”扶贫工作。

9月24日，湖北省荆门市委常委、宣传部部长汪联舫一行十人到河源广播电视台参观考察并座谈。双方就河源广播电视台广电大楼的建设和新闻宣传等工作进行了交流。

10月1日至3日，河源广播电视台主办的“2013河源秋季汽车博览会”在市区举行，共有13家汽车4S店及汽车相关配套企业参展，现场成交车辆350多台，成交金额超过4 000万元。

10月5日，河源广播电视台综合频道《非常会生活》栏目组与河源市巴蜀文化研究会合作，策划大型“巴蜀文化行”系列报道，远赴四川、重庆进行采访。

10月16日至22日，河源广播电视台与省广电网络河源分公司联合主办的“第三届河源市广播电视系统篮球赛”正式开赛，河源广播电视台、省广电网络河源分公司及各县区广播电视台组成的七支队伍参加了比赛。

10月23日，由河源广播电视台、共青团河源市委员会、中国邮政储蓄银行河源分行、河源市人力资源和社会保障局联合主办的“邮储银行杯”河源市第二届青年创富电视大赛总决赛在河源广播电视台800平方米演播厅举行，中共河源市委书记何忠友，市委副书记黄建中，市委常委、秘书长黎意勇，市关工委副主任曾瑞凤等同志观看了总决赛并为获奖选手颁奖。同时，大赛通过河源网络广播电视台的网络视频和河源广播电视台官方微博进行了直播。

11月5日，中共河源市委组织部（河组干〔2013〕58号）任命邹仕选为河源广播电视台党组书记、台长，叶振廷为河源广播电视台总编辑（正处职），涂少俊为河源广播电视台电视中心主任（高配副处级，试用期一年）；免去汪小刚河源广播电视台党组书记、台长职务。

11月6日，河源广播电视台电视中心制作的电视纪录片《蝉花》获得由中国电视艺术家协会主办的“人文中国第二季——味道中国”全国电视专题片、纪录片评选作品生活类二等奖。

11月11日，河源市第四届少儿电视节目主持人选拔大赛总决赛在河源广播电视台800平方米演播厅举行，评选出了“十佳小主持人”以及“最佳才艺”、“最佳台风”、“最具潜力”三个单项奖。

11月13日，中共河源市委组织部在河源广播电视台513会议室举行新老班子交接仪式。中共河源市委常委、宣传部部长吴善平，市委组织部常务副部长徐先龙出席仪式并讲话。

11月30日至12月1日，中共河源市委宣传部在市委党校举办“全市新闻媒体采编制播人员培训班”，河源广播电视台组织150多名采编播工作人员参加培训学习。

12月2日，河源广播电视台电视中心《非常会生活》栏目联合广东狮子会第十分区在河源广播电视台800平方米演播厅举行《非常会生活》开播一周年暨关爱失依家庭慈善晚会，河源市政协主席龚佐林出席了晚会。

12月3日至4日，河源网络广播电视台一行五人前往城市联合网络电视台（CUTV）、东莞阳光网、腾讯·大粤网考察学习。

12 月 9 日，河源市委办公室与河源广播电视台在河源市国家税务局篮球场举行篮球友谊赛，中共河源市委书记何忠友，市委常委、组织部部长白涛到场并参加了比赛。

12 月 9 日，河源市经济和信息化局组织五名信息化专家与河源市财政局相关人员到河源广播电视台对“河源网络广播电视台建设项目”、“河源人民广播电台数字广播一体化网络系统项目”进行现场验收并批准通过。

12 月 10 日至 11 日，河源广播电视台台长邹仕选带领台班子成员、有关分支机构和部室负责人一行前往潮州、梅州广播电视台就人力资源管理、广告经营创收、节目运营、技术管理等方面进行了学习考察。

12 月 13 日至 15 日，河源广播电视台在市区举办“同住幸福城 · 共享车生活”2013 河源冬季汽车博览会，共有 16 家车行和 13 家相关企业参加了展销活动。

12 月 20 日，河源市经济和信息化局以“河经信函〔2013〕459 号”、“河经信函〔2013〕461 号”文，分别对“河源网络广播电视台建设项目”、“河源人民广播电台数字广播一体化网络系统项目”发布通过验收报告。两项验收的正式通过，加快了河源广播电视台迈向全媒体的步伐。

12 月 23 日，河源广播电视台举行学习贯彻党的十八届三中全会精神宣讲会，市委宣讲团成员、市委党校高级讲师张小苑作学习辅导报告。

12 月 23 日至 25 日，2013 年度客家地区广播电视播音主持作品暨第四届播音主持业务论文评选会在河源市区举行，来自河源、梅州、惠州、韶关四个市的优秀参评作品分获不同奖项。

12 月 27 日，河源广播电视台有关分支机构班子成员工作目标承诺制年终述职会在 600 平方米演播厅举行，全台干部职工参加了述职会。

12 月 30 日，南方广播影视传媒集团总裁张惠建一行莅临河源广播电视台指导工作。

第一编

组　织

第一章 机 构

第一节 河源广播电视台的组建

河源广播电视台的组建源于广东省广播电影电视的体制改革。21 世纪之初，广东广电内部存在的“现行体制与事业发展的矛盾”、“改革诉求与现行政策的矛盾”，导致体制不顺、机构不活、条块分割、重复建设、各自为政、自成体系、互不联通、后劲不足、低层次运作和小环境发展等矛盾与弊端日益显露。为贯彻落实党的十六大关于推进文化体制改革的要求，进一步解放文化生产力，以适应社会主义经济体制，广东省广电系统拉开了改革的序幕。

2004 年 1 月 18 日，经国家广播电影电视总局和广东省人民政府批准，南方广播影视传媒集团正式挂牌成立。南方广播影视传媒集团以广东电台、广东电视台、南方电视台、广东省广播电视技术中心、广东有线广播电视网络股份有限公司为主体，以全省 19 个地级市（珠海、汕头、佛山、韶关、河源、梅州、惠州、汕尾、东莞、中山、江门、阳江、湛江、茂名、肇庆、清远、潮州、揭阳、云浮）的广播电视台为成员单位，联合组建了全国第一个由省、市、县三级广播电视系统构成的传媒机构。

2004 年 2 月 26 日，广东省委办、省府办以“粤办发〔2004〕5 号”文件，转发了《广东省广播电影电视局关于〈南方广播影视传媒集团组建方案〉的实施意见》，明确提出集团下属各成员单位在 2004 年 3 月底前统一组织挂牌并统一呼号的要求。同日，河源市广播电视局以“河广字〔2004〕6 号”文件，就南方广播影视传媒集团河源广播电视台挂牌事宜向河源市委市政府作了请示。经同意，河源市广播电视局于 3 月 26 日上午在河源电视台举行了南方广播影视传媒集团河源广播电视台成立挂牌仪式。广东省广播电影电视局、南方广播影视传媒集团和河源市委市政府有关领导，市、县委宣传部，市直广电系统各单位中层以上干部共 100 多人参加了挂牌仪式。挂牌后，至 2006 年 1 月，河源广播电视台仍沿用原河源市广播电视局的机构设置。

2005 年 3 月 9 日，为了加速广播电视市场化、产业化进程，顺应文化体制改革的要求，经河源市委市政府同意，河源市机构编制委员会印发了《河源广播电视台机构编制方案》，成立河源广播电视台，“河源广播电视台”开始正式运转。专业媒体呼号为“河源广播电视台”（组织机构代码证号为 77308544 - 8），也可简称为“河源广电台”（或“市广电台”）。

河源广播电视台成立后，直接管理频道、频率，不再保留原河源人民广播电台、河源电视台建制，只保留其播出呼号，分别简称为“南方广播影视传媒集团河源广播电台”（或“河源广播电台”）、“南方广播影视传媒集团河源电视台”（或“河源电视台”）。河源广播电视台是统一制作、播出河源市广播电视节目的新闻媒体，既是直属中共河源市委宣传部管理的正处级事业单位，又是南方广播影视传媒集团的成员单位。

表 1－1　河源广播电视播出机构“台标、频道标识和呼号”一览表

（2010 年 10 月开始启用）

播出机构登记项目	台　名	河源广播电视台	台　标	HYRTV
	呼　号	河源广播电视台		
广播频道登记项目	频率名称	综合广播	频道标识	
	呼　号	河源广播电台综合广播		
	频率名称	旅游广播	频道标识	
	呼　号	河源广播电台旅游广播		
电视频道登记项目	频率名称	新闻综合频道	频道标识	河源综合
	呼　号	河源电视台新闻综合频道		
	频率名称	公共频道	频道标识	河源公共
	呼　号	河源电视台公共频道		
台标创意简述	河源广播电视台面向全国征集并报国家广电总局批准的新台标于 2010 年 10 月 17 日正式启用（之前一直使用“河源电视台”台标）。新台标犹如镶嵌在东江之畔的一颗明珠，创意如下： （1）台标设计将字符“h”、“y”与河源特色元素巧妙融合。 （2）台标的白色部分是由字符“h”、“y”经艺术手法，演变成一条循环的、互通的河流，表现了河源“水中城”、“双城”的特色，寓意着河源历史的悠久、资源的富饶。 （3）台标上部以视觉冲击力和时代感较强的橘红色，突出河源广播电视台的朝气与活力；下部以浅蓝色，突出和谐、科技的时代特征。 （4）台标外形以流畅的弧线模拟电视机屏幕轮廓，具有极强的广播电视行业特征。 （5）台标整体简洁、协调、严谨，寓意贴切，既实用也符合美学原理。			

第二节 机构设置

一、组织架构、历任领导

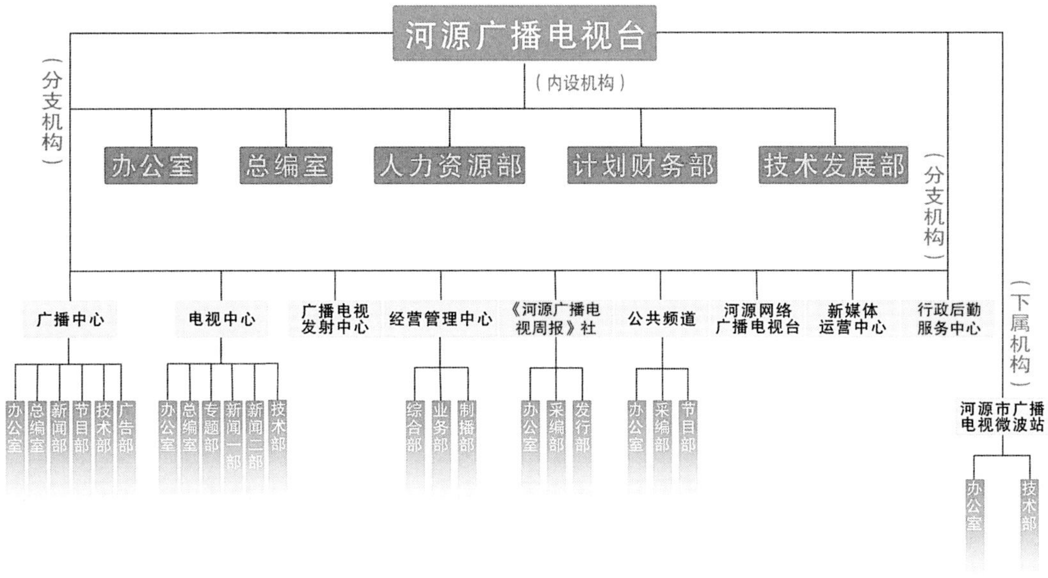

图 1－1　河源广播电视台组织架构

表 1－2　河源广播电视台历任领导一览表

姓　名	籍　贯	职　务	任职时间
汪小刚	江西高安	台　长	2005 年 3 月—2013 年 11 月
邹仕选	广东龙川	台　长	2013 年 11 月至今
廖　真	广东东源	副台长	2005 年 3 月至今
叶振廷	广东和平	总编辑	2013 年 11 月至今
刘永颂	广东东源	副台长	2005 年 3 月—2007 年 4 月
谢振标	广东龙川	副台长	2005 年 8 月—2012 年 5 月
邹仕选	广东龙川	副台长	2007 年 4 月—2013 年 11 月
叶振廷	广东和平	副台长	2012 年 5 月至今
车济民	江西修水	副台长	2007 年 4 月至今
叶振廷	广东和平	纪委书记	2006 年 2 月—2007 年 4 月

（续上表）

姓　名	籍　贯	职　务	任职时间
叶振廷	广东和平	纪检组长	2007年4月—2012年5月
何远航	广东紫金	纪检组长	2012年6月至今
饶兆勇	广东大埔	编　委	2005年8月至今
涂少俊	广东大埔	高配副处级	2013年11月至今

2005年3月9日，根据河源市机构编制委员会印发的《河源广播电视台机构编制方案》，河源广播电视台由原河源市广播电视局及其下属的河源人民广播电台、河源电视台、河源市广播电视微波站、河源市有线电视台、《河源广播电视周报》社、河源市电视广告制作中心等企事业单位组成。经竞争上岗、统筹安排，新组建的机关各部室、分支机构和下属机构的负责人于2006年1月正式上任。在此之前，河源广播电视台仍采用原河源市广播电视局的机构设置。

截至2013年12月底，河源广播电视台内设五个机关部室，下设九个分支机构，下辖一个正科级下属机构。

二、内设机构

（一）办公室

1. 主要职责

负责各部（室）、分支机构有关业务的组织、协调和督办工作；负责本台的行政事务和党务、纪检、监察、工会、青年、妇女、计生工作；负责文电、会务、机要和有关信息的收集及反馈等工作。

2. 历任负责人

主　任：涂少俊（2006年1月—2007年6月）
　　　　甘　露（2007年6月—2009年12月）
　　　　蒋　文（2009年12月—2013年2月）
　　　　钟梓梅（2013年2月至今）
副主任：邹华东（2008年4月—2009年12月）
　　　　邓海滨（2009年12月—2012年2月）
　　　　徐志凌（2012年7月—2013年7月）

（二）总编室

1. 主要职责

负责本台的宣传管理工作；制订本台宣传工作计划和重大宣传活动方案；把握正确的舆论导向，组织策划重大宣传活动；负责本台节目的监听监看，开展受众调查；组织宣传业务交流和广播电视节目的评奖活动。

2. 历任负责人

主　任：叶运枚（2006年1月—2009年12月）

钟梓梅（2010 年 12 月—2013 年 2 月）
叶运枚（2013 年 2 月至今）
副主任：钟梓梅（2009 年 12 月—2010 年 12 月）

（三）人力资源部

1. 主要职责

负责本台人力资源开发、管理、调配、聘用、考核、奖惩、晋升、人事劳资、专业技术职务评聘以及人员培训等工作；负责本台干部职工的思想政治工作和人事报表的统计工作；研究和推进人事制度改革和岗位管理工作。

2. 历任负责人

主　任：冯永根（2006 年 1 月—2010 年 12 月）
周小莲（2010 年 12 月—2013 年 4 月）
郭志军（2013 年 4 月至今）
副主任：周小莲（2006 年 1 月—2010 年 12 月）
张　琦（2010 年 12 月至今）

（四）计划财务部

1. 主要职责

负责本台各项事业经费和专项资金的管理、安排；编制财务计划、编报预算、决算及各类财务统计报表；负责日常经费的审核报账工作。

2. 历任负责人

主　任：郭佳红（2009 年 12 月至今）
副主任：郭佳红（2006 年 1 月—2009 年 12 月）
李贵花（2010 年 12 月至今）

（五）技术发展部

1. 主要职责

制订本台广播电视事业发展规划及其实施办法；负责广播电视技术的引进和应用；负责广播电视安全播出和对有关的技术指标进行监控与测试；负责本台设备的配置、维护管理工作；指导和协调全市广播电视事业建设与技术管理工作。

2. 历任负责人

主　任：罗超龙（2006 年 1 月—2010 年 12 月）
张庆华（2010 年 12 月至今）
副主任：张庆华（2006 年 1 月—2010 年 12 月）

三、分支机构

（一）广播中心

1. 主要职责

负责广播节目的策划、采访、编辑、制作、审查、编排和包装等工作；负责广播节目的播出管理工作；负责广播新闻宣传信息的交流和通联工作；负责广播节目的精品创作和交流；负责广播广告的策划和经营等工作。

2. 历任负责人

主　任：饶兆勇（2006 年 1 月—2009 年 12 月）
　　　　钟来全（2013 年 2 月至今）

副主任：蔡启发（2006 年 1 月至今）
　　　　李爱霞（2006 年 1 月—2007 年 6 月）
　　　　邓海滨（2006 年 1 月—2009 年 12 月）
　　　　钟梓梅（2006 年 1 月—2007 年 6 月）
　　　　蒋　文（2008 年 1 月—2008 年 12 月）
　　　　钟来全（2009 年 12 月—2013 年 2 月）
　　　　张　昭（2010 年 2 月至今）
　　　　董秋香（2010 年 5 月至今）

（二）电视中心

1. 主要职责

负责电视节目的策划、采访、编辑、制作、审查、编排和包装等工作；负责电视节目的播出管理工作；负责电视新闻宣传信息的交流和通联工作；负责电视节目的精品创作和电视节目交流等工作。

2. 历任负责人

主　任：车济民（2006 年 1 月—2007 年 6 月）
　　　　涂少俊（2007 年 6 月至今）

副主任：甘　露（2006 年 1 月—2007 年 6 月）
　　　　郭志军（2006 年 1 月—2007 年 6 月）
　　　　钟来全（2006 年 1 月—2007 年 6 月）
　　　　朱玮珺（2007 年 6 月至今）
　　　　张　惠（2007 年 6 月—2013 年 2 月）
　　　　杜伶俐（2007 年 6 月—2010 年 2 月）
　　　　邹菡萏（2009 年 6 月至今）
　　　　翟源昌（2010 年 2 月—2013 年 7 月）
　　　　邵　彤（2013 年 7 月至今）
　　　　徐志凌（2013 年 7 月至今）

（三）广播电视发射中心

1. 主要职责

负责本台广播电视信号的高山无线发射工作。

2. 历任负责人

主　任：黄明东（2006 年 1 月至今）

副主任：张伟强（2006 年 1 月至今）

（四）经营管理中心

1. 主要职责

负责电视广告的策划、制作、发布和其他创收项目的经营及管理。

2. 历任负责人

主　任：利渊景（2006 年 1 月—2007 年 6 月）

　　　　郭志军（2007 年 6 月—2013 年 4 月）

副主任：唐小文（2006 年 1 月—2007 年 6 月）

　　　　蒋　文（2006 年 1 月—2007 年 6 月）

　　　　刘　海（2007 年 6 月至今）

　　　　李爱霞（2007 年 6 月至今）

　　　　黄水明（2007 年 6 月至今）

（五）《河源广播电视周报》社

1. 主要职责

负责《河源广播电视周报》的编辑、发行工作；宣传介绍广播电视节目；发布报纸广告信息。

2. 历任负责人

社　长：蒋　文（2006 年 1 月—2009 年 12 月）

　　　　叶运枚（2009 年 12 月—2013 年 2 月）

　　　　蒋　文（2013 年 2 月至今）

副社长：巫洪涛（2006 年 1 月至今）

　　　　周凤娟（2010 年 12 月—2013 年 4 月）

　　　　邵　彤（2010 年 12 月—2013 年 7 月）

（六）公共频道

1. 主要职责

负责引进、播放各种类型的影视、综艺节目；制作和播出教育、社会保障等资讯类节目；负责县（区）新闻或专题节目的播出。

2. 历任负责人

总　监：利渊景（2007 年 6 月—2009 年 11 月）

　　　　甘　露（2009 年 12 月至今）

副总监：钟来全（2007 年 6 月—2009 年 12 月）

　　　　钟梓梅（2007 年 6 月—2009 年 12 月）

　　　　骆新银（2007 年 6 月至今）

　　　　杜伶俐（2010 年 2 月至今）

　　　　邹华东（2009 年 12 月至今）

　　　　翟源昌（2013 年 7 月至今）

（七）河源网络广播电视台

1. 主要职责

负责网络广播电视台的规划、设计、技术开发、内容编排、广告经营等工作。

2. 历任负责人

总　监：邓海滨（2013 年 2 月至今）

副总监：周凤娟（2013 年 4 月至今）

汪希静（2013 年 2 月至今）

（八）新媒体运营中心

1. 主要职责

负责手机、互联网等新媒体业务的规划、建设和应用管理。

2. 历任负责人

主　任：张　惠（2013 年 2 月至今）

副主任：郭佳艳（2013 年 2 月至今）

（九）行政后勤服务中心

1. 主要职责

负责固定资产管理、物资采购、基础设施维护、书报信件收发、安全保卫、水电消防、卫生、园林绿化以及运动场、停车场、饭堂管理等工作。

2. 历任负责人

主　任：周小莲（2013 年 4 月至今）

副主任：刁景茂（2013 年 11 月至今）

四、下属机构——河源市广播电视微波站

1. 主要职责

负责广东省广播电视微波链路紫金—河源段的维护与管理；承担广州—河源的广播电视信号的微波双向传输任务及全省广播电视安全播出指挥系统、广播电视信号监察系统的信号传输任务。

2. 历任负责人

站　长：诸景强（2006 年 1 月至今）

副站长：钟志明（2013 年 2 月至今）

第三节　管理体制

一、隶属关系

根据《关于印发〈河源广播电视台机构编制方案〉的通知》（河机编〔2005〕4 号）和《河源市事业单位分类改革实施意见》（河委发〔2010〕17 号）精神，河源广播电视台为中共河源市委宣传部管理下的公益二类事业单位，正处级，同时也是南方广播影视传媒集团成员单位。河源广播电视台受河源市委市政府和上一级广播电视主管部门双重领导，以河源市委市政府领导为主，宣传工作受河源市委宣传部的领导。

二、职责关系

河源广播电视台实行党组领导下的分工负责制，台长兼党组书记负责全面工作，各门类工作分别由副台长（或纪检组长）主管，重大问题由台党组会讨论决定。2006

年，河源广播电视台印发了《河源广播电视台制度汇编》，其中的相关制度规定了台领导班子成员、各分支机构、机关部室的工作职责。从2007年开始，先后出台了《河源广播电视台量化考核实施方案》、《河源广播电视台年度工作考评制度》、《河源广播电视台中层领导干部年度工作目标承诺责任制度》等管理规范，分别对各分支机构、机关部室、全台员工和台中层领导干部进行考核、奖罚。

三、河源广播电视台的主要职责

（1）贯彻执行党和政府新闻宣传、影视文化的路线、方针、政策，把握正确舆论导向，开展广播电视宣传。

（2）负责拟订并组织实施广播电视事业和产业发展规划，促进广播电视事业和产业发展。

（3）负责有关广播电视节目的制作、传输、发射和转播工作。

（4）负责广播电视新技术应用及广播电视覆盖网络的建设、维护等工作。

（5）负责广播电视安全播出和设备设施的安全防范工作。

（6）负责网络广播电视台、手机电视、IPTV等新媒体的规划、建设和运营。

（7）建设高素质的广播电视队伍，探索广电管理、运营新机制，发展、壮大广电事业和文化产业。

（8）指导县级广播电视台业务工作。

（9）承办河源市委市政府和广东省广播电影电视局、南方广播影视传媒集团交办的其他事项。

第二章 党组织

第一节 概 述

河源广播电视台共设一个党组、一个机关党委、八个党支部。党组全称为“中共河源广播电视台党组”，其党组书记、副书记、成员由河源市委组织部任命。在这里需要指出的是，2004 年 3 月 26 日河源广播电视台挂牌后，由于体制没有完全理顺，导致河源广播电视台没有正式运作，领导机构仍是原河源市广播电视局班子。期间，中共河源广播电视台党组也没有成立，至 2007 年 4 月，党的组织仍由中共河源市广播电视局党组履行领导职责。机关党委全称为“中共河源广播电视台机关委员会”，由本台党员代表选举产生其领导机构。2006 年 1 月，河源市直工委根据河源广电体制改革的实际情况，同意“中共河源市广播电视局机关委员会”更名为“中共河源广播电视台机关委员会”。中共河源广播电视台机关委员会下设台机关、广播中心、电视中心、发射中心、公共频道、经营管理中心、《河源广播电视周报》社和河源市广播电视微波站八个党支部。截至 2013 年 12 月底，党员总数有 93 人。

河源广播电视台机关党委自成立以来，充分发挥党组织的战斗堡垒作用和共产党员的先锋模范作用，涌现出一大批优秀党员。2008 年，冯永根被中共河源市委授予优秀党务工作者称号；2011 年，钟来全被中共河源市委授予优秀共产党员称号；2011 年，王婧怡当选为中共河源市第六届党代会代表，成为当届河源市最年轻的党代表。

河源广播电视台党组和历届机关党委在河源市委市政府的正确领导下，紧紧围绕市委市政府中心工作，以事业发展为基础，以新闻宣传为主业，以队伍建设为重点，以“优化”、“创新”为突破口，积极推动各项工作快速有序开展。台各级党组织凝聚力、号召力、战斗力不断增强，全市广播电视事业取得突破性发展，得到了河源市委市政府和社会各界的高度评价及认可。

第二节 机构成员

一、河源广播电视台党组

书　记：汪小刚（2007 年 4 月—2013 年 11 月）
　　　　邹仕选（2013 年 11 月至今）
副书记：廖　真（2007 年 4 月至今）
成　员：谢振标（2007 年 4 月—2010 年 11 月）
　　　　叶振廷（2007 年 4 月至今）
　　　　邹仕选（2007 年 4 月—2013 年 11 月）
　　　　车济民（2007 年 4 月至今）
　　　　何远航（2012 年 6 月至今）

二、河源广播电视台纪检组（纪委）

书　记：叶振廷（2006 年 2 月—2007 年 4 月）
组　长：叶振廷（2007 年 4 月—2012 年 5 月）
　　　　何远航（2012 年 6 月至今）

第三节 历次党代会

一、中共河源广播电视台机关委员会第一次代表大会

中共河源广播电视台机关委员会第一次代表大会于 2007 年 7 月 18 日召开，汪小刚、廖真、谢振标、叶振廷等九人当选为第一届河源广播电视台机关党委委员，其中汪小刚当选为书记，廖真、谢振标、叶振廷当选为副书记；叶振廷、冯永根等五人当选为河源广播电视台机关纪委委员，其中叶振廷当选为纪委书记，冯永根当选为纪委副书记。

二、中共河源广播电视台机关委员会第二次代表大会

中共河源广播电视台机关委员会第二次代表大会于 2013 年 1 月 28 日召开，汪小刚、廖真、叶振廷等九位同志当选为第二届河源广播电视台机关党委委员，其中汪小刚当选为书记，廖真、叶振廷当选为副书记；何远航、钟梓梅等五人当选为河源广播电视台机关纪委委员，其中何远航当选为纪委书记。

三、历届党委机构成员

（一）第一届中共河源广播电视台机关委员会（2007 年 7 月 18 日—2013 年 1 月 27 日）

书　记：汪小刚

副书记：廖真、谢振标、叶振廷

委　员：邹仕选、车济民、饶兆勇、冯永根、甘露

（二）第一届中共河源广播电视台机关委员会纪律检查委员会

书　记：叶振廷

副书记：冯永根

委　员：蔡启发、杜伶俐、张水清

（三）第二届中共河源广播电视台机关委员会（2013 年 1 月 28 日至今）

书　记：汪小刚

副书记：廖真、叶振廷

委　员：邹仕选、车济民、何远航、饶兆勇、钟梓梅、张庆华

（四）第二届中共河源广播电视台机关委员会纪律检查委员会

书　记：何远航

委　员：钟梓梅、蔡启发、朱玮珺、徐志凌

第三章 群众团体

第一节 工 会

一、历届工代会

（一）河源广播电视台第一届工会代表大会

经台党组研究并报市总工会同意，河源广播电视台工会第一届第一次会员代表大会于2007年7月26日在河源广播电视中心六楼会议室召开，49名代表参加会议。会议由台党组成员、副台长谢振标主持，台党组书记、台长汪小刚以及河源市总工会副主席廖洪滨出席会议并讲话。会议选举产生了河源广播电视台第一届工会委员会委员，周小莲当选为工会主席。

（二）河源广播电视台第二届工会代表大会

经台党组研究并报市总工会同意，河源广播电视台工会第二届第一次会员代表大会于2013年4月8日在河源广播电视中心五楼会议室召开，60名会员代表参加会议。会议由台党组成员、副台长叶振廷主持，台党组书记、台长汪小刚以及河源市总工会副主席廖洪滨出席会议并讲话。会议选举产生了河源广播电视台第二届工会委员会委员，郭志军当选为工会主席，邹华东当选为副主席。

二、历届台工会机构成员

（一）河源广播电视台第一届工会委员会（2007年7月26日—2013年4月7日）

主　席：周小莲

副主席：邹华东

成　员：刘海、杜伶俐、冯少珍、陈芬芳、董秋香、钟志明、李贵花

（二）河源广播电视台第二届工会委员会（2013年4月8日至今）

主　席：郭志军

副主席：邹华东

成　员：吕文科、张伟强、李贵花、巫洪涛、钟小鸳、钟志明、曾桂辉

三、主要工作

河源广播电视台工会在台党组的直接领导下，在上级工会的指导下，高举邓小平理论伟大旗帜，以“三个代表”重要思想为指导，贯彻落实科学发展观，紧紧围绕河

源市委市政府确定的经济建设目标任务和全台的工作大局，加强工会的组织建设、思想建设和作风建设，动员和组织职工积极参加广播电视事业建设，大力开展职工文化活动，支持和组织职工参与民主管理、维护职工的合法权益和民主权利，为河源广播电视事业科学发展作出了应有贡献。

（一）加强职工的思想道德素质和科学文化素质教育

组织全台职工系统学习马克思主义经典理论和《中国新闻工作者职业道德准则》、《关于禁止有偿新闻的若干规定》，以马克思主义新闻观和社会主义核心价值体系武装全台新闻工作者头脑；组织开展了新知识、新业务的教育培训活动，不断提高广大职工的业务技能。采取走出去请进来的办法，先后有数十名职工到广东省广播电影电视局、南方广播影视传媒集团和广东电视台培训学习。同时，邀请广州大学新闻学院和省台的专家、学者到台里授课，使职工不断更新知识内容，提高业务水平。通过学习，有效提升了广大职工的思想道德素质和专业修养。

（二）关心职工生活，倾听职工呼声

关心职工生活，帮助职工解决工作、生活中的难题，是工会联系群众的有效途径，也是增强工会凝聚力、吸引力的重要措施。河源广播电视台工会致力于为职工群众排忧解难，解决后顾之忧。如地处桂山顶的广播发射站，环境恶劣，生活艰苦，台领导班子每逢重大节日都会亲自上山看望慰问，为值班员工配发生活必需品；每逢农历春节，台工会都会组织人员慰问退休职工和困难家庭，把组织的关心和温暖送到职工的心坎上。

（三）大力开展寓教于乐活动，推进职工文体设施建设

多年来，台工会针对广电从业人员不断增多，队伍不断壮大，职工队伍年龄、知识结构发生较大变化，职工思想日趋活跃，道德观、价值观、人生观及行为准则发生嬗变等特点，多层次、多形式地开展寓教于乐的活动。如，每年三八妇女节都组织女职工外出学习考察；邀请健身教练指导员工练习健身操；从 2010 年开始，每年举行春节文艺晚会；每两年举办全市广电系统职工篮球赛；每年举办广播电视文化节；不定期举办员工摄影作品展。通过形式多样的活动，大大丰富和活跃了职工的文化生活，增添了欢乐、祥和、热烈的气氛。此外，还积极为职工活动创造条件，投资 100 多万元在河源广播电视中心建起了篮球场、网球场、羽毛球场、健身房、乒乓球室，购置了杠铃、跑步机、乒乓球台等多种文体设施。

（四）对单位内部事务管理实行民主参与和民主监督

组织职工对单位内部事务管理实行民主参与和民主监督，是工会组织的重要职责，职工大会或职工代表大会是职工对单位内部事务实行民主参与和民主监督的基本形式。河源广播电视台工会作为单位职工代表大会的工作机构，它履行的主要职权是：听取关于单位内部事务管理问题的报告，对单位内部事务管理中涉及职工切身利益的重大问题的决策和重要规章制度的制定、修订，提出意见和建议；审议通过单位内部涉及职工切身利益的福利制度等事项改革方案并监督执行；做好职工代表大会的组织工作，并负责监督大会决议的执行情况。

第二节 共青团

一、历次团代会

（一）共青团河源广播电视台第一次代表大会

经台党组研究并报共青团河源市委同意，共青团河源广播电视台第一次代表大会于2007年7月25日上午在河源广播电视中心六楼会议室召开。会议由台党组成员、副台长谢振标主持，台党组书记、台长汪小刚以及团市委副书记吴艺珍出席会议并讲话。会议选举产生了共青团河源广播电视台第一届委员会，张庆华当选为团委书记。

（二）共青团河源广播电视台第二次代表大会

经台党组研究并报共青团河源市委同意，共青团河源广播电视台第二次代表大会于2013年4月9日下午在河源广播电视中心五楼会议室召开。会议由台党组成员、副台长叶振廷主持，台党组书记、台长汪小刚出席会议并讲话。会议选举产生了共青团河源广播电视台第二届委员会，张琦当选为团委书记。

二、历届台团委成员

（一）共青团河源广播电视台第一届委员会（2007年7月25日—2013年4月8日）

书　记：张庆华

副书记：张昭

委　员：周凤娟、李滨婧、钟灏、桑晓、景世来

（二）共青团河源广播电视台第二届委员会（2013年4月9日至今）

书　记：张琦

副书记：石林

委　员：汪希静、邓妮、邓洁莹、倪科华、许卫玺

三、主要工作

自2007年7月成立以来，共青团河源广播电视台委员会（简称“台团委”）在台党组和共青团河源市委的正确领导及台各分支机构的支持下，积极推进团的自身建设，发挥了共青团员生力军的作用，为全台的各项事业建设作出了积极贡献。

（一）搞好学习，加强团员思想政治教育

以全台每年开展的作风建设和思想政治教育活动为契机，扎实搞好各时期团员的学习教育。2007年以来，结合全台开展的“机关作风建设活动”以及“深入学习实践科学发展观”等活动，组织全台团员认真学习《团章》、《党章》和马克思经典理论。通过学习，团员的思想政治素质得到了明显提高。2007年以来，多名青年光荣加入中国共产党，周凤娟、魏彩虹、梁小群、汪希静等先后获得团市委表彰；钟灏被评为2012年度“河源市优秀共青团干部”；车颖诚获得2013年度河源首届青年“五四”奖章。

（二）发挥团员生力军作用，全力服务台中心工作

台团委成立以来，全力配合台的中心工作，发挥团员生力军的作用，引导全台青年为河源广播电视事业的发展贡献聪明才智，在新闻宣传、事业建设、队伍建设、安全播出等方面作出了应有贡献。

1. 宣传报道出彩，栏目亮点纷呈

广大团员青年积极参与台各项重大宣传任务的采访报道工作，同时搞好精品创作，取得了可喜的成绩。全台每年都有团员青年创作的一批作品在各类评奖活动中获奖。在急、难、险、重的外采任务中，团员青年知难而进，勇于攻坚，发挥了共青团的生力军作用。

2011年，全国新闻战线开展了“走基层、转作风、改文风”活动，河源广播电视台推出“记者走基层”大型系列报道，广大团员记者纷纷深入镇、村、街道等基层进行采访，捕捉基层百姓的闪光点，取得了较好的宣传效果。其中，新闻作品《“国庆走基层，今天我加班”系列报道》获得了广东省新闻战线“走、转、改”新闻一等奖，主创人员徐林还作为山区市唯一的代表在广东省新闻战线“走、转、改”活动座谈会上发言。

与此同时，团员青年参与制作的栏目也办得有声有色。由河源广播电视台、共青团河源市委联合主办的广播直播节目《倾城之恋》得到了台团委的大力协助，至2013年3月，已举办大型户外活动十余场次，吸引了河源市机关、企事业单位的广大未婚青年热情参与，凝聚了大量人气，深受广大青年好评。

2. 安全播出立功，事业建设添彩

广大团员青年牢固树立政治意识、大局意识、责任意识，围绕“不间断、高质量、既经济、又安全”的广播电视安全播出工作方针，爱岗敬业，完成了党十七大、十八大、北京奥运会、广州亚运会、历年全国两会等一系列重要保障期以及日常的安全播出任务。同时，团员青年立足岗位，艰苦奋斗，积极投身事业建设。市县光纤联网工程、有线数字电视整体转换工程、广电中心大楼搬迁、转播车建设、演播厅建设、设备数字化网络化升级改造等，都凝聚了团员青年的智慧和汗水。团员青年为河源台技术系统“走在地级市广播电视台前列”（河源广播电视台技术系统鉴定会结论），作出了应有贡献。

（三）加强业务培训，建立人才梯队

台团委协助台机关党委、人力资源部，组织团员青年，利用多种渠道进行形式多样的业务培训，不仅派出年轻员工到省台、兄弟台交流学习，还特别委派员工到中央电视台《客家足迹行》栏目组培训学习，并多次请来广电专家对采、编、播人员进行专题培训。通过“走出去，请进来”的方式，使员工业务水平、频道管理水平以及举办大型活动能力等都有了新的提高。多年来坚持不懈的学习、培训，使河源广播电视台培育了一支想干事、能干事、干成事，充满青春活力，专业技术能力较强的年轻人才梯队。

（四）开展团员活动，坚定理想信念

一直以来，台团委都十分重视调动团员的积极性，组织开展团员活动，丰富团员

青年文化生活。并以活动为载体，开展了一系列形式多样、积极健康的文体活动，引导广大团员青年坚定理想信念，弘扬爱国主义精神。在台机关党委的部署下，认真开展各项主题教育活动，通过“保持共产党员先进性”教育活动，“创先争优”活动，争创“先进集体”、“文明单位”等活动，进一步激发了团员青年创先争优的积极性。同时，积极组织参与“希望工程”、“扶贫双到”、“为汶川、玉树、雅安地震灾区捐款”和“青年志愿者服务”等活动，引导团员青年发扬扶危济困、“一方有难八方支援”的中华民族传统美德。

台团委不仅引导本台团员青年开展各种有益的活动，还通过自身媒体的影响力，引导全市青年投身创业、创富活动，助力河源发展。2012 年 3 月至 7 月，由河源广播电视台、共青团河源市委等部门联合主办的河源首届青年创富电视大赛就吸引了大批年轻人关注创业、参与创业。

第三节　妇委会

一、河源广播电视台第一次妇女代表大会

河源广播电视台为更好团结女员工，鼓励女员工发扬自尊、自信、自立、自强精神，不断提高自身素质，充分发挥女性在经济建设中的作用，经台党组研究决定成立河源广播电视台妇委会，拟设妇委会主任 1 名，副主任 1 名，委员 3 名。

2013 年 4 月 10 日下午，河源广播电视台首届妇女代表大会暨成立大会在河源广播电视中心五楼会议室召开，台领导汪小刚、叶振廷出席大会，会议选举产生了台第一届妇委会。张昭当选为妇委会主任，钟幼苗当选为副主任。汤荣、梁雯、冯少珍当选为委员。

二、妇委会机构成员

河源广播电视台第一届妇委会（2013 年 4 月 10 日至今）

主　任：张昭

副主任：钟幼苗

委　员：汤荣、梁雯、冯少珍

三、工作成效

多年来，河源广播电视台女同志坚持围绕中心、服务大局，将自身发展与台的发展结合起来，立足本职，锐意进取，顽强拼搏，在不同的岗位上、在各项具体工作中，都发挥了积极的、不可替代的作用，为全台新闻宣传和事业建设作出了积极的贡献。

河源广播电视台广大妇女员工立足岗位，尽职尽责，在播音、主持等岗位成为河源广播电视台的核心力量，充分发挥了妇女“半边天”的作用。同时，全台女员工还积极参加扶贫济困活动，为“单亲家庭”、“双到”贫困户捐款捐物送温暖。在工作生

活中，河源广播电视台广大女同志自尊、自立、自信、自强，扎实工作，不断创新，取得了可喜的成绩。如董秋香荣获了2012年度全国广播电影电视系统先进工作者称号，王婧怡当选为中共河源市第六届党代会代表，张琦当选为政协河源市第五届委员，张昭当选为政协河源市第六届委员并获得南方广播影视传媒集团2006广播电视十大金牌主持人大赛最佳综艺类节目主持人奖，芦艳获得2008年度南方广播影视传媒集团十大金牌主持人称号，焦洋获得2012年度南方广播影视传媒集团优秀主持人称号，郭佳红、缪俊芳、巫丽香、周凤娟等多位女同志获得南方广播影视传媒集团优秀女员工等称号。

河源广播电视台女同志政治思想、业务素质不断提高，能力强、才华出众的被提拔到管理岗位。据统计，截至2013年12月，全台在岗女员工94人，其中，副科以上女干部15人，占全台副科以上干部的比例超过40%；分支机构中层以上女干部32人，占全台分支机构中层以上干部的比例达到40%，高于全国的平均比例。

第二编

事　业

河源广播电视台自 2004 年组建以来，深入践行科学发展观，艰苦奋斗，务实创新，事业建设取得了突破性进展，完成了市县光纤联网工程、市区有线广播电视网络收编整改、市区有线数字电视整体转换、河源广播电视中心一期工程、600 平方米演播厅和 800 平方米演播厅、电视制播系统数字化网络化、6+2 讯道标清数字电视转播车、广播直播车、广播制播系统数字化网络化、桂山发射基地以及网络广播电视台集成播控系统等一系列基础设施和技术系统的建设、改造、升级工作；台总资产从 2006 年的 0.33 亿元增长至 2013 年的 5.5 亿元（含资产增值部分），八年间增长了近 16 倍。全台事业建设跃上新台阶，基础设施和技术系统布局合理、结构优化、规模匹配、技术先进、运行稳定，为广播电视宣传报道、安全播出提供了坚实的物质基础和技术支撑。其中，河源广播电视中心一期工程获得国家住房和城乡建设部颁发的 2009 年度中国建设工程鲁班奖（国家优质工程）；6+2 讯道标清数字电视转播车项目、600 平方米演播厅和 800 平方米演播厅声学项目，分别获得河源市人民政府颁发的 2010 年度科学技术进步一等奖、2012 年度科学技术进步二等奖。2013 年 4 月，经南方广播影视传媒集团专家组鉴定，认为河源广播电视台技术系统整体规划设计合理、建设规范、配置完善、经济适用，具有一定的前瞻性；广播、电视播控系统配置齐全，基本实现全台数字化网络化，“技术系统建设走在地级市广播电视台前列”。

第四章　基础设施

第一节　河源广播电视中心

建市之初，由于河源市经济基础薄弱，广播电视基础设施建设投入不足，办公条件和事业设施极其落后，严重制约了河源广播电视事业的发展。市广播电视台下属各分支机构工作场所空间狭窄分散，节目制作、演播室、播控等专业场所不符合国家新闻出版广电总局有关技术标准要求，甚至没有规范的专业演播室。建设一座适应广播电视事业发展的广电大楼成为几代河源广电人的梦想。

2005 年 4 月，河源广播电视台开始着手筹划新广电中心的建设。当年 5 月，河源广播电视台在台长汪小刚的带领下，开始对河源广播电视中心建设项目进行可行性研究，并于 2006 年 2 月形成可行性研究报告，报告就河源广播电视台基本情况、项目建设必要性、项目选址及实施计划、项目建设规模及内容、项目建设投资及资金来源、项目建设的社会效益等六个方面进行了阐述和论证。2006 年 2 月 21 日，河源市发展和改革局同意并批复了该报告。

2006 年 9 月 28 日上午，位于河源市新市区越王大道 87 号的河源广播电视中心，在省市有关领导、各地嘉宾和本台员工等 100 多人的见证下，举行了奠基仪式，标志着河源市广电事业发展迈上了一个新的台阶。

河源广播电视中心占地面积 31 889 平方米，分两期规划建设，由华南理工大学建筑设计研究院设计。一期建设一幢 6 层建筑物及 800 平方米、600 平方米演播厅各一个，建筑面积约为 2.3 万平方米，分演播区、节目制作区、采编人员工作区、后勤保障区、广电业务服务区、行政管理区、运动场、停车场等。整个项目建设由河源市人民政府基建办公室代建（后来该办公室改名为“河源市人民政府代建项目管理局”）。

河源广播电视中心工程基础采用预应力管桩，建筑主体为钢筋混凝土框架结构，墙体采用蒸压加气混凝土砌块和灰砂砖，外墙装饰采用陶瓷板幕墙、玻璃幕墙、贴纸皮砖，内墙装饰采用乳胶漆、花岗岩、铝板、瓷砖及吸音板等材料。门厅、走廊地面采用花岗岩；办公室地面采用高级抛光砖；演播厅地面采用塑胶地板。天面采用三元乙丙橡胶防水卷材做防水层，保温层采用 30 毫米厚挤塑聚苯乙烯泡沫塑料板，面铺 10 毫米厚彩釉防滑地砖及种植绿化层。安装工程设有给排水系统、电气动力系统、电器照明系统、防雷及接地系统、火灾报警及消防联动系统、保安防范系统、通信网络系统、送排风系统等。该工程工艺先进、技术含量高，采用了国家推广的 10 项新技术中的 9 大项 24 小项，创新应用 4 项新工艺；积极采用节能环保技术，主要亮点有：天面装有太阳能光伏发电系统，每年可提供7 000度环保电能，太阳能热水器每年可提供750吨40至50摄氏度热水；中水回收系统每天可处理污水40立方米，供给园林绿化用水，运动场和广场等使用。

该项目一期工程于2006年12月3日开工建设，2009年5月交付使用，项目总投资7 000余万元，最终造价以市财政评审中心决算为准。在大楼建设过程中，市委市政府要求以创“鲁班奖”为目标，把河源广电中心建成精品工程、河源市标志性建筑。功夫不负有心人，河源广播电视中心工程在相关部门的共同努力下，于2009年以优异成绩获得“鲁班奖”，成为广东省广电行业和河源市建筑行业第一个获此殊荣的工程。河源广播电视中心的投入使用，结束了河源广播电视台分散办公和办公场所不专业的历史，进一步强化了广播电视的宣传功能，确保了广播电视节目的制作、传输、播出安全，进一步优化了资源配置，降低了运行成本，提升了广播电视的服务功能，为河源广播电视事业发展打下了坚实的基础。

第二节　河源广播电视中心配套设施

河源广播电视中心大楼配套设施主要包括：高低压配电系统、局域网和语音电话及综合布线系统、消防系统、视频监控系统、供排水系统、演控室中央空调制冷系统、红外报警装置、语音广播装置、通风装置、门禁装置等。这些配套设施是大楼的重要组成部分，为实现广播电视中心的顺利运行发挥着不可或缺的作用。本节仅对高低压配电系统、局域网和语音电话及综合布线系统进行简要介绍，其他配套设施从略。

一、高低压配电系统

（一）10千伏高压配电

高压配电系统经由区域变电站变压器，用YJV22型电缆从室外地下管道引入单路10千伏电源至大楼高压配电室。10千伏配电系统设计为两路（当前配置只有单路高压供电，即单电源高压供电）。配有两套1 250千伏安变压器，正常工作时，两路电源可同时供电，各负担50%负荷，也可互为备用，当一路发生故障时，另一路电源承担全部负荷（当前只使用一套变压器供电，另一套备用）。

（二）220伏/380伏低压配电

配电室电压为交流220伏/380伏，两路电源同时供电，采用母线槽由变压器室架空引入配电室，配电室低压母线可分段，各段由一个变压器供电。正常工作时两段同时供电，各负担50%负荷。

1. 河源广播电视中心配电系统采用TN－C－S系统

广播电视节目制播区域、消防控制室、电话机房、消防泵、喷淋泵、消防电梯、防烟排烟设施、应急照明、疏散指示装置等重点区域供电对象为一级负荷，采用末端自投线路设计，由不同的母线段引出双回路放射式或树干式供电，线路采用阻燃电缆或导线。大楼其他楼层（非重点区域）、楼梯、空调机等供电对象为二级负荷，由配电室放射式或树干式配电至各楼层配电间，配电干线采用封闭式电缆桥架在地下层铺设至强电竖井内，在竖井内向上铺设，消防供电电缆与非消防供电电缆在桥架内用金属隔板隔开。

2. UPS 不间断电源供电保障范围

广播电视播控机房、网络前端机房、网络广播电视台机房等有关重点区域，除由市电独立供电外，根据《广播电视安全播出管理规定及其实施细则》（国家广播电影电视总局第 62 号令）的相应标准配备多套在线式主备 UPS 电源，其供电范围包括但不限于上述重点区域。

3. 880 千瓦常备柴油发电机供电保障范围

大楼配有 1 套 880 千瓦柴油发电机，当市电停电时自动发电，其供电范围包括但不限于广播电视节目制播区域、网络前端机房、600 平方米演播厅和 800 平方米演播厅、消防控制室、电话机房、消防泵、喷淋泵、消防电梯、防烟排烟设施、应急照明、疏散指示装置等重点区域及其设备设施。

二、局域网和语音电话及综合布线系统

（一）大楼综合布线系统

大楼建筑共 6 个楼层，分西区、东区（或称“A 区、B 区”）。西区各楼层各有 1 个弱电间（或称“子配线间”），1 个中心弱电间（或称“中心配线间”）位于西区四楼；东区四、五、六 3 个楼层各有 1 个子配线间，东区一、二、三 3 个楼层共用 1 个子配线间（2 个大型演播厅位于东区），合计 11 个配线间（1 个中心配线间、10 个子配线间）。10 个子配线间分别通过多模光缆与中心配线间相连，各个子配线间配线架与相应楼层的房间信息点之间则通过网线（六类双绞线）相连。语音电话布线的拓扑结构、连接关系、路由走向与网络布线相似，电话信息点、网络信息点绝大多数共用一个信息终端盒，例如“3FAD11 3FAT11”。同时，强电间、弱电间相互分离，强电、弱电管线槽路分设，建筑各区域各楼层的管线槽路互连互通。大楼布线比较规范，符合行业有关标准。

（二）大楼语音电话系统

大楼语音电话系统设备位于中心配线间、子配线间，分配号码段为 222××××，可实现内部短号互拨等功能。电话号码变更和系统运行维护等业务由通信运营商承担。

（三）大楼局域网系统

局域网系统部署在综合布线系统之上，呈星形拓扑结构，其设备分别位于相应的中心配线间、子配线间，主要包括：接入与安全设备、中心交换机、楼层交换机、交流电源模块、光传输模块、各类路线等。局域网内部采用私有 IP 地址“10. 10. X. Y”，租用 2 条百兆带宽的光纤专线、2 个公网 IP 地址（分别来自两家不同的通信运营商）作为出口，通过 NAT 地址转换技术实现局域网各计算机终端访问因特网。2013 年 6 月，广播中心文稿系统部署在大楼局域网上，编辑、记者在台内台外均可通过连接因特网的计算机访问文稿系统。

第三节　无线发射设施

一、茶亭山发射塔

茶亭山发射塔于1991年底竣工，是“河源市1992年市直28项工程庆典活动”项目之一，也是市区的地标性建筑。该塔坐落在市区茶山公园茶亭山，包括塔底、塔楼、塔身，总高度120米，设计风压为40千克/平方米。塔楼、塔身是无缝钢管构筑物。塔底建有两层钢筋水泥建筑，建筑面积700平方米，用作编辑机房、播控机房、发射机房、供配电机房、办公用房等。

广播电视发射机、线缆、天线等线路设备安装在塔底、塔楼、塔身的有关位置。在塔身高80米处安装有蝙蝠翼天线1副和UHF四偶板4层天线1副。塔底机房曾安装有1部50瓦功率电视发射机、2部300瓦功率电视发射机、1部1 000瓦功率调频广播发射机（2012年9月搬迁至桂山发射基地）等有关设备。

1991年底，在茶亭山发射塔完成河源电视台自办频道“河源综合”系统设备的安装、调试和运行，发射功率300瓦，播出频道DS－8，信号覆盖河源市区。

1991年底，在茶亭山发射塔完成省市微波传输系统（河源站）的安装、调试和启用。该系统正传3主1备、回传1主1备，为河源提供中央台、省台主频道主频率等多套节目的信号源，将河源电视台新闻等有关节目回传至省台播出，并将河源电视台和河源人民广播电台的信号传送至紫金宝山发射塔，同时，承担省市电视电话会议的信号传输任务。2000年1月，中心机房设在河源市广播电视微波站（当时位于茶亭山发射塔）的11吉赫兹MMDS市至县微波传输系统的建成使用，为包括市台、县台自办节目在内的多套节目的双向传输发挥了重要作用，该系统运行至2005年市县光纤联网工程竣工启用方才退役。

2008年7月，在茶亭山发射塔完成中央一套（DS－26）和中央七套（DS－42）电视节目（河源市区）无线覆盖工程，发射功率均为300瓦，信号覆盖河源市区。电力系统配备30千伏安稳压电源和100千伏安柴油发电机。

2010年2月，国家广电总局中国移动多媒体广播CMMB河源市区主发射站点选址茶亭山发射塔，安装GME1D13F双激励全固态电视发射机，并于2010年7月正式启用，发射功率1 000瓦，播出频道DS－14，发射播出CCTV－1、CCTV－3、CCTV－5、CCTV－新闻、精彩电影、精彩赛事等广播电视节目。

截至2012年9月，河源人民广播电台综合广播FM 91.1兆赫、旅游广播FM 97.8兆赫两个自办频率的发射站点先后驻在茶亭山发射塔。随着桂山发射基地的建成和完善，上述两个频率的发射站点分别于2003年7月、2012年9月搬迁至桂山发射基地。

自茶亭山发射塔启用以来，河源电视台、河源市广播电视微波站、《河源广播电视周报》社等单位，曾于不同时期在该塔办公。随着河源广播电视事业的发展，上述单位分别于2001年、2005年、2009年搬离该塔。此后，该塔成为纯粹的广播电视信号发射塔，继续发挥其应有作用。

二、桂山发射基地

2003 年 7 月竣工启用的桂山发射基地，位于海拔 1 056 米的桂山南端最高峰“千秀峰”，拥有 45 米高的小型铁塔 1 座，配备 STD PF－5000 瓦调频发射机 1 部，承担河源人民广播电台综合广播（FM 91.1 兆赫）的无线发射任务，信号覆盖全市五县一区及周边部分区域。基地建成之初，机房和住房均很简陋，上山靠徒步爬行，工作条件艰苦。2005 年 5 月，河源广播电视台投入 75 万元，加固改造机房和住房，建成简易上山公路，配备专用接送车辆，结束了值班人员徒步爬行上山的状况。

鉴于桂山千秀峰的海拔高度、地理位置以及河源广播电视台发射基地的良好条件等有利因素，经与河源广播电视台协商，河源市气象局将其承建的国家气象监测站地址选在桂山发射基地，并就土地、机房、住房、防雷、道路、供电、供水等有关资源或设施，达成合作共享协议。

河源广播电视台借助国家气象监测站这一新建项目的东风，加大建设力度，桂山发射基地旧貌换新颜，进入新的发展阶段。2008 年 7 月，上山道路全部实现水泥硬底化，往返基地交通安全更有保障。2011 年 1 月，100 平方米三房一厅宿舍启用，配套 12 平方米厨房 1 间，添置生活配套设施一批。2011 年 12 月，80 平方米标准发射机房启用。2012 年 9 月，旅游广播（FM 97.8 兆赫）也迁至桂山发射基地。同年 10 月，20 平方米标准发电机房启用。2013 年 1 月，将专用电源变压器从低于机房 100 米相距约 300 米的位置上，搬迁至距山顶机房 20 米处，供电安全得到更好保障，并完善了其他相关配套设施。

至 2012 年底，桂山发射基地实现上山道路水泥硬底化，配置调频发射机 4 部、30 千伏安变压器 1 部、50 千伏安柴油发电机 1 套，机房、供电、值班等生产生活条件显著改善，安全播出保障能力进一步巩固和提升。历经十年建设，桂山发射基地承担了河源人民广播电台 2 个频率（综合广播 FM 91.1 兆赫、旅游广播 FM 97.8 兆赫）的无线发射任务，显著扩大了节目覆盖范围，巩固了节目覆盖效果。

第五章 有线数字电视整体转换

河源市有线数字电视整体转换项目始于2008年初，根据《中共广东省委办公厅、广东省人民政府办公厅转发〈省有线数字电视整体转换工作领导小组关于有线数字电视整体转换工作的实施意见〉的通知》（粤办发〔2005〕32号）、《中共河源市委办公室、广东省河源市人民政府办公室转发〈河源广播电视台关于河源市有线数字电视整体转换工作方案〉的通知》（河委办〔2008〕14号）、《中共河源市委办公室、广东省河源市人民政府办公室转发〈河源广播电视台关于全市有线数字电视统一技术体系建设的实施意见〉的通知》（河委办〔2008〕33号）等文件要求，有线数字电视整体转换工作以“高标准建设信息化基础工程、高起点打造文化产业基础平台、高效能经营广电网络”为原则，以“政府领导、广电实施、社会参与、群众认可、整体转换、市场运作”为方针，以满足人民群众日益增长的文化需求为出发点，以市区和各县城有线电视数字化为重点，按照“六个到位”（领导到位、思想到位、组织到位、宣传到位、工作到位、协调到位）的工作思路，采取“先试点后稳推、先市区后城郊、先集中后分散、先容易后艰难”的工作策略，积极稳妥地推进数字电视整体转换工作。

在扎实做好项目规划、学习考察、方案论证、技术设备选型、政府采购招标、网络状况调查摸底、宣传推广组织策划、人员培训团队建设等一系列准备工作的基础上，2008年9月26日，在市区茶园小区、迈豪国际酒店成功启动试点工作，10月8日，大规模大范围推开。截至2008年12月底，市区整转有线电视用户终端达到6.9万台（含数字微波用户终端0.8万台）。自2009年4月起，向城郊区域（源城区所辖乡镇）推进，城郊农网改造亦同步进行。至2010年11月，河源市有线数字电视用户终端已达9.2万台，网络运营质量也得到极大改善。有线数字电视整转工作，不仅得到了群众的积极参与和支持，也使有线数字电视工作人员业务能力得到加强、服务水平明显提高。在推进市区数字电视整转的同时，注重抓好对各县有关工作的协调和指导。至此，河源市区有线数字电视整体转换工作开局良好、进展顺利、主体完成，领先于全省山区市；河源市成为全省较早顺利完成市区有线数字电视整体转换的城市之一（全省地级以上市第六名）。

一、加强领导，精心组织，确保数字电视整转工作顺利进行

为加强数字电视整体转换工作的组织领导，河源广播电视台成立了以台长为组长、分管领导为副组长的河源有线数字电视整转工作领导小组，下设整转办、技术组、后勤保障组、财务组、安装维护组等多个功能业务组，负责各项工作的组织、协调和落

实，以提高整转效率，提升用户对整转工作的认知和接受程度。从正式启动试点到基本完成市区数字电视转换（6.9 万台终端）只用了三个月时间，获得领导和同行的充分肯定以及广大用户的普遍认可。

二、加强沟通联系，争取舆论政策支持，提高认知度

做好前期宣传动员、普及数字电视业务知识和争取政策支持是整转工作成功开展的前提。市台分管技术、宣传工作的台领导带队拜访《河源日报》社、《河源晚报》社、市政府门户网站等媒体单位以及市信访、工商、消委会等职能部门，争取良好的舆论支持、政策支持，形成全市加快有线数字电视整转的合力。同时，利用自身媒体资源，通过广播、电视、报纸、宣传单页等方式大力宣传数字电视给广大群众带来的便利，让百姓知道数字电视整转工程把社会效益放在首位，充分尊重群众的选择权，是党和政府的“文化工程”、“民心工程”以及“德政工程”。

三、强化培训，提升队伍整体素质和服务水平

数字电视是广播电视新业务，为做好服务工作必须不断强化业务培训。河源广播电视台多次组织不同规模的学习培训班，由专业技术人员讲解数字电视基础知识、整转政策、业务流程等相关内容，并印发《数字电视整体转换学习资料册》，使陆续到位的工作人员懂得数字电视知识，掌握数字电视技术，熟悉整转政策和流程，规范操作，提升整个队伍的数字电视认知水平、业务素质和服务质量，从而提升用户对数字电视这一全新视听服务的满意度。

四、周密部署，稳妥推进数字电视整转工作

统筹规划，周密部署，领导靠前指挥，充分发挥专业团队作用，做好做细各项技术准备、物质准备和宣传准备工作。整转期间，按照分区、分片、分组的整转方案精心组织，着重抓好以下工作：

（一）网络改造，提前就绪

根据《河源市有线数字电视整体转换工作方案》要求，做好网络测试，设计网络改造方案，先行完成网络改造，为全面开展数字整转工作提供保障。

（二）宣传工作，家喻户晓

根据整转片区计划，及时在电视上播出左飞字幕通知、在小区张贴整转告示或悬挂横幅标语，并逐门逐户派发整转通知单（据了解，这一举措是全省首创），让用户了解整转动态，确保整转现场不冷场。另外，在河源广播电视台的精心组织下，电视中心制作了《数字电视给你一个精彩“视”界》专题宣传片，在河源综合、河源公共两个电视频道黄金时段播出，为市区整转工作营造了良好的舆论氛围。

（三）整体转换，服务周到

根据整转片区计划及机顶盒厂家的不同情况，现场整转分为第一组和第二组，工作人员为用户现场办理整转手续、安装机顶盒，并提供数字电视业务咨询、演示、体验等服务；河源广播电视台全体班子成员则轮流到整转现场坐镇指挥，协调解决重大

问题。网络中心营业厅亦开设集审核、收费、发放于一体的整转手续办理柜台，并将营业时间由每天8：00至17：30调整为每天8：00至20：00，极大地方便了用户前来办理整转手续或体验观看数字电视节目，深受用户的欢迎和好评。

（四）客服热线，释疑解难

组建客户服务团队，设立客户服务中心，开通客户服务热线（0762－2221222），受理用户咨询、投诉，加强与用户的沟通，帮助解决用户反映的困难或问题，让用户真切感受到数字电视业务的更多便利和贴心服务。

五、务实创新，高效推进数字电视整转工作

河源广播电视台紧密结合河源市区实际情况，创新工作方法，数字电视整转工作呈现多个亮点。

（一）零上访，实现高效和谐整转，现场整转率高达90%

主要做法是逐户上门派发整转通知单，预告整转时间以及有关事项，现场办理整转业务，最大限度为用户提供方便。同时，网络中心工作人员与机顶盒厂家安装人员相互配合，采取现场办理、上门安装的方式，直接到居民小区、街道、市区宾馆酒楼等用户集中的场所，现场为用户办理业务，大大方便了用户，也提高了整转效率。

（二）创新营销方式，实行副机机顶盒与付费节目包捆绑销售

用户购买付费节目包则赠送副机机顶盒，这一举措，不仅使数字电视的优越性得以体现，也使数字电视付费节目的营销市场得以培育、拓展，形成新的经济增长点，为以后推广付费频道打下了较好基础。

（三）因地制宜，推动集群用户一次性接受整转

河源广播电视台结合河源实际，采取逐街逐巷给宾馆、酒店、娱乐场所、出租屋等集群用户派送《关于数字电视整体转换的函》的做法，宣讲相关优惠政策，提前联系、预约集群用户办理相关手续，使集群用户的正常收视不受影响。此外，灵活把握政策，应急处置特殊用户。在市区整转工作中，由于社会、历史等诸多因素，原东埔办事处太阳升、四耳桥、四伙记、将军坝、黄果塘、渡头村、群丰村、石柱等“城中村”的农民拆迁户，比较普遍地存在私搭乱接有线电视信号、看“霸王”电视的情况；数字电视整体转换“一机一卡对应一个终端”并执行数字电视收费标准的模式，无形中理顺了这些混乱无序的收视状况，但也触动了个别人的“小利益”，个别人对整转工作蓄意制造“杂音”、设置障碍。河源广播电视台对此谨慎处置，台领导和网络中心负责人多次上门找到这些自然村及社区的主要负责人、村民代表，深入宣讲、耐心解释和灵活把握有关政策，积极正确引导，动之以情，晓之以理，最终取得村民的理解和支持，使整转工作在拆迁安置区及辖区地段得以顺利推进。

2011年，随着体制改革“台网分离、网络重组”的进行以及广东省广播电视网络股份有限公司河源分公司的成立，河源分公司承担市区整体转换的收尾工作和后续业务，向着实现“城乡一张网”、发展数字电视新业务、巩固壮大有线广播电视网络阵地的新目标新阶段不断开拓奋进。

第六章 广播电视制播系统

自2004年以来，河源广播电视台（局）以科学发展观为指导，艰苦奋斗，务实创新，累计投入资金近4 000万元用于广播电视技术系统建设，特别是2009年以来，在河源广播电视中心综合大楼搬迁启用的基础上，加快了数字化、网络化、高清化建设步伐。至2012年初，建成了以SONY蓝光标清摄像机、SONY高清摄像机为主体的摄录系统，以大洋非线性编辑网络为主体的数字化网络化制作系统，以及大洋iMAM2媒资系统，2个电视频道的数字化播出系统，1个600平方米演播厅、1个800平方米演播厅、5个100平方米演播室，6＋2讯道标清数字电视转播车等电视技术系统；至2013年6月，建成了2个广播频率的录、编、储、播、监、控、调、管一体化网络系统，以及河源网络广播电视台集成播控系统。技术系统整体实现数字化网络化，部分采编设备较早实现高清化，“技术系统建设走在地级市广播电视台前列”。

第一节 广播制播系统

2003年1月，河源人民广播电台（简称“河源电台”）音频工作站系统启用，实现了广播节目的自动化播出。该系统音频设备主要为模拟设备。

2007年10月，河源广播电视台投入30万元购置“旅游广播”直播室设备，主要包括调音台、延时器、电话耦合器、播出音频工作站、数字音频光端机等，河源电台第二频率“旅游广播”顺利开播。

2010年3月，投入60万元购置《政风行风热线》同步直播设备，主要包括2部SONY D55摄像机、1套SONY Anycast Station现场制作系统、1对视音频数字光端机等。通过采取台内资源共享、节目创新并与通信运营商合作等做法，河源广播电视台在全省率先实现《政风行风热线》节目的“四同步直播”，即广播、电视、网络、手机等四种媒介同步直播。

2010年10月，投入5万元对广播制播系统的服务器进行更新升级，节目存储空间由300 GB扩大至3 000 GB。

2012年1月，投资80万元的第一辆广播直播车投入使用。该直播车包括音频传输系统、音频直播系统、监视系统、动力及电源系统、时钟系统等，具有移动直播室（现场直播或节目制作）、移动现场扩声、无线传输、车队行进扩声、车队行进对讲等功能。

2013年1月，河源电台“综合广播”（《政风行风热线》）迁至新直播室播出。直播室面积扩大至90平方米，功能也更加完备。

2013年6月，投入180万元的两个频率制播系统全面升级改造工程竣工，建成了河源电台数字广播一体化网络系统。该系统由节目制播、存储中心、总控调度、监测分析、广告管理、新闻文稿等功能子系统构成，实现了节目录制、编辑、播出、存储、监控和管理等全业务流程的数字化、网络化和信息化。同时，该系统配置了2个20千瓦UPS电源，以保障系统供电安全。

至2013年6月，经过十年时间的建设和积累，河源电台拥有1个广播、电视、网络、手机同步直播室（综合广播FM 91.1兆赫），1个广播直播室（旅游广播FM 97.8兆赫），3个录制室（其中1个兼作应急直播室），1个编排室，1个播控室，1辆数字音频广播直播车等基础设施和技术装备。至此，配置完整、功能完备、规模匹配的数字化网络化广播制播系统得以建成，为河源电台的节目制作、安全播出和科学发展提供了良好的物质基础和技术支撑。

第二节　电视制播系统

一、技术系统主要构成及其规模

（一）播出系统

2004年12月，投资45万元建成2个自办频道的硬盘自动播出系统，初步奠定了河源电视台技术系统整体网络化的基础，摆脱了以往必须大量使用磁带播出的境况，提升了播出的安全性、稳定性。2009年8月，为实现全数字化播出要求，进一步提升播出质量和安全系数，投资53万元对播出系统进行数字化升级改造，采用北京格非公司MAGI数字标清主备播出服务器，可存储700小时、8兆位/秒码流的待播节目，并配备1个BD30AV延时器以满足直播节目的安全播出要求。该系统所有节点均实现主备冗余，设计合理，运行稳定，完全满足2个频道24小时不间断播出的需求。2009年10月，邀请南方电视台技术专家携仪器对该系统进行检测，结果符合行业标准。

2012年8月，投资25万元建成TS流电视广告插播系统。该系统可实现3个数字TS流内8个电视频道的广告节目插播，通过3选1智能倒换器进行切换，当主服务器出现故障时，自动切换至备用信号播出，主备信号均出现故障时，能自动切换至应急信号播出。

（二）摄录系统

2010年，投资293万元购置了10部SONY PDW－539蓝光摄像机、3部标清SONY PDW－1500录像机，摄录设备得到全面升级。2012年5月，购买SONY EX－330K高清摄像机8部、SONY PMW－EX1R手持高清摄像机7部。至此，建成以SONY高清摄像机、蓝光标清摄像机为主体的摄录系统，基本实现民生新闻标清化，时政新闻、专题节目高清化。摄录设备品牌、型号、数量如下：

（1）SONY PDW－F1600 高清录像机 1 部、SONY PDW－700 高清摄像机 1 部、SONY EX－330K 高清摄像机 8 部、SONY PMW－EX1R 手持高清摄像机 7 部。

（2）SONY PDW－539 摄像机 10 部、SONY DSR－PS198 摄像机 4 部、SONY DSR－PD190P 摄像机 4 部、SONY DSR－PD150P 摄像机 1 部、SONY DSR－370 摄像机 5 部、SONY DSR－390 摄像机 2 部、SONY DSR－300 摄像机 2 部、SONY DSR－600 摄像机 1 部。

（3）SONY PDW－1500 数字录像机 3 部、SONY XDCAM HD PDW－U1 驱动器 5 部。

（三）制作系统

2004 年 7 月，新闻制作网竣工，实现了新闻节目制作的网络化。该制作网采用北京中科大洋科技发展股份有限公司非线性编辑软件，配置 3 个大洋 D3－EDIT 3200 有卡工作站、2 个大洋 D3－EDIT 1250 无卡工作站、1 个配音工作站。2010 年 4 月，为适应栏目发展的需要，对原制作网进行升级改造，新增一批大洋非编设备：3 个大洋 D3－EDIT 5600 有卡工作站、2 个大洋 D3－EDIT 1250 无卡工作站、3 个配音工作站，并新建 1 套大洋 iMAM2 媒资系统。2010 年 5 月，为满足大型纪录片《天下客家》的制作需求，购置 1 套苹果高清非编系统，包括有卡工作站 1 个、苹果一体机 1 个，使用效果良好。2012 年 5 月，购置大洋 D3－EDIT HD5 有卡工作站 3 个、D3－EDIT 1250HD 无卡工作站 1 个。至 2012 年 5 月，河源电视台拥有 3 个制作网：

1. 大洋标清制作网

主备 MDC 服务器（HP DL380），主备数据库服务器（HP DL380），媒资管理服务器（DMS 105），新闻文稿服务器（DELL 1850），媒资存储阵列（总容量 12 TB），ISCSI 控制器 3 个，DFT 存储阵列 3 个（总容量 18 TB），10 个有卡工作站（3 个 D3－EDIT 3200、3 个 D3－EDIT 3500、4 个 D3－EDIT 5600），3 个无卡工作站（D3－EDIT 1250），3 个配音工作站。

2. 大洋高清制作网

主备 MDC 服务器（DELL R710），主备数据库服务器（DELL R710），64 位 Windows 7 旗舰版有卡工作站 3 个（D3－EDIT HD5），无卡工作站 1 个（D3－EDIT 1250HD），DFT016F4－D40 光纤存储阵列 1 个（总容量 12 TB）。

3. 苹果专题制作网

苹果高清编辑工作站 2 个（有卡工作站 1 个、苹果一体机 1 个），光纤存储阵列 1 个（总容量 10 TB）。

（四）演播室系统

2010 年 5 月，投资 350 万元配置灯光设备、音响设备、舞台、活动看台、LED 显示屏的 600 平方米演播厅投入使用。该演播厅，容积 5 544 立方米，座位 248 个；灯光系统主要由常规灯、加换色器的 PAR 灯以及星光幕布等组成，采用武汉大导演调光控制台，能满足会议、访谈或晚会等活动用光需要；音响系统采用英国玛田音响、声艺功放、雅马哈 DM1000 数字调音控制台；配有 15 平方米 LED 屏幕。

2011 年 12 月，投资 500 万元配置灯光设备、音响设备、舞台、活动看台、LED

显示屏的800平方米演播厅投入使用。该演播厅，容积10 111立方米，座位501个；灯光系统主要由常规灯、PAR灯、电脑灯以及星光幕布等组成，能满足大型综艺晚会的用光需求；音响系统采用德国大地扩声设备和雅马哈LS－9数字调音控制台；配有30平方米LED屏幕。

至2013年12月，在这两个演播厅成功举办综艺晚会、访谈、会议、知识竞赛等活动近300场次，演出及播出效果获得现场来宾和广大观众的好评。演播厅声学工程项目获得2012年度河源市科学技术进步二等奖。

河源广播电视中心东区三楼建有5个100平方米演播室，用于自办栏目的节目录制。演播室设计科学、建设规范、功能完备，并配备SONY EX－330K高清摄像机。演播室信号经“摄像机”进入“切换台”直接送至“非编系统”进行采集、编辑，减少了信号损耗。2012年8月，为配合自办栏目的改版，投入10万元对其中3个100平方米的演播室实施了升级改造，全新的灯光布局、完善的信号链路，满足了栏目改版需求，制作效果非常好。

（五）电视转播车

2004年4月，投入60万元，由台技术人员设计、安装、调试，建成4讯道模拟电视转播车。从此，河源拥有了第一辆属于自己的电视转播车。

2010年6月，投入近500万元的6＋2讯道标清数字电视转播车项目竣工启用。在项目建设过程中，台技术人员围绕方案设计、设备选型、系统集成、安装调试等环节，想方设法进行技术攻关，实现了技术应用创新。同时，把该转播车与两个演播厅相结合，进行系统优化、资源整合，实现了三位一体的导播方式。该项目获得2010年度河源市科学技术进步一等奖。

（六）其他关联系统

2004年11月，省市直播回传光纤链路开通，可将河源台新闻实时传送至广东电视台播出，扩大了河源台的影响力。2005年1月，随着市县光纤联网工程的建成使用，各县台新闻节目可实时传送至市台，极大地提高了县区新闻的传输质量和效率。

2006年12月，河源电视台网站正式上线，观众可以通过互联网收看河源台的新闻节目，受众范围不再局限于河源地区。

2008年8月8日，市区文化广场60平方米LED彩色显示屏建成启用，同步播出“河源综合”频道，营造了良好的广场文化氛围。该屏也是河源市第一块户外大型LED显示屏。

二、基础设施和技术系统有关特点

（一）科学规划，统筹布局，集约节能，安全高效

河源广播电视中心的规划设计、建设施工，充分考虑了广播电视媒体的专业特点，功能分区布局实现了专业、安全、效率的有机统一，从而使得规划设计的先导作用和杠杆效应得到充分发挥。例如：科学规划大楼强电弱电分配以及信号互连互通；600平方米演播厅、800平方米演播厅和电视转播车三位一体的导播方式，共用1套导播系统，实现资源的高效利用，大大降低前期资金投入和后期运行维护成本；因地制宜，

分类处理，演播厅、网络传输机房等相对独立的大型区域采用中央空调集中制冷方式，其他分散小型区域则采用分散制冷方式，有效地实现了节能降耗，较兄弟单位或类似机构大幅节约运行成本，受到专家和同行的充分肯定。

（二）技术应用创新多、效果好

1. 600 平方米演播厅、800 平方米演播厅声学工程项目

该项目的关键技术及创新点：①演播厅朝向城市道路的立面均采用实墙面，临近主干道的一侧布置双墙；②演播厅入口处设置声闸，以阻止噪音传入；③演播厅采用矩形结构，既符合建筑经济性，又可避免声聚焦、声衍射等声学缺陷；④演播厅中央空调等机电设备采用物理性隔离和减震结构，确保演播厅声学环境符合要求；⑤采用铝合金穿孔板和玻璃丝棉构建吸音墙体，科学设定穿孔密度、孔径、吸音棉厚度，使高、中、低频的吸声量基本一致，根据声学原理和电视节目后期制作的要求，分别设定600 平方米演播厅、800 平方米演播厅的混响时间。经市科学技术局专家组检测鉴定，认为该项目满足电视演播厅声学要求，并且经济环保，达到省内先进水平。

该项目的建设使用，获得较好的社会效益和经济效益。河源市人民政府《关于颁发 2012 年度河源市科学技术进步奖的通报》（河府〔2013〕42 号），授予该项目 2012 年度河源市科学技术进步二等奖。

2. 6 +2 讯道标清数字电视转播车项目

改变一般的交钥匙工程采购模式，把项目分解为车辆、车体、设备三大块，进行深入细致的分析研究，优化项目配置，创新实施流程，在保证设备性能和质量的同时，较兄弟单位同类项目大大降低建设成本。河源市人民政府《关于颁发 2010 年度河源市科学技术进步奖的通报》（河府〔2011〕78 号），授予该项目 2010 年度河源市科学技术进步一等奖。2012 年 1 月竣工、启用的广播直播车，也借鉴了该项目的成功经验。

（三）技术系统建设走在全省地级市广播电视台前列

2013 年 4 月，以夏偶总工程师为组长的来自南方广播影视传媒集团、广东电视台、南方电视台等单位的专家组，对河源广播电视台技术系统建设进行了评估鉴定。专家组认为，河源广播电视台技术系统整体规划设计合理、建设规范、配置完善、经济适用，具有一定的前瞻性。其中，广播、电视播控系统配置齐全，全台整体实现了数字化、网络化，“技术系统建设走在地级市广播电视台前列”。

同时，专家组建议，河源广播电视台要进一步加强日常技术维护与管理，充分发挥设备使用效益，推动广播电视事业更好更快发展。

第三节　河源网络广播电视台集成播控系统

一、河源网络广播电视台演进过程

2006 年 12 月，通过委托电信运营商开发设计（采用 ASP 架构开源系统整合制作动态服务页面）并租用其服务器空间的方式，河源广播电视台网站

（www. gdhyrtv. com）、河源电视台网站（www. gdhytv. com）建成上线发布。两个网站的日常运营维护由台电视中心承担。

2009 年 12 月，对上述两个网站进行合并升级，组建河源广播电视网（www. gdhytv. com）。该网站采用酷溜网（北京）科技有限公司产品 PHPCMS/V2008 内容管理系统，由台技术人员设计制作页面，其服务器则托管在通信运营商机房。该网站先后由台电视中心、《河源广播电视周报》社负责运营维护。2010 年 5 月和 2011 年 5 月，河源广播电视网进行了 2 次内容改版，网站影响力不断上升，成为市委市政府重点建设的河源四大网站之一。

2012 年，河源广播电视网获得广东省文化产业发展专项资金 200 万元。河源广播电视台投入配套资金，并成立河源网络广播电视台筹建小组。经过近 10 个月的筹备建设，2013 年 9 月，河源广播电视网初步完成向河源网络广播电视台的转型升级，正式上线发布。2013 年 12 月，网站手机版“掌上河源”（m. hyrtv. cn）上线。

二、河源网络广播电视台技术系统

河源网络广播电视台整体解决方案，立足新媒体的内容汇聚、生产、发布、运营，提供端到端的产品集成能力。其核心模块主要包括 VMS 流媒体管理系统、CMS 内容管理系统、互动平台、手机 WAP、广告系统、论坛系统、统计系统、外部上传系统等。其中，VMS 流媒体管理系统初期并发量可达 2 000 以上（按 5 000 设计），通过增加出口带宽或采用 CDN 内容分发技术可支持 5 000 并发量；系统日均访问量 PV 值按 100 万设计。集成播控平台采取模块化设计思路，可根据实际需求进行组合与扩展，不仅满足当前个性化特征，而且可灵活地进行系统升级。

集成播控平台设备主要包括提供各类服务的 Dell PowerEdge R720 服务器 20 个、各种功能的 HP Z420 工作站 8 个、1 套亿科三友 CES3000SE－4 直播编码器、2 套大洋非线性编辑系统（其中 1 套为便携型）、1 套 32 TB 容量的迪菲特 DFT NS－1804E－120 内容生产存储体、1 个凯迪 KD－LCC900XB－4 便携式采播录编一体机、3 个 H3C S5120－28C－EI 以太网交换机、1 个启明星辰 USG－2010D 安全网关、1 个华为 USG5120 硬件防火墙、1 套青岛广研所 TVZ3100 卫星校时器、1 套 30 千伏安 SANTAK UPS 不间断电源等。

三、河源网络广播电视台功能特点

河源网络广播电视台立足河源地区，突出音视频特色的综合新闻资讯，其功能主要包括台自办频率频道（综合广播、旅游广播、河源综合电视、河源公共电视）的网上同步直播、时移回看、节目点播、信息自动采集、信息发布、广告管理、播客、论坛、互动调查、个人空间、嘉宾在线访谈等。其特点主要包括：①两屏一体化，即统一业务后台，可支持计算机、手机访问；②节目高清化，视频采用 H. 264 高清压缩格式，使用同样的带宽可观看更高质量的视频，节目质量可自适应切换；③资源共享化，可直接调用台内原有媒资系统的节目资源；④系统互动化，系统提供论坛、播客、评论、投稿等交互平台，具有良好的交互性。

移动互联网、网络新媒体的迅猛发展态势，迫使广播电视等传统媒体必须加快变革、融合、拓展步伐。河源网络广播电视台对此有着清醒的认识，在建设之初能够抢抓机遇，先行一步加强与城市联合网络电视台（CUTV）等新兴强势媒体互动、合作，为更好更快地发展争取更多的外部资源。

第七章 无线发射和微波传输

第一节 电视信号的无线发射

1991年12月9日，国家广播电影电视部地方管理司、科技司以“广地建字〔1991〕159号”文，同意河源市设立电视台，确定了台名“河源电视台”、台址“新市区茶亭山”、播出频道“DS-8”、发射功率“300瓦”等相关参数，并规定了河源电视台职责“以转播中央台、省台电视节目为主，可自办新闻、专题和知识性、文艺性、服务性节目”。

河源电视台自办频道“河源综合”于1991年底在茶亭山开播发射，采用蝙蝠翼天线，发射频道DS-8，发射功率300瓦，节目信号覆盖河源市行政区域。1997年1月28日，设在紫金宝山的河源电视台转播台开始运行，“河源综合”电视信号通过微波传送至海拔780米的紫金宝山进行转播发射，发射频道DS-22，发射功率3 000瓦，运行至2005年末。

根据国家广电总局和省广电局无线覆盖工程统一部署，中央一套和中央七套电视节目于2008年7月在河源市茶亭山发射塔转播发射，使用浙江省淳安无线电厂生产的发射功率300瓦固态发射机2部、UHF四偶板4层天线1套，发射频道分别为DS-26、DS-42，发射功率均为300瓦，信号覆盖河源市区。电力系统配备30千伏安稳压电源和100千伏安柴油发电机。

根据国家广电总局和省广电局工作部署，2010年2月，中国移动多媒体广播CMMB河源市区主发射站点选址茶亭山发射塔，使用北京同方吉兆GME1D13F双激励全固态电视发射机1部，于2010年7月正式运行，发射频道DS-14，发射功率1 000瓦，播出CCTV-1、CCTV-3、CCTV-5、CCTV-新闻、精彩电影、精彩赛事等广播电视节目。

第二节 调频广播信号的无线发射

1993年12月28日，河源人民广播电台正式开播，功率100瓦，频率为FM 91.1兆赫，呼号为“河源人民广播电台”，台址位于河源市区茶亭山。1997年9月26日，河源电台在紫金宝山设置的1 000瓦调频发射机开始运行，直至2003年7月桂山发射基地启用。

2005 年 9 月，国家广播电影电视总局《广电总局关于同意河源市广播发射台搬迁及扩大功率的批复》（广局技字〔2005〕199 号）、广东省广播电影电视局“粤广局管〔2005〕18 号”文件，同意河源市广播发射台由茶亭山搬迁至桂山千秀峰发射基地，发射功率扩大至 1 000 瓦，发射频率为 FM 91.1 兆赫，播出节目为河源人民广播电台第一套节目（综合广播）。发射机为上海腾达广播器材有限公司生产的全固态调频发射机（型号 PF－5000）。

2006 年 10 月，河源广播电视台投资 20 万元对“综合广播”（FM 91.1 兆赫）发射系统进行改造，使用 1 部无锡市华康广播电视设备厂生产的全固态调频发射机（型号 HTF－65000）作为备份发射机。2007 年 10 月，投资 6 万元购置 1 部 HTF－61000 1 000瓦发射机，用作“旅游广播”（FM 97.8 兆赫）的主发射机，“旅游广播”发射机实现 1 主 1 备配置。2 个自办频率的安全播出保障能力进一步提高。

2008 年 5 月，国家广播电影电视总局《广电总局关于同意河源人民广播电台开办旅游广播的批复》（广局〔2008〕127 号）、广东省广播电影电视局《关于同意河源人民广播电台开办第二套广播节目的批复》（粤广局发〔2008〕127 号）文件，同意河源广播电视台开办第二套调频广播节目“旅游广播”，发射频率为 FM 97.8 兆赫，呼号“河源人民广播电台旅游广播”，发射功率 1 000 瓦。2008 年 6 月 10 日，河源广播电视台第二套调频节目在市区茶亭山发射塔开播，发射机为无锡市华康广播电视设备厂生产的 1 000 瓦全固态调频发射机（型号 HTF－61000）。

2012 年 9 月，“旅游广播”（FM 97.8 兆赫）信号发射站点由茶亭山搬迁至桂山发射基地，信号覆盖范围扩大 5 倍以上，显著提高了收听率，改善了收听效果。

第三节 广播电视节目信号的微波传输

河源市广播电视微波站成立于 1992 年 4 月 24 日，站址设在市区茶亭山发射塔二楼，由广东省广播电视技术中心和河源广播电视台（局）双重管理，承担省市县广播电视节目信号的微波传输任务以及省市微波传输网、市县微波传输网的运行、维护、管理等职责。

一、省市微波传输网（河源站）的运行

1991 年 10 月至 2005 年 10 月“模拟微波传输时期”，省市微波传输网正传 3 套电视节目（中央台综合频道、广东珠江台、广东岭南台）、9 套广播节目，回传 1 套电视节目至省台，为河源广播电视台提供信号源，并向省台传送新闻节目。

2004 年，乘着全省微波链路数字化改造的东风，经过不懈努力，河源市广播电视微波站发现、开辟了新的微波路由，并争取到建设新站的机会，此举将原来的 2 个站点（三台山无源站和茶亭山站）合并成 1 个站点（宝源站），直接减少了 1 个站的基

础设施、系统设备以及长期的维护管理等成本。

2005 年 10 月迈入“数字微波传输时期”，省市数字微波链路正式开通，传输频率为 U6 吉赫，频率范围为 6.4 ~7.1 吉赫，采用（3 +1）波道保护方式，可正向传输 24 套电视节目和 48 套立体声广播节目，设有回传（1 +1）波道，可根据需要回传多套广播电视节目至省台。数字微波链路的开通，为全省广播电视安全播出指挥系统、广播电视信号监测系统的建立提供了传输通道。数字微波系统还建设有语音子系统和宽带网络子系统，可为广播电视事业发展提供相应的服务和支撑。

二、市县微波传输网的运行

1999 年 10 月至 2005 年 6 月，受河源市广播电视局委托，市微波站承担市县广播电视微波传输网（11 吉赫 MMDS）的维护和管理工作。该传输网包括东源蝉子顶、连平凹顶、和平仙女石、紫金宝山等中继站和各县终端站，正传 8 套电视节目至各县台，回传 1 套当地节目至市台，为各县台提供重要节目信号源，为河源电视台《县区新闻 300 秒》提供信号保障。龙川县电视发射塔落成典礼、连平县首届葡萄节晚会等活动的实况信号，通过市微波网传送至河源电视台进行播出，成功地实现了异地现场直播。该传输网的建成运行，为河源市及所辖五县广播电视事业发展作出了应有贡献。随着 2005 年 1 月市县光纤联网工程的竣工启用，市县微波传输网逐步退出运行，完成了其历史使命。

2006 年 4 月，省市微波传输网数字化改造工程之一——建筑面积 1 365 平方米的宝源新站全面建成启用，河源市广播电视微波站从茶亭山发射塔迁至宝源环庄东路 1 号的宝源新站，继续履行省市广播电视节目信号的微波传输任务以及省市微波传输网（河源站）的运行、维护、管理等职责。

第八章 村村通广播电视建设

河源广播电视台（局）充分认识到“村村通”工程是把党的方针政策送到农村千家万户的政治工程，是提高广大农民群众科学文化素质的文化工程，是加强社会主义精神文明建设的基础工程，是为人民群众办实事办好事的民心工程。从1999年至2008年，河源广播电视台（局）按照上级指示精神，积极开展广播电视“村村通”工程建设，为河源市加快社会主义新农村建设、保障农民群众基本文化权益、促进农村经济社会协调发展提供了有力的基础保障。

一、行政村“村村通广播电视”工程建设

河源广播电视台（局）成立“村村通广播电视”工程领导小组，负责全市“村村通”工程的组织协调工作，督促指导各县广电台（局）按时按质完成全市行政村“村村通广播电视”任务。经过全市广播电视系统的共同努力，1999年完成245个行政村“村村通”设备安装任务，当年12月28日通过省“村村通广播电视”工程领导小组检查验收；2000年还完成25个自然村“村村通”设备安装任务。通过“村村通”工程的实施，使270个行政村、自然村可收看8套以上卫星电视节目。

二、50户以上自然村“村村通广播电视”工程建设

在省广播电影电视局规划部署和河源广播电视台（局）协调指导下，河源市各县广电台（局）具体实施“村村通”工程，并抽调技术人员建立“村村通广播电视”维护管理站，负责“村村通”工程的安装、培训、维护及日常管理工作。针对各地自然村的实际情况因地制宜，采取多种方法顺利完成建设任务。一是采用小片联网、有线接入的方式。对于居住相对集中、农户较多的村，采取小片联网、有线接入的方式建设。通过充分发挥有线电视网络优势、减少建设和维护成本、增加节目套数的方式，采取与县、镇、行政村有线电视联网的方式解决盲点自然村240个。二是采用数字MMDS和卫星接收小前端有线网络的方式。对于不适宜联网的自然村，则采用数字MMDS分配系统或原行政村“村村通”工程卫星接收小前端有线网络的方式，主要解决其集中用户收看中央一套、中央七套、广东卫视、广东公共、南方卫视、广东卫星广播六套以上广播电视节目的问题。据统计，全市采用卫星接收小前端有线网络的自然村有74个，采用数字MMDS的自然村有55个。三是采用接收直播卫星信号的方式。国家广电总局广播电视直播卫星平台投入使用后，对人口相对集中的自然村所在地采取建立一个接收直播卫星信号的小型共用天线网络的方式，对人口相对分散的自然村

所在地则采取相邻几户共享接收直播卫星信号的做法。

经过全市各级广电人和广大基层干部群众的不懈努力，2006 年 6 月，完成全市 369 个盲点村的“村村通”工程建设任务。按照省广电局《50 户以上“村村通”工程建设技术质量和覆盖效果验收办法》要求，对“村村通”的工程施工质量、技术质量、节目套数、用户接收质量和用户数量等内容进行逐项检查，均达到良好效果，通过了省广电局组织的验收。

三、20 户以上自然村“村村通广播电视”工程建设

根据国务院办公厅《关于进一步做好新时期广播电视村村通工作的通知》（国办发〔2006〕79 号）和省有关文件要求，在市文广新局、市发展和改革局的组织协调下，河源广播电视台配合实施 20 户以上自然村“村村通”工程。2006 年，全市各县上报省广播电影电视局的 20 户以上“村村通广播电视”工程建设任务总数为 408 个，其中，源城 54 个、东源 64 个、和平 3 个、紫金 23 个、连平 24 个、龙川 240 个（因龙川县要求以有线联网方式覆盖，省局未批准，故第一期任务数为 168 个）。2007 年 7 月，完成 168 个自然村的“村锅”覆盖（龙川县通过扩大有线电视网络的方式，自行完成了 240 个盲点中的 148 个）。2008 年 7 月，通过市文广新局、市发展和改革局的检查验收，从检查验收情况看，可接收 26 套以上卫星电视节目，图像清晰，收听收视效果好，得到用户好评。

河源广播电视台在进行“村村通”工程建设的同时，积极探索建立广播电视公共服务体系。根据上级关于建立省、市、县三级“村村通”维护体系的要求，因地制宜采取多种措施落实“村村通”维护机制和经费，使“村村通”完好率维持在较高水平，基本做到设备小毛病不出乡、大毛病不出县、换设备不出省。

随着广播电视管理体制改革的深入，“村村通广播电视”工程作为公共文化服务项目，其行政管理职能划入市文广新局，农村广播电视覆盖工作主要由市文广新局和各县文广新局、广电台负责实施。

第三编

宣　传

河源广播电视台自2005年成立以来，其下属宣传播出机构——广播中心、电视中心、公共频道、《河源广播电视周报》社、河源网络广播电视台，紧紧围绕河源改革发展大局，始终坚持政治上与党中央保持高度一致，坚持正确的舆论导向和以正面宣传为主的方针，积极配合市委市政府各个时期和阶段的中心工作，唱响河源“改革开放、经济建设、加快发展”的主旋律，打好宣传的主动仗，为河源创建“五个城市”、打造“广东绿谷”尽职尽责，努力营造“同心同德、齐心协力、积极向上、锐意进取”的良好舆论氛围，鼓舞和激励河源360万人民“凝心聚力搞建设，满怀信心奔小康”。

历年来，河源广播电视台周密策划、精心组织开展了大批涵盖政治、经济、文化、社会、民生等各个领域的重大题材的宣传报道，彰显了地市台的社会公信力和影响力。同时，积极向中央台、省台传送广播电视新闻稿件，为宣传和推介河源，提升河源的知名度和美誉度作出了重要贡献。

2007年以来，河源广播电视台审时度势，不断加大新闻宣传的改革和创新力度，致力于增强广播电视的贴近性、针对性和吸引力，使宣传效果和社会影响力明显提高。广播电视的新闻宣传已呈现出可喜的态势：

（1）宣传方式明显转变。新闻宣传从单一的“喉舌”功能向多元的服务、监督、交流和互动功能转变。

（2）新闻宣传的内容明显转变。进一步改进会议新闻和领导活动的报道，增加了社会、民生新闻，向新闻本地化、民生化转变。

（3）增加了对重大新闻事件的宣传报道，凸显了新闻的时效和价值。

第九章 广播中心

河源广播电视台广播中心的前身是河源人民广播电台（原办公地址：河源市源城区公园路27号）。2005年3月，时逢文化体制改革，经河源市编委发文，撤销河源人民广播电台，与河源电视台等六家单位合并组建河源广播电视台。撤并后改名为广播中心，成为河源广播电视台的分支机构之一，正科级建制。2009年5月，广播中心整体迁入河源广播电视台新办公大楼（河源市源城区越王大道87号）运作。

至2013年，广播中心共有两个频率，分别为："综合广播"，频率为FM 91.1兆赫，发射功率3 000瓦，每天播音19小时；"旅游广播"，频率为FM 97.8兆赫，发射功率1 000瓦，每天播音19小时。广播中心内设机构有办公室、总编室、新闻部、节目部、技术部、广告部六个部室。共有在职员工53人，其中大专以上学历36人，占总人数的68%；具有专业技术职称的31人，占总人数的58%。

"综合广播"频率的信号覆盖河源全市以及附近的珠三角地区部分区域，覆盖人口约600万。

"旅游广播"频率的信号覆盖河源市大部分区域。

第一节 频率及栏目设置

一、"综合广播"频率

"综合广播"频率于1993年12月28日开播，呼号为"河源人民广播电台综合广播"，频率为FM 91.1兆赫，采用普通话播音。

"综合广播"频率现有8位节目主持人，以传播新闻资讯、法制、民生、娱乐、情感、教育等信息为主要节目内容，每天早晨6时开播，次日凌晨1时结束。除了依时转播中央人民广播电台的《全国新闻联播》、广东人民广播电台的《七点新闻》节目之外，还自办有新闻、社教、音乐和娱乐类节目。从2004年开始，"综合广播"频率的节目陆续进行了大幅度调整。自办节目框架以新闻、信息为主，以知识性、娱乐性为辅，融宣传、教育、娱乐和服务于一体。先后开办了新闻类节目《全市新闻联播》、《正点播报》、《政风行风热线》、《河源早晨》、《八点听天下》、《新闻早餐档》等；社教、服务、娱乐类节目《快乐宝贝》、《快乐打工人》、《都市客栈》、《七色彩虹》、《供求热线》、《教育时空》、《惠民之声》等直播板块节目。

《政风行风热线》是广播中心2003年3月25日与市纠风办等部门联合推出的新闻舆论监督性栏目，该栏目以“听百姓心声、为政府分忧、树部门形象、促社会稳定”为宗旨，深受群众的欢迎和喜爱，在本市颇具社会影响力，成为“综合广播”频率的一个名牌节目。

从2010年3月10日起，为进一步扩大社会影响，广播中心联合市纪委推出《政风行风热线》节目，广播与电视同步直播，并有计划地开展户外直播、年度盘点等活动。2011年5月，《政风行风热线》又在河源广播电视台网站上实现了同步直播，使该节目从原来仅有广播一家唱“独角戏”，发展到广播、电视、网络、手机等多种媒体的联袂“大合唱”，其社会影响力得到极大提升。

二、“旅游广播”频率

“旅游广播”的前身为河源人民广播电台音乐频道（试播）。2008年，获国家广电总局批准，由广播中心设置为第二频率——“旅游广播”。其呼号为“河源人民广播电台旅游广播”，频率为FM 97.8兆赫，采用普通话播音。该频率于2012年1月正式开播，发射功率1 000瓦，信号覆盖河源市大部分区域。

“旅游广播”频率实行总监负责制，以传递旅游、交通信息为主要内容，突出地方旅游、交通和时尚娱乐服务的特色。每天早晨6时开播，次日凌晨1时结束。“旅游广播”先后开设了《978资讯网》、《978车友俱乐部》、《听游天下》、《一程山水一程歌》、《倾城之恋》、《明星魔幻秀》、《飞扬百分百》、《美食订餐热线》、《天翼3G娱乐厅》等直播板块和编排节目。

“旅游广播”的品牌栏目《倾城之恋》，面向河源市适龄青年特别是新生代青年群体，为他（她）们提供贴心的交友联谊服务。同时，栏目组还多次举办户外的专场交友联谊活动，吸引了众多青年朋友的踊跃参加，收到了良好的社会效果。

第二节　新闻节目

一、新闻节目及其发展变化

河源人民广播电台自1993年12月28日开播以来，对自办的广播新闻节目不断进行内容和播出方式上的改进，增加了民生新闻、社会新闻的播出量，改变了时政新闻的报道方式，更好地发挥了广播特色和收听快捷便利的优势。

河源电台成立初期，自办的新闻节目只有《河源新闻》，新闻播出量很少。据统计，1994年，电台全年播出本地新闻不足600条，仅相当于现在一个月的本地新闻播出量。1997年6月，电台将原来的《河源新闻》改版为《全市新闻联播》节目，同时增设了每天5次的新闻《正点播报》栏目，实现了新闻的滚动播出，将最新发生的国内外以及本地新闻信息及时传递给听众。

2002年，河源电台进一步实行广播新闻改革，注重突出广播新闻“新、快、短”

的特点，使听众在尽量短的时间里获得更多、更鲜活的新闻信息。《全市新闻联播》节目由原来每天播出新闻7～8条，时间为15分钟，改为每天播出新闻15条以上，最多时达20条，时间为30分钟。当年，电台还新开设了访谈类新闻栏目《今日关注》，采取“直播+热线”的形式，就某一公众关注的新闻事件或话题，让社会各界人士发表看法和意见，加强与听众的互动，旨在在广大群众与党委政府之间架起一座沟通的桥梁。

为了适应信息时代的发展变化，满足听众的需求，电台不断加大新闻节目建设力度。2003年，在全省最早开办了新闻舆论监督类节目《政风行风热线》，搭建政府与群众间沟通的桥梁和纽带。从2005年起，实行广播中心、电视中心、《河源日报》社和市政府门户网站等新闻媒体联动机制，不断创新和丰富《政风行风热线》形式，使《政风行风热线》升温加热。2010年3月，《政风行风热线》实现广播、电视同步直播。2011年5月，河源广播电视网也加入同步直播行列，使节目从开播之初的广播唱“独角戏”扩展到广播、电视、网络、报纸、手机等多种媒体的立体“大合唱”。

2006年以来，广播杂志型新闻栏目逐渐走向成熟，《河源早晨》、《978资讯网》等此类杂志型新闻栏目在内容上有较大的容量，且能对新闻事件的背景、现状、发展及影响进行深入挖掘，给观众以完整、深刻的新闻信息，使节目形式更为灵活。

2011年，广播节目全面改版，《新闻早餐档》应运而生。该栏目根据现实生活的需要，准确地捕捉社会热点问题进行评述，表彰先进，针砭时弊，反映群众的呼声，发挥舆论监督作用。在表现形式方面，该栏目也注意做到多样化，既有忠实叙述新闻事实的新闻、专题性报道，又有针对某一重要问题的评论，两者有机结合，相得益彰。

纵观广播新闻栏目的发展变化，可以这样来概括其发展趋势：报道内容由单一的新闻型走向新闻性、社会性和知识性有机结合的综合型；报道方式由单一的动态报道型走向动态报道、深度报道和分析评论兼而有之的多样型；播出形式由以播音员客串为主走向采、编、播合一的节目主持人主持；栏目的长度逐渐延长。这种发展变化说明，广播新闻栏目正在向新、广、深、活的方向演变，栏目的质量正在稳步提高。

二、新闻节目介绍

（一）《全市新闻联播》

节目类别：时政新闻类

开办时间：1997年6月（原《河源新闻》）

播出时间：周一至周六18：00首播，次日7：30重播

播出频率：FM 91.1兆赫　综合广播频率

节目时长：30分钟

播出形式：录播

主要内容：本栏目立足河源、联合五县一区，及时播报河源全市政治、经济、社会、文化等领域的最新重大新闻事件，突出宣传河源各地各行各业在改革开放、经济建设、社会发展中取得的最新成就、涌现出的重大典型、积累的成功经验和昂扬的精神风貌。

节目亮点：播报新闻及时、全面、准确、权威。

主持人：欧阳宁强、曾春（1993—1994 年）；张琼、蒙嘉（廖林）（1994—2000 年）；崔文（崔海深）、孙海莹（2000—2001 年）；星月（朱铭臣）、芦艳（2001 年至今）

停播时间：仍在播出

（二）《正点播报》

节目类别：新闻类

开办时间：1997 年 6 月

播出时间：周一至周六每天 10：00，12：00，14：00，16：00，17：00

播出频率：FM 91.1 兆赫　综合广播频率

节目时长：5 分钟

播出形式：录播　滚动播出

主要内容：国际、国内、省内及河源市最新消息。具有时效性强、内容丰富、形式多样和滚动播出等特点。对河源市新闻事件在第一时间、第一现场，以记者电话连线、记者口播等形式即时发布消息。对重大事件、突发事件密切跟进，连续报道事件的最新动态。

节目亮点：凸显了广播新闻“新、快、短”的特色。

主持人（按时间顺序）：蒙嘉、崔文、董涵、星月、芦艳

停播时间：仍在播出

（三）《政风行风热线》

节目类别：新闻舆论监督类

开办时间：2003 年 3 月 25 日

播出时间：周三 11：00—12：00（直播），周四 11：00—12：00（重播），《行风热线回音壁》　周五 11：00—11：30

播出频率：FM 91.1 兆赫　综合广播频率

节目时长：60 分钟

节目形式：主持人 + 上线领导 + 热线

主要内容：该节目由市纠风办牵头，广播中心主办，市文明办、市信访局等单位联办。宗旨是“听百姓心声、为政府分忧、树部门形象、促社会稳定”，致力于帮助解决群众关心的热点、难点、焦点问题。2011 年，《政风行风热线》实现了广播、电视、网络、手机同步直播。

节目亮点：受到国务院纠风办及广东省纪委的肯定，2004 年省民主评议行风工作座谈会要求各地学习推广河源开展《政风行风热线》活动经验；2005 年该栏目组被省广电局评为省“行业之星”先进单位；2012 年该栏目被省广电局评为“广东省广播电视创新创优十佳栏目”。创办以来，先后有省内梅州、阳江、肇庆、汕尾、清远、湛江等市和广西、贵州、青海等地电台组团前来参观学习开办《政风行风热线》栏目的做法和经验。

主持人：阿伟（闫建伟）、云潇（张丽萍）、崔文、芦艳、焦洋

停播时间：仍在播出

第三节 专题节目

一、《今日关注》

节目类别：新闻专题访谈类

开办时间：2002 年 1 月

播出时间：周一至周五 12：00—12：30

播出频率：FM 91.1 兆赫　综合广播频率

节目时长：30 分钟

节目形式：主持人 + 热线

主要内容：反映河源经济社会生活中人们关注的实际问题，褒新风，贬时弊，以专题访谈的形式，就某一公众关注的新闻事件或话题，让社会各界人士发表看法和意见，呈现社会各界的声音，加强与听众的互动，旨在在市民与党政之间架起一座沟通的桥梁。

节目亮点：凸显了与听众的互动性。

主持人：星月（朱铭臣）

停播时间：2003 年 1 月

二、《教育时空》

节目类别：教育专题类

开办时间：2009 年 1 月

播出时间：周一至周五 16：30—18：00

播出频率：FM 91.1 兆赫　综合广播频率

节目时长：1 小时 30 分钟

主要内容：《教育时空》栏目由广播中心与市教育局联办，该栏目自 2009 年推出以来，以“倡导科学育儿理念和促进中国家庭教育素质全面提升”为己任，以高度的社会责任感致力于孕、产、育、教领域的科学知识普及，同时囊括了少年儿童喜闻乐见的益智教育、愉悦心灵的节目内容，分设小板块，供家长和少年朋友快乐学习和收听。

主持人：张丽萍、倪科华、吴静燕、彩虹

停播时间：仍在播出

三、《惠民之声》

节目类别：民生专题类

开办时间：2012 年 7 月

播出时间：周一至周五 12：00—12：30

播出频率：FM 91.1 兆赫　综合广播频率

节目时长：30 分钟

主要内容：《惠民之声》是一档由广播中心与河源市人力资源和社会保障局联合打造的服务于普通百姓的民生专题类栏目，节目涵盖民生的方方面面。其内设的小板块《民生面面观》——及时传递市人社局最新动态，《创业明星秀》——营造良好的创业氛围，《法律服务台》——特邀律师解读各类法律问题；周四的《精英讲堂》——为就业人群提供技能学习与指导；周五的《就业信息港》——发布就业信息，为企业和就业人员开启绿色通道。节目集教育性、服务性、互动性于一体，力求打造成河源广播民生节目的先锋品牌。

主持人：燕子

停播时间：仍在播出

四、《星光书屋》

节目类别：文学专题类

开办时间：2011 年 1 月

播出时间：周一至周五 20：30—21：30

播出频率：FM 91.1 兆赫　综合广播频率

节目时长：60 分钟

主要内容：《星光书屋》是广播中心于 2011 年创办的一档文学专题类节目，旨在通过推介各类好书、精品佳作，为听众提供健康有益的精神文化食粮，力求成为都市人繁忙生活之余的精神家园和读书指导。该节目内设《读书时间》、《星光有约》、《长书短读》三个小板块。

主持人：燕子

停播时间：2013 年 3 月

第四节　资讯节目

一、《河源早晨》

节目类别：新闻资讯类

开办时间：2006 年 7 月（原《早安河源》）

播出时间：周一至周六 8：00—9：00

播出频率：FM 91.1 兆赫　综合广播频率

节目时长：60 分钟

节目形式：双主持

主要内容：设有《资讯早班车》、《大城小事》、《天气预报》、《说事》等小板块以及听众参与话题讨论的环节。节目采用“说”新闻的形式，选择重大的国内外时政新闻、财经资讯进行播报。同时，以本台新闻或本地报纸、网络论坛等资源为基础，介绍一些大家比较关注的河源社会新闻。

主持人（按时间顺序）：蒙嘉、张昭、芦艳、焦洋

停播时间：2011 年 12 月

二、《新闻早餐档》

节目类别：新闻杂志类

开办时间：2011 年 1 月

播出时间：周一至周五 8：00—9：30

播出频率：FM 91.1 兆赫　综合广播频率

节目时长：90 分钟

播出形式：直播

主要内容：《新闻早餐档》是 2010 年全新改版后推出的一档以民生趣闻为主的新闻杂志型栏目。无论是河源的大事小情、家长里短，还是国内国际的焦点热点话题，主持人芦艳、阿伟都以新闻为引子，多角度地评说新闻，并连续关注新闻事件的发展动态。资讯新鲜、信息量大、民生为主、针砭时弊是该节目的鲜明特色。2011 年，该节目被省广电局评为优秀栏目。

主持人：阿伟、芦艳

停播时间：仍在播出

三、《978 资讯网》

节目类别：资讯信息类

开办时间：2011 年 1 月

播出时间：周一至周五 8：30—10：00

播出频率：FM 97.8 兆赫　旅游广播频率

节目时长：90 分钟

播出形式：直播

主要内容：《978 资讯网》是“旅游广播”频率一档集新闻资讯和信息服务于一体的早间直播板块节目。内设介绍国内大事小情的《资讯加油站》，为听众带来实惠团购信息的《团购征集令》，还有节目的主打环节《供求热线》，为听众以及中介机构提供一个免费发布交易信息的平台，深受大众的欢迎。

主持人：蒙嘉、焦洋

停播时间：2013 年 4 月

第五节　社会活动（2005—2013 年）

2006—2007 年

“魅力新人王”广东广播主持人大赛河源分赛区比赛

“魅力新人王”广东广播主持人大赛创始于2000年，由广东人民广播电台“珠江经济频道”主办。2006年，省电台与河源广播电视台联合发展，第一次在河源设立了“魅力新人王”广东广播主持人大赛河源分赛区，当年10—12月，由河源广播电视台广播中心承办比赛活动。报名参加河源分赛区比赛的有100多人，经过层层角逐有12人进入决赛。决赛分为“形象展示、节目模拟、才艺表演、智力问答”四个环节。最终，由河源职业技术学院学生杨帆和袁碧霞分别夺得冠军和亚军，并代表河源市参加了省电台在广州举行的总决赛。

河源分公司成立暨河源广播电视台广播中心客户联谊会

2006年11月16日，“广东省珠江广播电视广告公司河源分公司”挂牌成立。当天下午，广播中心在河源市区翔丰国际酒店举行了“河源分公司成立暨河源广播电视台广播中心客户联谊会”。

魅力新客家——外来工卡拉OK比赛

为营造全社会共同关注、关爱外来青年员工的和谐氛围，引导更多青年到河源市就业、创业，广播中心于2005年在“综合广播”频率晚间黄金时段推出了一档以服务打工青年为宗旨的互动栏目——《快乐打工人》，使之迅速成为广大青年听众展示才华、交流感情、表达心声的火热平台。

2006年12月至2007年2月，广播中心凭借栏目产生的轰动效应，举办了“首届外来工卡拉OK大赛”活动，吸引了市高新技术开发区300多名外来工踊跃报名参加，最终有15位选手晋级决赛。在决赛暨颁奖晚会现场，近千名来自高新区的企业代表为选手们喝彩欢呼，掌声雷动，气氛非常热烈，场面令人难忘。

2008 年

《政风行风热线》开播五周年庆典活动

2008年4月25日，广播中心在假日酒店举行《政风行风热线》开播五周年庆典活动，邀请了市直上线部门负责人和听众代表参与。市领导杨耀初、吴善平到场祝贺。

走进高新区“行风热线与你面对面”大型户外直播活动

2008年10月12日，由市纠风办、市高新技术开发区与河源广播电视台广播中心联合举办的“行风热线与你面对面”大型户外直播活动，在高新区文化广场举行。参加现场上线活动的有市劳动保障局、市教育局、市人事局、市卫生局等10个单位的负责人。5 000多名在高新区务工的人员把整个活动现场围得水泄不通，大家纷纷就关心的难点热点问题向有关职能部门负责人进行面对面的咨询、投诉。在两个小时的活动中，现场接到市民的投诉热线电话 34 个，10 个上线单位共接受咨询、投诉 200 多个，其中有 150 个问题在现场得到有关单位负责人的答复。

2010 年

河源市首届农业金牌产品评选活动

2010 年 7 月 19 日至 10 月 27 日，为推介河源市名优产品，提高品牌农产品的市场占有率和竞争力，河源市农业局、河源广播电视台联合举办了“河源市首届农业金牌产品评选活动”，由广播中心全程策划、承办。这是一次对河源农业和农村经济发展成果的充分展示，也是对河源现代生态农业发展美好前景的展望。评选活动依托“第二十三届世界客属恳亲大会”的网上平台，向全球客属乡亲传递新时期河源市现代生态农业发展信息，推动全市农业和农村经济持续又好又快发展。

河源市首届农业金牌产品评选活动评选出农业金牌产品 20 个（其中粮油类 7 个、经作类 7 个、养殖类 6 个），农业优质产品 10 个。

《政风行风热线》年度盘点活动

《政风行风热线》栏目由市纪委、市监察局、市纠风办主办，河源广播电视台广播中心承办，是一个旨在“听百姓心声、为政府分忧、树部门形象、促社会稳定”的窗口。

广播中心从 2010 年起，每年年底都举行一次《政风行风热线》的年度盘点活动。2010 年 12 月下旬，广播中心在河源广播电视台 800 平方米演播厅举办了《政风行风热线》年度盘点活动。该活动邀请了市直相关职能部门负责人现场回答观众和网友的提问。同时，通过播放采制的视频短片、事件当事人现场专访同期声等形式，回顾一年来市民最关注的热点和难点问题的解决落实情况。

2011 年

河源市第二届现代生态农业成果博览暨农产品交易会

为贯彻落实中央农村工作会议决策部署，加快农业转型升级，拓展农产品销售市场，提高河源市农产品知名度，推动农村经济又好又快发展，建设幸福河源，市政府在 2011 年 11 月 18 日至 11 月 23 日举办了河源现代生态农业成果博览暨农产品交易会（简称“农博会”）。

“农博会”由河源市人民政府主办，由河源市农业局、河源广播电视台、《河源日报》社共同承办，历时 6 天。其主题是：展示河源农业魅力，促进农业交流合作；其目标是：把“农博会”办成历届规模最大、创意最新、影响最广、效益最佳、服务最优，具有浓郁河源特色的“农博会”。

广播中心作为“农博会”的具体牵头单位，与组委会一同参与方案的制订、宣传报道的策划和后勤接待工作。

“139 社区杯”感动河源教育人物评选颁奖典礼

2011 年 4—9 月，“139 社区杯”感动河源教育人物评选活动由河源广播电视台、河源市教育局、中国移动广东公司河源分公司联合举办，由广播中心策划、承办。目的是展示河源教育先进人物风采，弘扬榜样人物励志从教、敬业笃学、无私奉献的精神和淡泊名利、志存高远的高尚师风。

此次活动通过社会调查、查阅资料、听取专业人士意见等形式，对申报材料的56位候选人进行层层甄选，共有20位候选人入围，并从中产生了12位“感动河源教育人物”。活动通过本地各媒体大力宣传，将感动河源教育人物的精神力量传递给广大市民群众，让全市上下同心同德，共创教育强市。

2012 年

大型多媒体婚恋交友直播节目——《倾城之恋》

为弘扬文明进步的交友新风，团市委发挥服务青年的职能，与广播中心旅游广播频率联合开办了大型多媒体婚恋交友节目——《倾城之恋》（直播）。随后，主持人走出直播间，于2012年2月、9月、12月先后举行了三场户外联谊活动：

（1）2012年2月14日：相聚“雅居乐”——情人节专场交友活动；

（2）2012年9月10日：教师节寻爱专场·碧桂园浪漫水上夜Party；

（3）2012年12月5日：第三届河源广播电视文化节活动——“爱的就是你”情缘交友电视Party。

通过开展上述专场联谊活动，吸引了市直单位近600名单身男女参加，卓有成效地为河源市适龄青年特别是新生代青年群体提供了贴心的服务，提升了他们在河源工作、生活的幸福感和满意度。

“尚绿生活· 幸福家园”环保公益大型活动

2012年10月1日至3日，由河源广播电视台主办、广播中心承办、华达集团全程赞助的“‘尚绿生活·幸福家园’环保公益大型活动”在华达新城生态社区举行。在为期三天的时间里，开展了一系列活动：环保承诺万人签名、尚绿生活图片展、趣味游园闯关大寻宝、绿色植物认种认养、手工DIY幸福体验、环保“袋”回家和炫彩绘画等。活动吸引了近8 000名市民踊跃参与。

该项活动是一次广电搭台、多方参与、创意新颖、开放热闹的文化盛宴。活动倡导大家使用绿色产品，参与绿色志愿服务，树立共建共享的环保理念，促使绿色消费、绿色出行、绿色居住成为大家的自觉行动。同时，该项活动也是河源广播电视文化节的前期推广活动之一，也是河源广播电视台走出室内演播厅，进入生态社区开展户外活动的创新举措。

2013 年

“行风热线与你面对面——县区行”户外直播活动

2013年5—6月，由市纪委监察局、市纠风办、河源广播电视台联合主办的河源市《政风行风热线》开播十周年暨“行风热线与你面对面——县区行”户外直播活动在我市五县一区举行。活动把直播室搬到户外，将直播镜头对准基层，与群众面对面交流，集中解决问题，取得了良好的社会效果。到6月15日，户外直播活动全部完成。据统计，在此次县区行的6场户外直播活动中，现场共接访群众827名，收到各类投诉、咨询、建议761件，现场解决和答复347件。

出席东源站直播活动的河源市委常委、纪委书记苏全贵同志不仅对《政风行风热线》开播十周年以来取得的成果给予充分肯定，还盛赞此次县区行活动带来的良好反响。

附表9－1 广播中心综合广播频道节目单（2012年10月）

<table>
<tr><th>时 间</th><th>周一至周五</th><th>周 六</th><th>周 日</th></tr>
<tr><td>6：00—6：30</td><td>开始曲，编排音乐节目</td><td>开始曲，编排音乐节目</td><td>开始曲，编排音乐节目</td></tr>
<tr><td>6：30—7：00</td><td>转播中央台《新闻和报纸摘要》</td><td>转播中央台
《新闻和报纸摘要》</td><td>转播中央台
《新闻和报纸摘要》</td></tr>
<tr><td>7：00—7：30</td><td>转播广东台《七点新闻》</td><td>转播广东台《七点新闻》</td><td>转播广东台《七点新闻》</td></tr>
<tr><td>7：30—8：00</td><td>《全市新闻联播》（重播）</td><td>《全市新闻联播》（重播）</td><td>《全市新闻联播》（重播）</td></tr>
<tr><td>8：00—9：30</td><td>《新闻早餐档》
主持：阿伟、芦艳</td><td rowspan="2">编排节目</td><td rowspan="3">编排节目</td></tr>
<tr><td>9：30—10：00</td><td>编排节目</td></tr>
<tr><td>10：00—11：00</td><td>《音乐掌门人》（录播）
主持：小惜</td><td>《911动感调频》</td></tr>
<tr><td>11：00—12：00</td><td>周一、周二：编排节目；周三、周四：《政风行风热线》 主持：芦艳 焦洋；周五：《行风热线回音壁》</td><td rowspan="5">编排节目</td><td rowspan="5">编排节目</td></tr>
<tr><td>12：00—12：30</td><td>《惠民之声》 主持：燕子</td></tr>
<tr><td>12：30—14：00</td><td>编排节目</td></tr>
<tr><td>14：00—15：30</td><td>《都市客栈》 主持：芦艳、谦泽</td></tr>
<tr><td>15：30—16：30</td><td>编排节目</td></tr>
<tr><td>16：30—18：00</td><td>《教育时空》 主持：彩虹、谦泽</td><td>《时尚风向标》</td><td></td></tr>
<tr><td>18：00—18：30</td><td>《全市新闻联播》（首播）</td><td>《全市新闻联播》（首播）</td><td>《一周要闻》（首播）</td></tr>
<tr><td>18：30—19：00</td><td>转播中央台《全国新闻联播》</td><td>转播中央台
《全国新闻联播》</td><td>转播中央台
《全国新闻联播》</td></tr>
<tr><td>19：00—20：30</td><td>编排节目</td><td rowspan="3">编排节目</td><td rowspan="3">编排节目</td></tr>
<tr><td>20：30—21：30</td><td>《星光书屋》（录播）
主持：燕子</td></tr>
<tr><td>21：30—24：00</td><td>编排节目</td></tr>
</table>

注：周一至周六每天10：00，12：00，14：00，16：00，17：00为《正点播报》；时长5分钟。

附表9－2　广播中心旅游广播频道节目单（2012年10月）

时　间	周一至周五	周　六	周　日
6：00—6：30	开台·万绿晨曲	开台·万绿晨曲	开台·万绿晨曲
6：30—8：30	编排节目	编排节目	编排节目
8：30—10：00	《978资讯网》 主持：蒙嘉、焦洋		
10：00—11：00	《978车友俱乐部》　主持：阿伟		
11：00—11：30	《听游天下》	《听游天下》	《听游天下》
11：30－12：00	《明星魔幻秀》	《明星魔幻秀》	《明星魔幻秀》
12：00—13：00	《飞扬百分百》　主持：飞扬	编排节目	编排节目
13：00—14：00	《一程山水一程歌》		
14：00—16：00	编排节目		
16：00—17：30	《美食订餐热线》 主持：曾春、飞扬		
17：30—18：15	编排节目		
18：15—19：00	周三、周四： 《政风行风热线》（重播）	韩日音乐	韩日音乐
19：00—19：30	《全市新闻联播》（重播）	《全市新闻联播》（重播）	《一周要闻》（重播）
19：30—20：00	《民乐静听》	《978主题音乐会》	《978主题音乐会》
20：00—21：00	《天翼3G娱乐厅》 主持：焦洋、飞扬	编排节目	编排节目
21：00—22：30	《倾城之恋》　主持：飞扬		
22：30—24：00	编排节目		

第十章 电视中心

2005 年 3 月，经市编委发文，原河源电视台因文化体制改革更名为电视中心，级格也由副处级变为正科级，为河源广播电视台下属播出机构之一。内设办公室、总编室、新闻部、专题部、技术部（原电视台广告部在机构改革后并入河源广播电视台经营管理中心）。电视中心自办一个频道——综合频道。最初的自办节目有《河源新闻》、《午间新闻》、《新闻观察》、《经济生活报道》、《河源大地》。2008 年，在职员工发展到 78 人，其中大专以上学历 49 人，具有专业技术职称的 30 人。截至 2013 年 12 月，电视中心在职员工 102 人，其中具有专业技术职称的 60 人。

2005 年至 2006 年，电视中心为提高节目质量，充实采、编、播队伍，从全国高校招聘了十多名专业对口的大学生，全部安排在采、编、播一线。

2008 年，电视中心对所有自办节目进行改版，原《河源新闻》改为《河源新闻联播》，并增设客语版。推出的节目有《河源新闻联播》、《说事》、《客家古邑》、《晚间 10 分》、《访谈》。2012 年，节目再次改版，推出的节目有《河源新闻联播》、《民生一线》、《天下网事》、《新闻深一度》、《非常会生活》。

通过节目改版，电视中心的自办节目结构更趋合理，内容更加丰富多彩，社会影响力更加凸显。2009 年，电视中心整体迁入河源广播电视中心大楼运作，更换了一批旧的设备，增添了蓝光摄录机、苹果高清非编系统、数字标清转播车等。新设备的投入使用，使播出的节目画面更加清晰，为快捷录、制、播节目赢得了时间，大大提升了节目的整体质量。

搬进新办公大楼后，设施齐全、录制设备先进的 600 平方米和 800 平方米两个演播厅呈现出独特的优势。电视中心主动策划，把许多市直单位的重大活动吸引到河源广播电视台举行。而由电视中心主力参与的每年一次的广电文化节、河源市春节联欢晚会，已成为河源知名的品牌活动。电视中心近年来举办的汽车文化节、民生盘点晚会、“3·15”晚会等大型活动，也极大地提升了电视主流媒体的社会影响力。

第一节　频道及栏目设置

"综合频道"是电视中心唯一的自办频道，其播出时段是每天上午七时至次日零时。

"综合频道"开设有《河源新闻联播》、《民生一线》、《天下网事》、《非常会生活》、《新闻深一度》、《财富视窗》等自办栏目。同时，还开设有《河源警讯》、《天气预报》、《电视剧场》等外供栏目，形成了以新闻立台、体现地方特色的城市电视台风格，成为粤东地区颇具竞争力和影响力的主流电视媒体之一。为满足全市人民日益增长的文化需要，促进全市改革开放和社会主义现代化建设作出了贡献。

至2013年底，电视中心"综合频道"拥有一支102人的采、编、播及行政后勤保障队伍，主要采制、编排、播出时政新闻、专题节目、电视剧、动画片、综艺节目等。自办节目时长374分钟（首播）。《河源新闻联播》播音采用普通话和客家话两种语言（2012年客语版新闻联播停播，改为《民生一线》播出）。《河源新闻联播》是"综合频道"独具特色的时政新闻类栏目，该栏目以丰富的内涵、灵敏的触角深入河源社会生活的各个阶层，宣传报道党的方针政策、新近发生的新闻事件，具有很强的时效性和吸引力。《民生一线》栏目，以其"贴近百姓、贴近生活、贴近社会"的鲜明特色而深受百姓的喜爱。

2005年以来，"综合频道"先后开设的栏目有《河源新闻》、《河源新闻联播》、《午间新闻》、《地方新闻300秒》、《县区新闻300秒》、《新闻深一度》、《晚间时分》、《天下网事》、《新闻观察》、《一周要闻》、《河源大地》、《新闻视野》、《今日话题》、《客家古邑》、《访谈》、《非常会生活》、《河源警讯》、《经济工作室》、《河源经济报道》、《财富视窗》、《政风行风热线》、《观众点歌台》、《天气预报》、《电视剧场》、《动画天地》等新闻资讯、社教、专题、文艺类栏目。

目前，"综合频道"自办的节目有《河源新闻联播》、《民生一线》、《天下网事》、《新闻深一度》、《非常会生活》、《财富视窗》。各栏目视觉新颖、内容丰富、贴近生活、服务经济建设、富有地方特色，已成为河源广大观众生活中离不开的信息总汇平台、生活大观园、社会大看台、文艺大舞台。

第二节 新闻节目

一、新闻节目及其发展变化

河源电视台自办的新闻节目于1993年9月28日正式开播。当时，新闻节目名称为《河源新闻》。该栏目主要以时政新闻为主，综合播报县区的部分新闻。2000年10月16日，推出《地方新闻300秒》，主要以县区新闻为主。2002年4月，将《地方新闻300秒》改为《县区新闻300秒》。2003年1月推出《午间新闻》。

2006年8月，电视中心推出民生新闻节目《说事》。2008年，《河源新闻》改版为《河源新闻联播》，并增开《河源新闻联播》客语版。2012年5月，民生节目《说事》改版为《民生一线》。2012年10月，推出《新闻深一度》栏目。

二、新闻节目介绍

（一）《河源新闻联播》

节目类别：时政新闻类节目

节目时长：16分钟

播出时间：每天20：00（首播）

主持人：宋文宜、张琦、邵彤、王婧怡、马岚、李国洋

开办时间：2008年（前身为《河源新闻》）

主要内容：《河源新闻联播》是河源地区最具权威性的电视时政新闻栏目，以报道河源全市的大事要闻为主，内容涵盖时政、经济、文化、民生等各个方面。长期以来，始终坚持正确舆论导向，记录河源的发展、反映河源的进步。作为反映河源经济社会发展的窗口，《河源新闻联播》重视导向性、突出新闻性、强调接近性，广度与深度并重。目前，该栏目已成为河源市最具影响力的电视新闻栏目。

（二）《民生一线》

节目类别：民生类新闻节目

节目时长：18分钟

播出时间：周一至周六19：35（首播）

主持人：翟源昌（《说事》栏目主持人）、匡永健、崔文、戴恒（《民生一线》客语版）

开办时间：2006年8月（前身为《说事》）

主要内容：《民生一线》栏目于2012年5月由《说事》栏目改版而来，内设《民生焦点》、《民生关注》、《民生服务》三个小板块。栏目立足于河源地区，着眼于百姓生活。作为河源本土一档反映民生民情的新闻节目，它在促进政府听取民意、科学决策方面发挥了较好的纽带作用。《民生一线》节目的社会影响力不断增强，成为类似于“110”、“120”的救助符号。

（三）《新闻深一度》

节目类别：新闻专题类节目

节目时长：10 分钟

播出时间：周二、周四、周六 18：35（首播）

主持人：匡永健、崔文

开办时间：2012 年 10 月

主要内容：《新闻深一度》突出新闻的深度和广度，展现宏观性、细节性和前瞻性。就某一重大新闻事件、民生热点或相关文件政策出台进行分析解读，进而揭示事件本质，体现新闻价值。

第三节　专题节目

1996 年以来，电视中心专题部先后创办了《河源大地》、《今日话题》、《新闻观察》、《访谈》、《客家古邑》、《非常会生活》等栏目，先后摄制了数百部电视专题片、纪录片。其中，《天下客家》、《油坊》、《渔船》、《花灯》、《阿狗的故事》、《我的水上生活》、《客家人的围屋》、《恐龙出世》、《引水》、《爱护环境（乱张贴篇）》等多部作品获得国家级或省级奖项。《十年建市话河源》、《众志成城战洪魔——河源市“6・20”抗洪救灾纪实》、《鱼水情深满河源——河源市双拥工作纪实》、《青春河源的脚步》、《万绿河源・美丽家园——河源市创建国家卫生城市纪实》、《客家古邑・万绿河源》、《率先崛起看河源》等一批重点专题片，均得到市委市政府主要领导及社会各界的高度肯定，为全市经济社会发展提供了强有力的舆论支持，且作出了积极的贡献。

一、专题节目介绍

（一）《河源大地》

节目类别：专题类节目

节目时长：20 分钟

播出时间：周二 19：55（首播）

主持人：廖小京、汤荣

开办时间：1996 年 1 月

停播时间：2005 年

主要内容：《河源大地》栏目以“把握时代脉搏，贴近大众生活，弘扬民族精神，服务经济建设”为宗旨，由《人物专访》、《热点追踪》、《校园生活》、《企业风景线》、《乡镇之星》、《文化长廊》、《河源警坛》七个小板块组成，是一个题材广泛的社教类专题栏目。该栏目以纪实的方式搜集、展示、宣传河源的传统客家民俗风情，以专题的形式关注社会新风，聚焦社会热点和时代变迁，融故事性、情节性、教育性于一体。

（二）《今日话题》

节目类别：专题类节目

节目时长：20 分钟

播出时间：周一 19：55（首播）

主持人：汤荣、廖小京

开办时间：1998 年 2 月

停播时间：2005 年 12 月

主要内容：该栏目是一档新闻评论性的专题类节目，创办于 1998 年 2 月。节目以“调查新闻背景，关注社会生活，追踪社会热点、难点问题，反映群众呼声”为宗旨，用述评的方式剖析社会现象，探讨解决问题的办法，对新闻事件进行深度报道，形成自然真实、犀利尖锐的风格，针砭假恶丑，弘扬真善美。其中《超十亿存款带来的思考》、《山区腾飞的翅膀》、《让天然净水带来滚滚财源》、《改革开放 20 年回眸》、《东埔小河“脏乱差”带来的思考》、《战胜非典型肺炎》等作品深受广大观众欢迎，在社会上引起了强烈反响。

（三）《客家古邑》

节目类别：专题类节目

节目时长：15 分钟

播出时间：周四 19：35（首播）

主持人：匡永健

开办时间：2007 年 8 月

停播时间：2009 年 5 月

主要内容：该栏目创办于 2007 年 8 月 30 日，是一档以纪录片手法介绍河源客家人文风情的栏目。以“凸显文化性、故事性、情感性”作为栏目定位，用声画并茂的电视艺术手段记录客家人的现实生活，探寻客家人艰辛斑斓的迁徙史，反映客家民间艺术、地域风情等。栏目致力于探寻客家人艰辛的迁徙历史，忠实地记录客家人的生活原貌，生动地展现客家人独特的风土人情和精神风貌。按题材内容划分为“文化故事”、“人物故事”、“现实与历史故事”、“社会故事”、“族群故事”、“美食故事”等，其中《赵佗》、《梦回花朝》、《木偶人生》、《槎城纪事》等是该栏目的代表作。该栏目先后有多部作品在广东电视台和南方电视台播出，对宣传河源起到了重要作用。

（四）《新闻观察》

节目类别：专题类节目

节目时长：15 分钟

播出时间：周四 19：35（首播）

主持人：匡永健、汤荣

开办时间：2004 年 2 月

停播时间：2008 年 3 月

主要内容：该栏目创办于 2004 年 2 月，是一档对新闻事件进行深度报道的专题类栏目，每周四播出一期，2006 年栏目进行改版，每周增加一期。该栏目的《果园被毁的背后》、《农民致富的领头羊》、《揭开垃圾猪冰山一角》、《你往哪里逃》、《根治滑坡保平安》等作品播出后，均在社会上引起了较大反响。

（五）《访谈》

节目类别：专题类节目

节目时长：30 分钟

播出时间：周五 18：35（首播）

主持人：邓妮

开办时间：2008 年 8 月

停播时间：2009 年 7 月

主要内容：该栏目创办于 2008 年 8 月，是一档以人物谈话为主的专题访谈类节目，每周一期。

（六）《非常会生活》

节目类别：专题类节目

节目时长：18 分钟

播出时间：周六 18：15（首播）

主持人：朱智捷、邓妮

开办时间：2012 年 8 月

主要内容：《非常会生活》是一档生活服务性的专题类节目，它为人们提供生活参谋、消费指南、审美品位、健康生活、人生启迪、投资理财、居家旅行等内容，满足人们对日常生活精打细算、巧妙安排的基本要求，从服饰、健身、美容、美食、健康养生等多方面提供生活服务，让您足不出户了解流行新时尚、生活新主张。栏目由《时尚新主张》、《食客准备着》、《健康生活》、《生活小窍门》、《非常达人秀》等板块组成。

本着常办常新的原则，《非常会生活》节目不断创新，基本上每个月新开办一个板块，先后新开设了《健康养生一分钟》、《非常达人秀》、《公益行动》、《欢乐大派送》、《行走天下》、《非常有约》板块，2014 年全面升级改版，新开设《健康百科》、《新车推荐》、《法制生活》、《财经广角》、《农村天地》等板块，将节目拓展到更广的领域，不仅为观众提供日常生活的指南，还为观众提供法制、人生、财经、事业发展等方面的服务和咨询。

二、重点专题片（纪录片）介绍

（一）大型电视纪录片《天下客家》——首部史诗巨著，恢宏献礼世客会

河源是历史悠久的客家古邑，早在公元前 214 年，秦朝就在河源的龙川设县而治。作为客家先民南下开基之地，这里是百越文化与中原文化交融最早的地区，也是岭南文化的发祥地之一。2008 年，河源取得“第二十三届世客会”的承办权后，河源广播电视台抓住这一有利时机，提出摄制“第二十三届世客会”电视献礼片的建议，得到了市领导的高度肯定。时任市委书记陈建华将该片定名为“天下客家”。经过前期精心的准备，《天下客家》于 2009 年开机拍摄，2010 年 10 月完成制作。该片共 5 集，

每集 24 分钟，是河源广播电视台第一部走出河源、跨区域跨省跨国拍摄的高清电视片，投资超过 300 万元，被列入广东省第二批重点文艺项目。该片摄制组历时近两年，到达全国十六个省区和马来西亚、新加坡等国家进行拍摄，行程八万多里。影片生动记录了客家人自先秦以来的六次大迁徙，是一部客家人精神奋发、成长壮大、走向成功的辉煌史诗。作为河源广电人心系世客的精品力作，《天下客家》先后在河源电视台综合频道、公共频道以及广东电视台的多档栏目中播出，并作为外宣片在广东电视台国际频道通过卫星传送面向全球播出，广受业内和观众的好评。该片先后荣获中国南派纪录片优秀奖和最佳摄影奖、广东省广播电视节目一等奖、第九届广东省鲁迅文学艺术奖以及中国电视艺术最高奖“星光奖”提名奖等荣誉，填补了河源广播电视台获得国家级政府大奖的空白。“星光奖”评委代表、中国社会科学院研究员时统宇在点评“星光奖”获奖作品时，用较大篇幅专门介绍了《天下客家》。他说：“在本届星光奖评选中，我们惊异地发现，地方台的纪录片制作水准让人刮目相看，有些片子如果不看署名，你说是央视制作也没人怀疑。比如河源广播电视台制作的电视纪录片《天下客家》，给我留下深刻印象。片子叙事非常宏大，眼界非常开阔，上下五千年，纵横八万里，全面讲述了客家形成的历史和发展现状。这些年来，我一直在呼吁我们中国电视应当有文化、应当干净一些、应当宁静一些、应当回头看看，停下脚步，看看我们的历史，应该对我们的文化传承保持一种敬畏，保持一种起码的尊重，在这一点上来讲，《天下客家》为我们树立了一个非常生动的标杆，让我感到由衷的敬意。”

（二）电视散文三部曲《乡村记忆》——深情与诗性的回望

当今是一个飞速发展的时代，面对如此巨大而深刻的嬗变，人们既为之深感振奋，却又伴随着许多失落与茫然。世事之现，沧桑之变。在河源这片客风淳厚的土地上，不少曾经记载人们童年的欢乐与梦想的场景已经渐渐散失。破旧的榨油坊，元宵节的彩纸花灯，以渔船为家的漂泊一族，这些逝去与即将逝去的风景，承载着乡村记忆中的美好梦想。电视散文三部曲《乡村记忆》分为《油坊》、《渔船》、《花灯》三部作品。作者车济民怀着浓厚的人文情怀，以敬畏和求是的创作态度，再现了乡村真实的状态和本色的客家韵味。《油坊》获 2003 年第五届全国百家电视台电视文艺节目银奖，《花灯》获 2005 年度广东省电视文艺奖一等奖、2006 年第六届全国百家电视台电视文艺节目银奖，《渔船》获 2006 年第六届全国百家电视台电视文艺节目铜奖、2006 年度广东省电视文艺奖一等奖。

（三）《率先崛起看河源》——助河源竞标斩获 10 亿元扶持资金

2008 年 5 月，广东省出台了关于推进“双转移”的决定，设立省财政产业转移竞争性扶持资金，2008—2012 年每年安排 15 亿元，采用招投标的竞争性方式，择优扶持欠发达地区示范性产业转移园区建设。河源市委市政府高度重视此项工作，要求河源广播电视台摄制 5 分钟的专题片，参与广东省财政产业转移竞争性扶持资金的竞标。该专题片主要展示“中山（河源）产业转移园”的发展理念、发展模式以及取得的成效。为了出色完成市委市政府交办的重要任务，河源广播电视台电视中心专门组织了消防云梯车到“中山（河源）产业转移园”进行拍摄，并大量使用摇臂、轨道等高端摄制设备。2008 年 8 月，专题片《率先崛起看河源》完成制作。该片得到了市委市政府领导及省评审组专家的一致肯定，为河源首次成功竞得5亿元扶持资金作出了重要的贡献。时隔一年，河源再次向产业转移竞争性扶持资金竞标发起冲击，由河源广播电视台电视中心承担摄制的专题片《崛起的产业新城》，再次成为竞标的亮点，使“中山（河源）产业转移园”第二次获得5亿元的扶持资金，成为产业转移竞争性扶持资金最大的赢家。累计10亿元扶持资金的注入，使“中山（河源）产业转移园”承接、吸纳能力更强，发展如虎添翼，为河源“保增长”提供了强劲的动力。

（四）《客家古邑·万绿河源》——亮相上海“世博会”的河源宣传片

为深入贯彻落实胡锦涛总书记2009年12月视察广东的重要讲话精神和广东省委十届六次全会精神，积极应对国际金融危机，加快落实“三促进一保持”、“双转移”工作，推动粤北工作上新台阶，2010年1月12日，广东省委省政府在河源召开粤北地区现场会。河源市委市政府高度重视迎检工作，要求河源广播电视台电视中心摄制专题片《客家古邑·万绿河源》，全方位展示河源近年来围绕生态发展区的功能定位，抓抢实施《珠三角规划纲要》、推进“双转移”等重大机遇，践行“三反”（反传统路径、反梯度发展、反周期操作）发展理念，大力发展“四新”（新电子、新能源、新材料、新医药）产业所取得的骄人业绩。电视中心抽调了精兵强将成立摄制组，兵分三路，各司其职，在台领导的指挥下，深入城市、乡村的各行各业进行采访拍摄。首次在电视专题片里大量运用航拍、摇臂、轨道等进行前期拍摄，后期制作人员精益求精，力争把河源最美的一面呈现在观众面前。经过前后十几次的修改，专题片得到了时任市委书记陈建华的高度肯定，并在随后召开的粤北地区现场会上向省领导及各兄弟市汇报，取得了良好的效果。同年5月，该片经过重新制作，亮相上海“世博会”广东馆，为宣传和提高河源知名度和美誉度发挥了重要作用。

（五）《众志成城战洪魔——河源市“6·20”抗洪救灾纪实》

2005年6月19日至25日，河源市发生百年一遇的特大洪涝灾害。最大降雨量达1 003.2毫米，造成直接经济损失11.64亿元。全市共有100多个乡镇受灾，受灾群众123.33万人，转移群众15.92万人，倒塌房屋33 346间。这次特大洪灾，给河源市造成了巨大损失。洪灾发生后，河源广播电视台充分发挥主流媒体引导社会舆论的作用，快速反应，全力以赴，统筹协调，突出重点，以强烈的使命感和高度的责任心投身到抗洪救灾宣传报道工作中。为了及时、全面、深入地向上级汇报河源受灾情况，激励全市人民努力夺取抗洪救灾、重建家园的全面胜利，按市委市政府要求，电视中心摄制了电视专题片《众志成城战洪魔——河源市“6·20”抗洪救灾纪实》。专题片大量采用记者在抗洪抢险第一现场拍摄到的震撼场面和感人细节，生动展现党政领导、解放军、武警官兵以及各级干部群众团结一心战洪魔，积极开展灾后重建的真实场景。时任市委常委、宣传部部长黄建中，河源广播电视台台长汪小刚亲自参与该专题片的制作，电视中心工作人员经过连续六个昼夜的奋战，最终完成了专题片的制作。该片得到了市政府、国家防总等有关部门的高度肯定，为河源争取更多救灾扶持资金作出了突出贡献。

（六）创建中国优秀旅游城市、全国双拥模范城、国家卫生城市专题汇报片

河源拥有丰富的旅游资源，其“生态环保游”和“客家乡村游”在省内独树一帜，1999 年，河源正式提出创建“中国优秀旅游城市”的申请。按市委市政府要求，2004 年，河源电视台摄制了专题汇报片《旅游旺市谱新篇》，全面展示了河源市把旅游业定位为第三产业龙头和新的经济增长点的情况，以“全党动员，全民参与，上下联动，形成合力，志在必得”的气魄致力于创优所取得的成果，最终助河源摘取了“中国优秀旅游城市”这块金字招牌。

河源是一片红色的土地，是中国革命策源地之一。一直以来，河源紧紧抓住“围绕发展抓‘双拥’，抓好‘双拥’促发展”的工作主线，着力探索构建“大双拥”格局。2007 年，河源市争创“全国双拥模范城”进入冲刺阶段。根据迎检需要，河源广播电视台按市委市政府要求，摄制专题片《鱼水情深满河源——河源市双拥工作纪实》。专题片全面反映河源市连续几年来抓重点、突难点、创亮点，扎实开展创建全国双拥模范城活动取得的实效，以生动的画面、翔实的事迹打动了检查组，为河源首次成功创建“全国双拥模范城”作出了积极贡献。2012 年，河源广播电视台摄制的专题片《古邑鱼水情》，帮助河源再次蝉联“全国双拥模范城”的称号。

2011 年，河源广播电视台按市委市政府要求，摄制创建国家卫生城市迎检专题片《万绿河源·美丽家园——河源市创建国家卫生城市纪实》。专题片全面梳理河源市自 2004 年启动“创卫”以来长达八年的艰辛历程，全面展示河源通过“创卫”带来的城市华丽嬗变。专题片摄制完成后，得到了国家检查组的高度肯定，为河源成功“创卫”加分添彩，河源最终被授予“国家卫生城市”称号。

（七）《阿狗的故事》

《阿狗的故事》是一部纪实性人物专题片，讲述一位偏远地区的残疾少儿与命运抗争、求学上进的感人故事。阿狗生下来就没有手，双脚畸形，十岁时身高还不到二尺，是一个高度残疾的侏儒。专题片采用娓娓道来、环环相扣的表述方式，追求自然，寻求人与人之间心灵的沟通，试图展现阿狗丰富的情感世界，健康独立的人格精神和活泼开朗、执着顽强的性格特征。片子播出后，立刻在河源地区产生了强烈的反响，阿狗的形象得到了广大观众的认可和喜爱。1997 年，该作品获广东新闻奖二等奖、第四届广东残疾人事业好新闻奖二等奖、第五届中国残疾人事业好新闻奖二等奖。该片于 2004 年入选联合国儿童基金会“我也能”自强教育系列片，是亚太地区唯一入选作品。

（八）河源建市十周年、二十周年专题片

1997 年，为了纪念河源建市十周年，河源电视台组织摄制了 8 集大型电视系列片《十年建市话河源》。该片分为“开篇”、“工业篇”、“农业篇”、“精神文明篇”等篇章，全面展示河源建市十年来发生的喜人变化。该片播出后，社会反响强烈，市领导满意，评价较高。2007 年，按市委要求，河源广播电视台电视中心摄制了河源市建市二十周年回眸与展望专题片《青春河源的脚步》。该片分为“发展的探索”、“和谐的旋律”、“旗帜的引领”和“青春的向往”四个篇章，向观众呈现了河源二十年巨变，描绘了未来美好的蓝图。该片于 2008 年 1 月 9 日在河源建市二十周年庆典暨 2008 年经贸系列活动开幕式上播放，得到了各级领导和社会各界人士的高度肯定。

（九）纪录片《恐龙出世》

河源是著名的中华恐龙之乡，现已出土恐龙蛋化石 16 000 多枚，馆藏量居世界第一，被载入吉尼斯世界纪录。更让人称奇的是，河源集恐龙蛋、恐龙骨骼和恐龙足印化石于一体，举世独有，成为广大游客探寻恐龙王国神奇奥秘的首选之地。2007 年，河源广播电视台摄制了纪录片《恐龙出世》，大胆运用影视特效，生动再现了恐龙在地球上繁衍生息和记录了发现恐龙蛋、恐龙骨骼、恐龙足印化石的全过程。该片在电视中心综合频道《客家古邑》栏目播出后，取得了较大的社会反响，同年被广东电视台海外中心采用，在《珠江纪事》栏目播出，收到了不俗的外宣效果。该片获2007 年南派纪录片三等奖，并于 2010 年入选广东省首届百佳电视艺术作品。

（十）纪录片《蝉花》

蝉花，顾名思义，是一种半蝉半花的神奇生物，被誉为“最古老的虫草”，具有很高的药用价值。在龙川县细坳镇，当地村民采挖蝉花的传统由来已久，并延续至今。河源广播电视台电视中心专题部摄制的高清电视纪录片《蝉花》真实记录了芒种前后，龙川县细坳镇张田村村民挖掘、加工、煮食蝉花的过程，同时，运用电脑特效，生动再现了蝉花这一奇妙菌子的形成过程。为了探寻蝉花鲜为人知的奥秘，揭开隐藏在竹林深处这一古老虫草的神秘面纱，摄制组多次深入龙川县细坳镇采访拍摄，跟随村民翻山越岭，从白天上山采挖蝉花到夜晚捕捉蝉蛹，用高清摄像机全面、生动地记录了蝉花及蝉蛹的采挖及加工过程，见证了蝉花的神奇，也真切体会到村民采挖蝉花的艰辛。后期制作方面，大量运用跟拍镜头和现场声，从人文视角出发，把重点放在采挖过程及村民的生活状态上。整部片子叙事生动，节奏张弛有度，是一部充满人文情怀的纪录片。

此片选送由中国电视艺术家协会主办的“人文中国第二季——味道中国”全国电视专题片、纪录片获奖作品研讨暨表彰活动，并荣获二等奖。后陆续被广东电视台国际频道、海外频道，韩国阿里郎国际电视，马来西亚家娱频道，凤凰美洲台、欧洲台采用播出。

第四节　资讯节目

《天下网事》

节目类别：新闻资讯类节目

节目时长：15 分钟

播出时间：周一至周五 18：15（首播）

主持人：蔡晓璐、马岚

开办时间：2012 年 5 月 1 日

停播时间：2014 年 4 月

主要内容：《天下网事》前身为《晚间 10 分》，《晚间 10 分》于 2008 年创办，2009 年改版为《晚间时分》，2012 年 5 月再改版为《天下网事》。《天下网事》节目每天一期，每期时长 15 分钟。该栏目定位为综合新闻资讯。内容主要有各大网站当天关注的重点新闻，摘选社会热点和观众普遍关注的新闻事件的深度报道，选编国际、国内、城际新闻资讯和微博资讯，并通过设置“微话题”，让观众参与节目互动，讨论一些热点话题。

第五节　社会活动（2005—2013 年）

2005 年以来，电视中心一直致力于探索利用电视媒体举办社会活动的方式、方法，逐渐走出了一条“内引外联办活动、扩影响、增效益”的路子。

2006 年 11 月，河源市政府举办了第十一届国际旅游小姐大赛总决赛，电视中心全程参与赛事各项工作。来自世界 50 多个国家的佳丽云集河源万绿湖畔参加角逐。此次活动提高了河源的国际知名度。

2007 年 9 月，电视中心举办首届“凯旋杯”电视主持人大赛。来自全国各地的 300 多名选手参加角逐。通过比赛，提高了河源电视媒体的影响力和收视率，促进了电视中心的品牌栏目建设。

2009 年，录播“唱响广东——南粤万家颂中华”河源赛区大赛。

自 2010 年开始，河源广播电视台每年举办一届广电文化节和春节联欢晚会，电视中心是这两项活动的主要参与者和组织者。

2012 年 5 月，电视中心举办“河源首届汽车文化节暨电视超级汽车模特大赛”。此次活动创下了河源市有史以来规模最大、参展商最多、人气最旺的纪录。吸引了近 20 家参展商，现场销售轿车上百部，成交金额超千万元，成功打造了一个“汽车文化嘉年华”活动的全新品牌。至 2013 年 12 月，此项活动已举行 4 届，逢每年的五一国际劳动节和十一国庆节举行，4 届活动共成交车辆超过 1 200 辆。

2012 年 12 月 2 日，“第三届河源广播电视文化节”活动期间，电视中心与广播中心联合举办了“政风行风热线暨民生一线”现场民生服务活动。

2013 年 1 月 28 日，电视中心举办《民生一线》、《非常会生活》首届观众答谢会。这次活动进一步增强了两个品牌栏目的凝聚力和亲和力，提升了电视栏目的品牌效应。

近年来，电视中心还与有关部门、单位共同举办了“创卫文艺晚会”、“政协迎中秋诗文朗诵晚会”、“河源市首届老年文化艺术节”等十多场活动。

附表：电视中心综合频道节目单(2013 年 4 月)

时间	周一	周二	周三	周四	周五	周六	周日
6:59:30—7:00	频道宣传片(30″)	频道宣传片(30″)	频道宣传片(30″)	频道宣传片(30″)	频道宣传片(30″)	频道宣传片(30″)	频道宣传片(30″)
7:00—7:18	客家话《民生一线》重播(18′)	客家话《民生一线》重播(18′)	客家话《民生一线》重播(18′)	客家话《民生一线》重播(18′)	客家话《民生一线》重播(18′)	客家话《民生一线》重播(18′)	客家话《民生一线》重播(18′)
7:18—7:20	广告(2′)	广告(2′)	广告(2′)	广告(2′)	广告(2′)	广告(2′)	广告(2′)
7:20—7:35	《绿岛环保前线》(20′)	《天下网事》重播(15′)	《天下网事》重播(15′)	《天下网事》重播(15′)	《天下网事》重播(15′)	《天下网事》重播(15′)	《绿岛环保前线》(20′)
7:35—7:40		广告(5′)	广告(5′)	广告(5′)	广告(5′)	广告(5′)	
7:40—7:58	《非常会生活》重播(18′)	《民生一线》重播(18′)	《民生一线》重播(18′)	《民生一线》重播(18′)	《民生一线》重播(18′)	《民生一线》重播(18′)	《非常会生活》重播(18′)
7:58—8:00	广告(2′)	广告(2′)	广告(2′)	广告(2′)	广告(2′)	广告(2′)	广告(2′)
8:00—8:16	《河源新闻联播》重播(16′)	《河源新闻联播》重播(16′)	《河源新闻联播》重播(16′)	《河源新闻联播》重播(16′)	《河源新闻联播》重播(16′)	《河源新闻联播》重播(16′)	《河源新闻联播》重播(16′)
8:16—8:20	广告(4′)	广告(4′)	广告(4′)	广告(4′)	广告(4′)	广告(4′)	广告(4′)
8:20—9:05	电视剧(第1集)(45′)	电视剧(第1集)(45′)	电视剧(第1集)(45′)	电视剧(第1集)(45′)	电视剧(第1集)(45′)	电视剧(第1集)(45′)	电视剧(第1集)(45′)

（续上表）

时 间	周 一	周 二	周 三	周 四	周 五	周 六	周 日
9:05—9:15	广 告 （10′）	广 告 10′）	广 告 （10′）	广 告 （10′）	广 告 （10′）	广 告 （10′）	广 告 （10′）
9:15—10:00	电视剧（第2集） （45′）	电视剧（第2集） （45′）	电视剧（第2集） （45′）	电视剧（第2集） （45′）	电视剧（第2集） （45′）	电视剧（第2集） （45′）	电视剧（第2集） （45′）
10:00—10:10	广 告 （10′）	广 告 （10′）	广 告 （10′）	广 告 （10′）	广 告 （10′）	广 告 （10′）	广 告 （10′）
10:10—10:55	电视剧（第3集） （45′）	电视剧（第3集） （45′）	电视剧（第3集） （45′）	电视剧（第3集） （45′）	电视剧（第3集） （45′）	电视剧（第3集） （45′）	电视剧（第3集） （45′）
10:55—11:05	广 告 （10′）	广 告 （10′）	广 告 （10′）	广 告 （10′）	广 告 （10′）	广 告 （10′）	广 告 （10′）
11:05—11:50	电视剧（第4集） （45′）	电视剧（第4集） （45′）	《行风热线》 （45′）	电视剧（第4集） （45′）	电视剧（第4集） （45′）	电视剧（第4集） （45′）	电视剧（第4集） （45′）
11:50—12:00	广 告 （10′）	广 告 （10′）	广 告 （10′）	广 告 （10′）	广 告 （10′）	广 告 （10′）	广 告 （10′）
12:00—12:18	《非常会生活》重播 （18′）	《民生一线》重播 （18′）	《民生一线》重播 （18′）	《民生一线》重播 （18′）	《民生一线》重播 （18′）	《民生一线》重播 （18′）	《非常会生活》重播 （18′）
12:18—12:20	广告（8′）、 垫片（4′）	广告、垫片 （2′）	广告（8′）、垫片（4′）	广告、垫片 （2′）	广告（8′）、垫片（4′）	广告、垫片 （2′）	广告（8′）、 垫片（4′）
12:20—12:30		《河源警讯》 （10′）		《河源警讯》 （10′）		《河源警讯》 （10′）	

（续上表）

时　间	周　一	周　二	周　三	周　四	周　五	周　六	周　日
12:30—12:46	《河源新闻联播》重播(16′)	《河源新闻联播》重播(16′)	《河源新闻联播》重播(16′)	《河源新闻联播》重播(16′)	《河源新闻联播》重播(16′)	《河源新闻联播》重播(16′)	《河源新闻联播》重播(16′)
12:46—12:50	广告、垫片(4′)	广告、垫片(4′)	广告、垫片(4′)	广告、垫片(4′)	广告、垫片(4′)	广告、垫片(4′)	广告、垫片(4′)
12:50—13:05	《新华纵横》重播(15′)	《天下网事》重播(15′)	《天下网事》重播(15′)	《天下网事》重播(15′)	《天下网事》重播(15′)	《天下网事》重播(15′)	《天下网事》重播(15′)
13:05—13:20	《河源经济报道》(15′)	《河源经济报道》(15′)	《河源经济报道》(15′)	《河源经济报道》(15′)	《河源经济报道》(15′)	《河源经济报道》(15′)	《河源经济报道》(15′)
13:20—14:05	电视剧(第1集)(45′)	电视剧(第1集)(45′)	电视剧(第1集)(45′)	《行风热线》(45′)	电视剧(第1集)(45′)	电视剧(第1集)(45′)	电视剧(第1集)(45′)
14:05—14:15	广告、垫片(10′)	广告、垫片(10′)	广告、垫片(10′)	广告、垫片(10′)	广告、垫片(10′)	广告、垫片(10′)	广告、垫片(10′)
14:15—15:00	电视剧(第2集)(45′)	电视剧(第2集)(45′)	电视剧(第2集)(45′)	电视剧(第1集)(45′)	电视剧(第2集)(45′)	电视剧(第2集)(45′)	电视剧(第2集)(45′)
15:00—15:10	广告、垫片(10′)	广告、垫片(10′)	广告、垫片(10′)	广告、垫片(10′)	广告、垫片(10′)	广告、垫片(10′)	广告、垫片(10′)
15:10—15:55	电视剧(第3集)(45′)	电视剧(第3集)(45′)	电视剧(第3集)(45′)	电视剧(第2集)(45′)	电视剧(第3集)(45′)	电视剧(第3集)(45′)	电视剧(第3集)(45′)
15:55—16:05	广告、垫片(10′)	广告、垫片(10′)	广告、垫片(10′)	广告、垫片(10′)	广告、垫片(10′)	广告、垫片(10′)	广告、垫片(10′

（续上表）

时 间	周 一	周 二	周 三	周 四	周 五	周 六	周 日
16:05—16:50	电视剧（第4集）（45′）	电视剧（第4集）（45′）	电视剧（第4集）（45′）	电视剧（第3集）（45′）	电视剧（第4集）（45′）	电视剧（第4集）（45′）	电视剧（第4集）（45′）
16:50—17:00	广告、垫片（10′）	广告、垫片（10′）	广告、垫片（10′）	广告、垫片（10′）	广告、垫片（10′）	广告、垫片（10′）	广告、垫片（10′）
17:00—17:20	专题片《在路上》（20′）	专题片《在路上》（20′）	专题片《在路上》（20′）	专题片《在路上》（20′）	专题片《在路上》（20′）	专题片《在路上》（20′）	专题片《在路上》（20′）
17:20—17:30	广告、垫片（10′）	广告、垫片（10′）	广告、垫片（10′）	广告、垫片（10′）	广告、垫片（10′）	广告、垫片（10′）	广告、垫片（10′）
17:30—18:00	动画片（30′）	动画片（30′）	动画片（30′）	动画片（30′）	动画片（30′）	动画片（30′）	动画片（30′）
18:00—18:10	《新华纵横》首播（10′）	《新华纵横》首播（10′）	《新华纵横》首播（10′）	《新华纵横》首播（10′）	《新华纵横》首播（10′）	《新华纵横》首播（10′）	《新华纵横》首播（10′）
18:10—18:15	广告、垫片（5′）	广告、垫片（5′）	广告、垫片（5′）	广告、垫片（5′）	广告、垫片（5′）	广告、垫片（5′）	广告、垫片（5′）
18:15—18:30	《天下网事》（15′）	《天下网事》（15′）	《天下网事》（15′）	《天下网事》（15′）	《天下网事》（15′）	《非常会生活》首播（18′）	《非常会生活》重播（18′）
18:30—18:35	广告、垫片（5′）	广告、垫片（15′）	广告、垫片（5′）	广告、垫片（15′）	广告、垫片（5′）	广告、垫片（15′）	广告、垫片（5′）
18:35—18:45	《河源警讯》（10′）		《河源警讯》（10′）		《河源警讯》（10′）		《河源警讯》（10′）

（续上表）

时　间	周　一	周　二	周　三	周　四	周　五	周　六	周　日
18:45—19:00	《河源经济报道》（15′）	《河源经济报道》（15′）	《河源经济报道》（15′）	《河源经济报道》（15′）	《河源经济报道》（15′）	《河源经济报道》（15′）	《河源经济报道》（15′）
19:00—19:30	转中央台《新闻联播》（30′）	转中央台《新闻联播》（30′）	转中央台《新闻联播》（30′）	转中央台《新闻联播》（30′）	转中央台《新闻联播》（30′）	转中央台《新闻联播》（30′）	转中央台《新闻联播》（30′）
19:30—19:35	广　告（5′）	广　告（5′）	广　告（5′）	广　告（5′）	广　告（5′）	广　告（5′）	广　告（5′）
19:35—19:53	《民生一线》首播（18′）	《民生一线》首播（18′）	《民生一线》首播（18′）	《民生一线》首播（18′）	《民生一线》首播（18′）	《民生一线》首播（18′）	《非常会生活》重播（18′）
19:53—20:00	公益（4′）、新闻标版（3′）	公益（4′）、新闻标版（3′）	公益（4′）、新闻标版（3′）	公益（4′）、新闻标版（3′）	公益（4′）、新闻标版（3′）	公益（4′）、新闻标版（3′）	公益（4′）、新闻标版（3′）
20:00—20:16	《河源新闻联播》首播（16′）	《河源新闻联播》首播（16′）	《河源新闻联播》首播（16′）	《河源新闻联播》首播（16′）	《河源新闻联播》首播（16′）	《河源新闻联播》首播（16′）	《河源新闻联播》首播（16′）
20:16—20:17	广　告（1′）	广　告（1′）	广　告（1′）	广　告（1′）	广　告（1′）	广　告（1′）	广　告（1′）
20:17—20:20	天气预报（3′）	天气预报（3′）	天气预报（3′）	天气预报（3′）	天气预报（3′）	天气预报（3′）	天气预报（3′）
20:20—20:30	公益（4′）广告（6′）	公益（4′）广告（6′）	公益（4′）广告（6′）	公益（4′）广告（6′）	公益（4′）广告（6′）	公益（4′）广告（6′）	公益（4′）广告（6′）
20:30—21:15	电视剧场（45′）	电视剧场（45′）	电视剧场（45′）	电视剧场（45′）	电视剧场（45′）	电视剧场（45′）	电视剧场（45′）

（续上表）

时 间	周 一	周 二	周 三	周 四	周 五	周 六	周 日
21:15—21:20	广 告 （5′）	广 告 （5′）	广 告 （5′）	广 告 （5′）	广 告 （5′）	广 告 （5′）	广 告 （5′）
21:20—22:05	电视剧场 （45′）	电视剧场 （45′）	《行风热线》 （45′）	电视剧场 （45′）	电视剧场 （45′）	电视剧场 （45′）	电视剧场 （45′）
22:05—22:10	广 告 （5′）	广 告 （5′）	广 告 （5′）	广 告 （5′）	广 告 （5′）	广 告 （5′）	广 告 （5′）
22:10—22:28	客家话《民生一线》 首播（18′）	客家话《民生一线》 首播（18′）	客家话《民生一线》 首播（18′）	客家话《民生一线》 首播（18′）	客家话《民生一线》 首播（18′）	客家话《民生一线》 首播（18′）	客家话《民生一线》 重播（18′）
22:28—22:35	公益（4′）、 新闻标版（3′）	公益（4′）、 新闻标版（3′）	公益（4′）、 新闻标版（3′）	公益（4′）、 新闻标版（3′）	公益（4′）、 新闻标版（3′）	公益（4′）、 新闻标版（3′）	公益（4′）、 新闻标版（3′）
22:35—22:51	《河源新闻联播》 重播（16′）	《河源新闻联播》 重播（16′）	《河源新闻联播》 重播（16′）	《河源新闻联播》 重播（16′）	《河源新闻联播》 重播（16′）	《河源新闻联播》 重播（16′）	《河源新闻联播》 重播（16′）
22:51—22:52	天气预报标版广告 （1′）	天气预报标版广告 （1′）	天气预报标版广告 （1′）	天气预报标版广告 （1′）	天气预报标版广告 （1′）	天气预报标版广告 （1′）	天气预报标版广告 （1′）
22:52—22:55	天气预报 （3′）	天气预报 （3′）	天气预报 （3′）	天气预报 （3′）	天气预报 （3′）	天气预报 （3′）	天气预报 （3′）
22:55—22:56	空气指数 （1′）	空气指数 （1′）	空气指数 （1′）	空气指数 （1′）	空气指数 （1′）	空气指数 （1′）	空气指数 （1′）
22:56—23:00	广 告 （4′）	广 告 （4′）	广 告 （4′）	广 告 （4′）	广 告 （4′）	广 告 （4′）	广 告 （4′）

（续上表）

时间	周一	周二	周三	周四	周五	周六	周日
23:00—23:35	《真情追踪》(35′)	《真情追踪》(35′)	《真情追踪》(35′)	《真情追踪》(35′)	《真情追踪》(35′)	《真情追踪》(35′)	《真情追踪》(35′)
23:35—23:50	《河源经济报道》(15′)	《河源经济报道》(15′)	《河源经济报道》(15′)	《河源经济报道》(15′)	《河源经济报道》(15′)	《河源经济报道》(15′)	《河源经济报道》(15′)
23:50—0:05	《天下网事》(15′)	《天下网事》(15′)	《天下网事》(15′)	《天下网事》(15′)	《天下网事》(15′)	广告、垫片(15′)	广告、垫片(15′)
0:05—0:15	广告(10′)	广告(10′)	广告(10′)	广告(10′)	广告(10′)	广告(10′)	广告(10′)

第十一章 公共频道

第一节 频道及栏目设置

2004年，根据国家广电总局规划部署，为了增加地方台频道资源，丰富百姓精神文化生活，广播电视系统开始实行文化体制改革，原河源市广播电视局开始着手组建河源电视台公共频道。

2004年8月12日至14日，时任市广电局副局长廖真与时任河源电视台台长刘永颂率领局、台相关业务人员一行11人到清远、中山、江门等兄弟台学习公共频道的办台经验。

2004年9月9日，广东省广播电影电视局下发“粤广局管〔2004〕43号”文，批复同意河源电视台公共频道开办方案。经过一年半的酝酿和筹划，筹备组于2006年2月从台下属的分支机构电视中心、广播中心、网络中心等单位抽调9名人员作为公共频道的班底，于2006年4月18日正式开播。

按照错位发展模式，公共频道实行扁平化管理和总监负责制。

开播初期，公共频道仅有《教育视线》和《河源报道》两个自办节目。其中《教育视线》为每周播出两期，每期节目时长20分钟；《河源报道》为每周播出五期，每期节目时长15分钟。同时，陆续引进的节目有《法治中国》、《轻松驿站》等。

公共频道从创办初期的9名员工发展到目前的26人，从原来只有《教育视线》、《河源报道》两档自办节目增加到如今的《教育视线》、《看河源》、《县区新闻》、《惠民之声》四档节目，并拥有“少儿电视节目主持人大赛”、“少儿国画书法电视大赛”两大活动品牌，经历了由小到大、由弱渐强的发展历程。此外，公共频道还不断引进内容丰富、形式多样的《音乐风云榜》、《法治中国》等综艺类、专题类、影视类优秀节目，每天为电视观众提供丰富的娱乐和民生信息，成为河源地区观众喜欢的电视频道之一。

从2007年开始，公共频道尝试通过举办活动来带动栏目、推动频道发展。这一年，依托《教育视线》栏目的影响力，举办了第一届河源市“少儿电视节目主持人大赛”。大赛评选产生的“十佳小主持人”，被特邀参与了《教育视线》节目的相关主持工作。此后，每两年一届的“少儿电视节目主持人大赛”逐步成为公共频道的品牌活动。

2008年9月，公共频道的自办栏目《河源报道》因与当时“综合频道”的民生栏目《说事》内容上雷同，按照频道错位发展的原则，决定停办《河源报道》。从2009

年开始，公共频道集中力量积极举办活动，锐意提高频道的影响力。当年，公共频道除了搞好“第二届少儿电视节目主持人大赛”之外，还于年底承办了由河源广播电视台主办、河源市旅游局协办的“唱响广东”2009旅游金曲精英大赛河源赛区活动。

2009年11月，公共频道针对自办节目少的现状，对节目进行全面改版。每天增加五个小时的播出时间，编排节目增加了两个剧场：周一至周五13：00—17：00的“温馨剧场”；周六、周日11：00—17：00的“欢乐剧场”。

2010年，公共频道进一步明确定位，提出“面向市场、服务基层、适应市场、办出特色”的口号，并于当年5月开办了一档专题类栏目——《看河源》。《看河源》栏目在内容上紧紧围绕市委市政府的中心工作，以独特的视角，全面、真实地展现了河源市的发展成就，成为河源市近几年经济社会发展的见证者和记录者。《看河源》首创本台栏目提前一周推出预告片的举措，开播当年即创造了可喜的社会和经济效益。2013年1月15日，公共频道与河源市人力资源和社会保障局联合打造推出了一档民生服务类节目——《惠民之声》。

公共频道播出时间：每天9：00—23：30。

第二节　新闻节目

一、《河源报道》

节目类别：社会新闻类节目

开办时间：2006年4月18日

节目时长：15分钟

主持人：董涵

播出时间：周一至周五20：25（首播）

停播时间：2008年9月

主要内容：公共频道于2006年4月开播自办的《河源报道》栏目，主要关注社会新闻、民生类新闻，是河源广播电视台最早开办的民生类栏目之一。

二、《县区新闻》

节目类别：综合新闻类节目

开办时间：2006年4月18日

节目时长：30分钟

主持人：各县区节目主持人串编

播出时间：周一至周五20：45（首播）

主要内容：《县区新闻》是五县一区在市级电视平台“公共频道”开设的一个对外宣传的重要窗口。2006年“公共频道”开播时只播出“东源新闻”。2007年6月，五县一区的新闻组合在一起形成了《县区新闻》栏目。该栏目展示了各县区政治、经济、文化和社会发展的动态，同时也成了全市广播电视系统相互学习、交流的平台。在周一至周五30分钟的《县区新闻》节目时段，每个县区各占5分钟。该栏目每年为县区播出新闻达5 200条。

三、《教育视线》

节目类别：教育新闻类节目

开办时间：2006年4月18日

节目时长：25分钟

主持人：胡琼、李国洋

播出时间：周五18：30（首播）

主要内容：《教育视线》是公共频道最早开办的一档教育新闻类节目，该栏目与市教育局联合举办。

2012年节目进行了改版，使该栏目以“关注教育热点、宣传教育成果、树立教育形象、倡导尊师重教风尚”为理念，及时报道全市最新的教育动态，着力宣传、挖掘各学校办学特色，努力打造教师、学生、家长和社会四方联动的交流平台。2012年《教育视线》全新改版，改版后栏目内设《一周快报》、《一周一师》、《一周一读》、《一周一秀》四个小板块。全新改版后的《教育视线》定位明确，内容生动，更加突出了河源市教育特色，更加贴近了学校师生，扩大了参与面，营造出一个全新的栏目形象，使《教育视线》成为河源教育界和广大学生、家长的良师益友。

《教育视线》栏目的品牌活动“少儿电视节目主持人大赛”、“少儿国画书法电视大赛”、“寻找校园达人秀活动”等，在学校及社会上都颇具知名度与影响力。

第三节 专题节目

一、《看河源》

节目类别：纪实类专题节目

开办时间：2010年5月20日

节目时长：15分钟

主持人：胡琼、李国洋

播出时间：周四20：25（首播）

主要内容：《看河源》是河源广播电视台公共频道一档纪实类专题节目，内容为全面展现河源政治、经济、人文、历史、民生等方面的发展成就。在河源举办世客会、实施“富县强镇”战略、“十一五”辉煌回眸、“三赛”（赛科学发展、赛项目水平、赛责任落实）、“三打两建”（打击欺行霸市、打击制假售假、打击商业贿赂，建设社会信用体系、建设市场监管体系）、创建“国家文明城市”、创建“广东省教育强镇”、河源首届“十大好人”评选等重大事件和活动中，《看河源》栏目组积极策划，锁定时事焦点、社会热点，第一时间作深度观察分析，与社会各阶层人士对话，与市民百姓分享感受，点评所见所闻，采用访谈手法及系列报道等形式，多角度、多层面地记录河源经济社会的发展状况，挖掘河源亮点，推介河源特色，展示河源风采，引起了良好的社会反响。

二、《法治中国》

节目类别：法制类专题节目

开办时间：2006 年 4 月 18 日

节目时长：15 分钟

播出时间：周一、周三、周五、周六、周日 20：25（首播）

主要内容：《法治中国》是一档引进节目，由最高人民检察院影视中心制作。节目具有法律权威性、知识性、时效性、故事性。节目内容涉及全国范围内的检察、公安、法院、司法、民事等题材。该栏目以“关注中国法治，传递民众心声”为宗旨，着重报道检察机关查处的职务犯罪案件，并针对人民群众关心的社会法制热点进行调查采访，客观展现案件全貌，深度挖掘案件的背景资料，聘请法学专家与高层学者以及执法高层针对司法实践中带有普遍性的问题和疑难问题进行解惑性的法律知识普及，进行深层次的普法教育，传播法治理念。

三、其他节目

（一）《惠民之声》

节目类别：民生服务咨询类节目

开办时间：2013 年 1 月 15 日

节目时长：15 分钟

主持人：胡琼、李国洋

播出时间：双周二 20：25（首播）

主要内容：《惠民之声》栏目由公共频道与河源市人力资源和社会保障局联合开办，是一档民生服务咨询类节目（每两周一期）。内容是深度解读人社政策法规，展示行业动态。栏目分设三个小板块：《保障·资讯》、《保障·关注》和《保障·信息汇》。

（二）《音乐风云榜》

节目类别：流行音乐类节目

开办时间：2007 年 8 月 8 日

节目时长：30 分钟

播出时间：周一至周日 22：55（首播）

停播时间：2013 年 3 月

主要内容：《音乐风云榜》是一档引进的流行音乐节目，内容是每日全球新歌同步播放，每周全球乐坛资讯最快直击，全球乐坛大事深度报道，当红人物访谈等，满足现今年轻人对潮流音乐的需求。

四、重点专题片介绍

(一)《阿狼的故事》

本专题采访拍摄前，编导首先预想了这个专题可能引起的社会效应，因为从网民中公推公选“两代表一委员”，这在全国是首创，而本片的主人公正是“两代表一委员”中的政协委员“阿狼”，所以可以预见这个题材会引起一定反响，是值得一做的。在采访前，编导通过收集的资料了解到“阿狼”这位网友在网络上的言辞非常犀利，敢于直谏；而在生活中，编导又了解到他乐于做慈善事业，在“狮子会”中还是重要一员，帮助了许许多多的困难群众，于是就想到可以从网上和网下截然不同的“阿狼”入手，通过平行对比的方式来体现“阿狼”的独特魅力，侧面说明其为何会被网友们推选成政协委员。至于后期，编导一开始打算以大众化的旁白加同期声的模式来进行制作，但后来觉得，如果全片都以“阿狼”自己的声音来叙述是否会更加独特，于是便有了这种自述的方式。本片荣获 2011 年广东省广播电视节目奖电视专题类二等奖。

本专题还有一些不足之处，比如画面不够精美，未设计一些让人眼前一亮的画面，还有后期包装比较仓促。

(二)《初三女生》

初三学生正处于特殊的心理成长期，对未来、对家庭、对友情、对学业等，都开始有了自己的思考。加上面临毕业，特别是日益迫近的中考，思想、心理、行为等具有一定的复杂性和特殊性。编导根据这一特点，选取了一位正处于迷茫期的初三女生——李晓君，进行记录。这位学生在这个关键时期，由于父亲得癌症病重，母亲在外工作而倍感孤独，她渴望升上理想高中。在人生的第一个转折点上，李晓君面对家人、同学和老师，既有压力也充满动力。编导对李晓君在中考前所有的思想挣扎进行了记录。通过主人公自述以及同期声的处理，把这一时期的学生的萌动、期待的心理充分反映出来。

本片荣获 2012 年广东省广播电视节目奖电视专题类三等奖。这部作品能够获得奖项，最大的原因是主题新颖，以初三学生的视角反映青春成长期的学习和心理特点，讲述他们对未来的期盼、遇到的种种烦恼，以及生活的点点滴滴。作品以朴素纪实的手法跟踪拍摄，采用被访者自述与同期声相结合的方式，使该片呈现出一种清新而又淡淡忧伤的基调，符合初三女生花季雨季的心理特点。由于该片编导是位刚进入电视行业不久的年轻人，该片还有很多不足的地方，如开头略显老套，画面无法紧扣人心，素材内容欠丰富，画面构图、同期声处理等均显稚嫩等，都有待改进与努力。

第四节 社会活动

一、少儿电视节目主持人大赛

2007 年，公共频道举办了首届少儿电视节目主持人大赛活动，通过活动挖掘本市少儿金牌主持人，使全市广大青少年有上台展示自己才华的机会。每届活动选出 10 名电视小主持人，特邀参与《教育视线》节目的主持和采访活动。活动每两年一届。2013 年举办了第四届少儿电视节目主持人大赛。该项活动已成为公共频道的一个响亮品牌。

二、“唱响广东”2009 旅游金曲精英大赛

2009 年 11 月，公共频道承办由河源广播电视台主办、河源市旅游局协办的“唱响广东”2009 旅游金曲精英大赛河源赛区活动。在周期短、人手少、任务重、压力大的情况下，公共频道全体人员同心协力、加班加点，顺利完成了汕头、汕尾、揭阳、潮州、惠州、梅州、河源 7 个城市共 500 名选手参加的海选工作。通过 50 晋 30、30 晋 15、15 晋 6 的层层角逐，最后选出的 6 名选手参加了全省精英大赛，其中一名选手在全省总决赛中取得了第二名的好成绩。

三、河源市首届少儿国画书法电视大赛

2012 年 8 月，公共频道举办了“河源市首届少儿国画书法电视大赛”活动。大赛共历时 4 个月。经过全市范围的征集，各县区及市直学校精心挑选出 300 多幅作品参赛。专家评委经过严格细致的评选，最终有 90 幅作品入围，并分别获特、一、二、三等奖及优秀奖。在 2012 年 12 月 1 日的“河源市第三届广播电视文化节”上，举行了颁奖仪式。

附表：公共频道节目单（2013年1月）

时 间	周 一	周 二	周 三	周 四	周 五	周 六	周 日
9：00—9：05	频道/栏目宣传片（5'）	频道/栏目宣传片（5'）	频道/栏目宣传片（5'）	频道/栏目宣传片（5'）	频道/栏目宣传片（5'）	频道/栏目宣传片（5'）	频道/栏目宣传片（5'）
9：05—9：10	广 告（5'）	广 告（5'）	广 告（5'）	广 告（5'）	广 告（5'）	广 告（5'）	广 告（5'）
9：10—9：55	重播：电视剧（45'）	重播：电视剧（45'）	重播：电视剧（45'）	重播：电视剧（45'）	重播：电视剧（45'）	重播：电视剧（45'）	重播：电视剧（45'）
9：55—10：00	广 告（5'）	广 告（5'）	广 告（5'）	广 告（5'）	广 告（5'）	广 告（5'）	广 告（5'）
10：00—10：45	重播：电视剧（45'）	重播：电视剧（45'）	重播：电视剧（45'）	重播：电视剧（45'）	重播：电视剧（45'）	重播：电视剧（45'）	重播：电视剧（45'）
10：45—10：50	广 告（5'）	广 告（5'）	广 告（5'）	广 告（5'）	广 告（5'）	广 告（5'）	广 告（5'）
10：50—11：20	《音乐风云榜》（30'）	《音乐风云榜》（30'）	《音乐风云榜》（30'）	《音乐风云榜》（30'）	《音乐风云榜》（30'）	《音乐风云榜》（30'）	《音乐风云榜》（30'）
11：20—11：25	广 告（5'）	广 告（5'）	广 告（5'）	广 告（5'）	广 告（5'）	广 告（5'）	广 告（5'）
11：25—11：55	《县区新闻》（30'）	《县区新闻》（30'）	《县区新闻》（30'）	《县区新闻》（30'）	《县区新闻》（30'）	《县区新闻》（30'）	《县区新闻》（30'）

（续上表）

时　间	周　一	周　二	周　三	周　四	周　五	周　六	周　日
11：55—12：00	广　告（5′）	广　告（5′）	广　告（5′）	广　告（5′）	广　告（5′）	广　告（5′）	广　告（5′）
12：00—12：25	《教育视线》（25′）	《教育视线》（25′）	《教育视线》（25′）	《教育视线》（25′）	《教育视线》（25′）	《教育视线》（25′）	《教育视线》（25′）
12：25—12：30	广　告（5′）	广　告（5′）	广　告（5′）	广　告（5′）	广　告（5′）	广　告（5′）	广　告（5′）
12：30—12：40	频道宣传片（10′）	频道宣传片（10′）	频道宣传片（10′）	频道宣传片（10′）	频道宣传片（10′）	频道宣传片（10′）	频道宣传片（10′）
12：40—12：55	《法治中国》（15′）	《法治中国》（15′）	《惠民之声》（15′）	《法治中国》（15′）	《看河源》（15′）	《法治中国》（15′）	《法治中国》（15′）
12：55—13：00	广　告（5′）	广　告（5′）	广　告（5′）	广　告（5′）	广　告（5′）	广　告（5′）	广　告（5′）
13：00—13：45	电视剧（45′）	电视剧（45′）	电视剧（45′）	电视剧（45′）	电视剧（45′）	电视剧（45′）	电视剧（45′）
13：45—13：50	广　告（5′）	广　告（5′）	广　告（5′）	广　告（5′）	广　告（5′）	广　告（5′）	广　告（5′）
13：50—14：35	电视剧（45′）	电视剧（45′）	电视剧（45′）	电视剧（45′）	电视剧（45′）	电视剧（45′）	电视剧（45′）

（续上表）

时 间	周 一	周 二	周 三	周 四	周 五	周 六	周 日
14：35—14：40	广 告（5′）	广 告（5′）	广 告（5′）	广 告（5′）	广 告（5′）	广 告（5′）	广 告（5′）
14：40—15：25	电视剧（45′）	电视剧（45′）	电视剧（45′）	电视剧（45′）	电视剧（45′）	电视剧（45′）	电视剧（45′）
15：25—15：30	广 告（5′）	广 告（5′）	广 告（5′）	广 告（5′）	广 告（5′）	广 告（5′）	广 告（5′）
15：30—16：15	电视剧（45′）	电视剧（45′）	电视剧（45′）	电视剧（45′）	电视剧（45′）	电视剧（45′）	电视剧（45′）
16：15—16：20	广 告（5′）	广 告（5′）	广 告（5′）	广 告（5′）	广 告（5′）	广 告（5′）	广 告（5′）
16：20—17：05	电视剧（45′）	电视剧（45′）	电视剧（45′）	电视剧（45′）	电视剧（45′）	电视剧（45′）	电视剧（45′）
17：05—17：10	广 告（5′）	广 告（5′）	广 告（5′）	广 告（5′）	广 告（5′）	广 告（5′）	广 告（5′）
17：10—17：55	电视剧（45′）	电视剧（45′）	电视剧（45′）	电视剧（45′）	电视剧（45′）	电视剧（45′）	电视剧（45′）
17：55—18：00	广 告（5′）	广 告（5′）	广 告（5′）	广 告（5′）	广 告（5′）	广 告（5′）	广 告（5′）

（续上表）

时　间	周　一	周　二	周　三	周　四	周　五	周　六	周　日
18：00—18：20	《影视风云榜》（20′）	《影视风云榜》（20′）	《影视风云榜》（20′）	《影视风云榜》（20′）	《影视风云榜》（20′）	《影视风云榜》（20′）	《影视风云榜》（20′）
18：20—18：30	广　告（10′）	广　告（10′）	广　告（10′）	广　告（10′）	广　告（10′）	广　告（10′）	广　告（10′）
18：30—18：55	《教育视线》（25′）	《教育视线》（25′）	《教育视线》（25′）	《教育视线》（25′）	《教育视线》（25′）	《教育视线》（25′）	《教育视线》（25′）
18：55—20：25	电视剧（90′）	电视剧（90′）	电视剧（90′）	电视剧（90′）	电视剧（90′）	电视剧（90′）	电视剧（90′）
20：25—20：40	《法治中国》（15′）	《惠民之声》（15′）	《法治中国》（15′）	《看河源》（15′）	《法治中国》（15′）	《法治中国》（15′）	《法治中国》（15′）
20：40—20：45	广　告（5′）	广　告（5′）	广　告（5′）	广　告（5′）	广　告（5′）	广　告（5′）	广　告（5′）
20：45—21：15	《县区新闻》（30′）	《县区新闻》（30′）	《县区新闻》（30′）	《县区新闻》（30′）	《县区新闻》（30′）	《县区新闻》（30′）	《县区新闻》（30′）
21：15—21：25	广　告（10′）	广　告（10′）	广　告（10′）	广　告（10′）	广　告（10′）	广　告（10′）	广　告（10′）
21：25—21：50	《教育视线》（25′）	《教育视线》（25′）	《教育视线》（25′）	《教育视线》（25′）	《教育视线》（25′）	《教育视线》（25′）	《教育视线》（25′）

（续上表）

时　间	周　一	周　二	周　三	周　四	周　五	周　六	周　日
21：50—22：00	广　告（10'）	广　告（10'）	广　告（10'）	广　告（10'）	广　告（10'）	广　告（10'）	广　告（10'）
22：00—22：10	频道宣传片（10'）	频道宣传片（10'）	频道宣传片（10'）	频道宣传片（10'）	频道宣传片（10'）	频道宣传片（10'）	频道宣传片（10'）
22：10—22：25	《法治中国》（15'）	《惠民之声》（15'）	《法治中国》（15'）	《看河源》（15'）	《法治中国》（15'）	《法治中国》（15'）	《法治中国》（15'）
22：25—22：30	广　告（5'）	广　告（5'）	广　告（5'）	广　告（5'）	广　告（5'）	广　告（5'）	广　告（5'）
22：30—22：45	《河源新闻联播》（15'）	《河源新闻联播》（15'）	《河源新闻联播》（15'）	《河源新闻联播》（15'）	《河源新闻联播》（15'）	《河源新闻联播》（15'）	《河源新闻联播》（15'）
22：45—22：55	广　告（10'）	广　告（10'）	广　告（10'）	广　告（10'）	广　告（10'）	广　告（10'）	广　告（10'）
22：55—23：25	《音乐风云榜》（30'）	《音乐风云榜》（30'）	《音乐风云榜》（30'）	《音乐风云榜》（30'）	《音乐风云榜》（30'）	《音乐风云榜》（30'）	《音乐风云榜》（30'）
23：25—23：30	广　告（5'）	广　告（5'）	广　告（5'）	广　告（5'）	广　告（5'）	广　告（5'）	广　告（5'）
23：30	全天结束	全天结束	全天结束	全天结束	全天结束	全天结束	全天结束

第十二章 对外宣传

一、广播中心对外宣传情况（2004—2013 年）

2004 年以来，广播中心上送广东电台播出的新闻数量逐年增多，质量稳步提升。主要由于：

（一）领导重视

领导把外宣当作宣传工作的重要组成部分，列为年度考核内容之一。在每月台编委会、中心工作会上，外宣情况成为汇报的重点内容之一。

（二）建立新闻采访量化管理激励机制

广播中心把上送省台新闻数量列为记者、编辑月度考核内容。在 50 分的量化考核中，其中上送省台新闻占 10 分。规定记者每月完成 2 条以上任务（被采用）。超过 2 条（即从第 3 条开始）则每条给予一定的奖励。

（三）加强联系

广播中心积极参与并配合省台安排的各项采访活动，积极加强与省台新闻中心联播组的联系，及时提供河源近期重大活动和社会民生热点线索，主动领取采访任务。

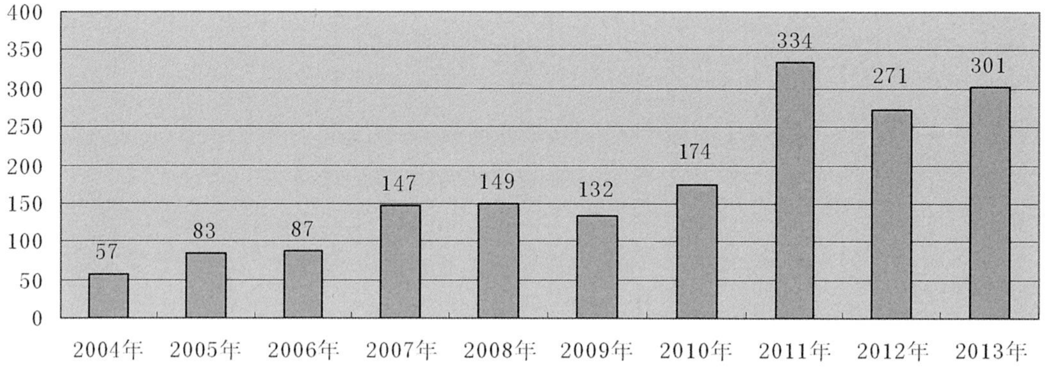

图 12－1 广播中心历年来在省台播出新闻数量

二、电视中心对外宣传情况（2004—2013 年）

（一）电视中心 2004 年以来在省台和中央台播出新闻数量

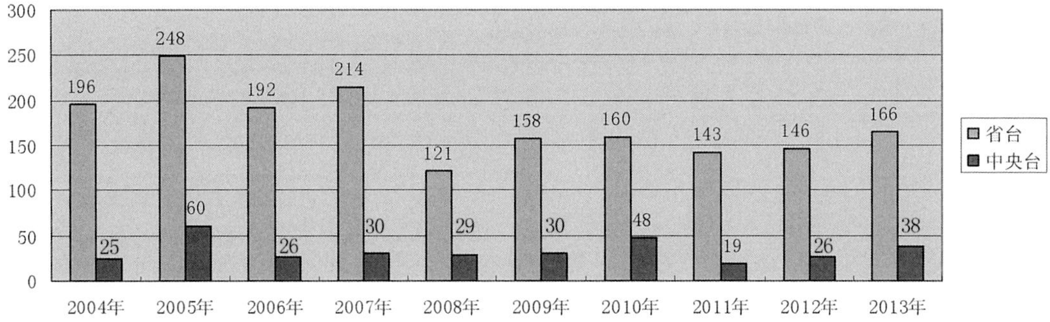

图 12－2　电视中心上送省台、中央台新闻数量

（二）电视专题片宣传推介河源情况

河源——东江中上游的一颗璀璨明珠，历史悠久，人文蔚茂，生态优美，区位优越，生机勃发。多年来，河源广播电视台紧紧围绕市委市政府的中心工作，以高度的政治和责任意识，积极主动开展专题宣传工作，致力于提升河源城市品牌形象。从 2010 年上海世博会广东馆播放的河源宣传片《客家古邑 · 万绿河源》，到参加广东省珠江三角洲地区与山区及东西两翼经济技术合作洽谈会的河源宣传片《商机勃发看河源》；从广东现代生态农业成果博览会宣传片《崛起的河源现代生态农业》，到中国（广东）国际旅游产业博览会宣传片《客家古邑 · 万绿河源欢迎您》；从河源市投资环境推介会宣传片《投资请到河源来》，到“金秋河源 · 广东绿谷”经贸活动环境推介会宣传片《广东绿谷商机无限》…… 河源广播电视台领导靠前指挥，组织精兵强将，将每一部宣传片都按照电视精品的要求来创作，灵活运用影像的表现手法，突出内容的诉求与表达，为宣传河源历史、文化、生态以及河源的社会经济发展发挥了重要的作用。

此外，《京九明珠——河源》、《油坊往事》、《天下客家》、《恐龙出世》、《梦回花朝》、《木偶人生》等数十部专题片、宣传片先后在中央电视台、广东电视台、南方电视台等国家、省级媒体播出，大大提高了河源的知名度与美誉度。

第十三章 《河源广播电视周报》

一、出版概况

创办于1994年11月28日的《河源广播电视周报》，是一份充分利用广电传媒的特色和优势，以宣传介绍广电节目、广电动态为主，同时围绕客家文化、民俗风情大力宣传推介河源，融新闻性、娱乐性、趣味性、常识性于一体的广播电视行业报纸。《河源广播电视周报》一直坚持政治家办报方针，“弘扬主旋律，力求多样化”，坚持“引导视听、怡情励志、广传信息、服务大众”的办报宗旨，致力于帮助群众收听收看好的广播电视节目，丰富精神文化生活。

《河源广播电视周报》创办以来，坚持锐意创新、开拓进取。从最初的对开双色4版发展到现在的彩印4开16版，并不定期推出精美铜版纸特刊，不断扩大影响力。

二、板块设置

2000年10月，《河源广播电视周报》被纳入《广东电视周报》的统一出版、发行网，以《广东电视周报》地方版的形式在全省统一出版、发行。2005年，《河源广播电视周报》开设了《剧情介绍》、《节目预告》、《市场扫描》、《生活百科》、《休闲拾趣》、《修身养性》等板块。2006年，《河源广播电视周报》推出《星星点点》、《港台特攻》板块，主攻娱乐新闻，版面设计更新颖。为更好地展示广电形象，《河源广播电视周报》于2005年3月9日起正式推出了“广电专版”。2007年，《河源广播电视周报》的版面设置发生了较大变化，推出了《源周录》、《健康周期表》、《星周刊》、《下周剧情》、《每周预告》、《一周要闻》等板块，并优化头版，突出宣传河源、宣传广电，突出地域特色。宣传内容有：“河源广电台各分支机构专访”、“河源市首届少儿电视节目主持人大赛”、“凯旋杯”电视主持人大赛等。

2008年，《河源广播电视周报》根据市场需求，继续调整版面，与电视中心《说事》栏目合作，推出了《关注民生》板块，同时推出了经过改版的《楼周刊》、《车周刊》、《教育周刊》、《情感周刊》、《健康周刊》、《旅游周刊》、《投资理财》、《快乐驿站》等板块。从2008年7月10日开始，报纸版面增至12版，并加推全彩铜版纸封面。

2009年12月，为庆祝《河源广播电视周报》创刊15周年，推出了“创刊15周年特刊”，采用全铜版纸彩印，较为详尽地回顾了《河源广播电视周报》15年的发展历程。

2010年至2011年，《河源广播电视周报》以铜版纸印刷出版了“第一、二届河源广播电视文化节”特刊。

2012 年 6 月，《河源广播电视周报》出版了“河源首届青年创富电视大赛”特刊。

2013 年，《河源广播电视周报》版面设置作进一步调整，主要版面有“广电专版”、“河源时政”、“民生一线”、“国内要闻”、“天下客家”、“槎城文艺”、“旅游大观”、“环球趣闻”、“档案解密”、“经济观察”、“汽车天地”、“房产周刊”、“健康周刊”等，使内容更加贴近生活、贴近读者，更具吸引力和可读性。

三、《河源广播电视周报》的社会活动

2002 年 1 月 19 日，《河源广播电视周报》与《广东电视周报》、广东电视台《外来媳妇本地郎》剧组演员在河源市区茶山公园举办了“《河源广播电视周报》创办七周年暨‘首届读者同乐日’”大型户外庆祝活动，吸引了 5 万多市民的关注。

2012 年，《河源广播电视周报》精心策划推出“河源首届青年创富电视大赛”。该大赛是由共青团河源市委员会、河源市人力资源和社会保障局与河源广播电视台联合主办，中国邮政储蓄银行河源分行冠名协办，《河源广播电视周报》社承办的一项大型公益性活动。这项活动从 2012 年 3 月启动到 7 月 10 日总决赛落幕，历经海选、初赛、复赛、总决赛四个阶段，共有 215 个参赛项目参与竞争。从进 80 强、30 强、12 强到冠亚季军产生，各方选手比智慧拼项目，赛况精彩激烈，吸引了众多年轻人关注创业、参与创业。大赛期间，有的参赛项目获得了大订单，产品销量大增；有的项目得到投资者的青睐，签订了合作投资协议。大赛得到了市领导及社会各界的广泛好评。

第十四章 河源网络广播电视台

一、河源网络广播电视台发展概况

河源网络广播电视台的前身是河源广播电视网，网址为 www. gdhytv. com。河源广播电视网（简称“网站”）开通于 2009 年 12 月，由成立于 2006 年 12 月的“河源广播电视台网站”和“河源电视台网站”合并组建而成。在刚组建的两年里，网站和《河源广播电视周报》社联合办公，由《河源广播电视周报》社统一管理，实行一套人马、两个牌子。网站于 2010 年 5 月和 2011 年 5 月进行了两次改版。2011 年下半年，网站以“建设河源网络广播电视台项目”为由，向广东省委宣传部申请“2011 年度广东省文化产业发展专项资金”补助，并于该年年底获得了项目补助资金 200 万元，为网站升级为“河源网络广播电视台”打下了基础。2013 年 9 月，“河源广播电视网”升级为“河源网络广播电视台”。2013 年 12 月，河源网络广播电视台推出手机版“掌上河源”（m. hyrtv. cn）。

二、河源网络广播电视台基本概况及栏目设置

河源网络广播电视台是一个立足于河源地区、以视音频为特色的大型综合资讯门户网站。

河源网络广播电视台的功能主要包括市台各频道、频率节目与网站同步直播、点播（回看）、轮播、信息发布、信息自动采集、广告管理、播客、论坛、互动调查、个人空间、嘉宾在线访谈（直播）等。

河源网络广播电视台现有的板块包括《新闻》、《社会》、《直播》、《点播》、《县区》、《社区》、《播客》、《图片》、《活动》、《专题》、《交友》、《微博》、《爆料》、《美食》、《客家文化》、《二手市场》、《培训》、《旅游》、《教育》、《房产》、《汽车》、《女性》、《财经》、《影视》、《娱乐》、《关于广电》、《广告服务》等。

三、河源网络广播电视台技术设备情况

河源网络广播电视台现拥有 20 多台服务器、1 套 UPS、8 台工作站、2 台大洋非编机、1 台户外编码器以及交换机、防火墙等设备。河源网络广播电视台系统为分布式部署，包含如下核心模块：VMS 流媒体管理系统（包含内容生产服务平台）、CMS 内容管理系统、互动平台、手机 WAP、广告系统、论坛系统、统计系统、外部上传系统等，并支持后续根据需求进行模块扩展和升级。

河源网络广播电视台具有以下特点：

（1）两屏一体化。即统一业务后台，可以支持手机、PC 端同时访问。

（2）节目高清化。视频采用 H.264 高清压缩格式，使用同样的带宽可以观看更高质量的视频，节目质量可以自适应切换，同时提供点播、直播、时移等功能。

（3）资源共享化。系统根据统一的接口规范，可以直接调用台内原有的媒资系统的资源。

（4）系统互动化。系统提供论坛、播客、评论、投稿等交互平台，具有很好的交互性。

第十五章 重大宣传报道

一、广播中心的重大宣传报道（2005—2013 年）

广播中心始终坚持围绕市委市政府的中心工作，服务河源经济社会发展的大局，积极、主动、认真地组织和策划开展各项重大的宣传报道工作。2005 年以来，先后开展了创建“五个城市”（国家双拥模范城市、国家卫生城市、国家园林城市、国家环境保护模范城市、省文明城市）、“众志成城战洪魔（6·20 水灾）”、“四川汶川大地震”、“两地文化”（岭南文化发祥地之一、中国革命策源地之一）、“喜迎第二十三届世客会”、打击“三违四抢”（违法用地、违法建设、河道设障，抢搭、抢建、抢挖、抢种）、“三打两建”（打击欺行霸市、打击制假售假、打击商业贿赂，建设社会信用体系、建设市场监管体系）、“创建全国文明城市”等近百个重大的宣传报道活动。

（1）在重大突发事件宣传报道方面，广播中心做到快速反应，以人为本，及时、准确、真实地报道重大突发事件情况。如，在每年的防洪救灾报道中，特别是在 2005 年“6·20”特大洪灾的报道中，充分发挥广播“快捷”的优势，第一时间通过电话连线灾区群众和县台记者，了解群众受灾情况，及时报道灾情，同时迅速派出多组记者深入现场。在报道中，突出各级党政以人为本、把群众的生命财产安全放在第一位的正面宣传，注重挖掘典型人物、感人事迹、英雄壮举，捕捉生动感人的情景和场面。如，在 2008 年“5·12 四川汶川大地震”的报道中，第二天（5 月 13 日）一大早广播中心就派出记者到市旅游公司采访，了解河源市游客在四川灾区的安全情况，给市民吃下定心丸。又如，紫金血铅超标事件引起全国各地媒体的关注，有的媒体还做了歪曲事实的报道，影响恶劣。广播中心在对此事件的报道中，始终坚持以正面宣传为主，组织记者采访了专家，向群众宣传血铅诊疗知识，让群众了解中国治疗血铅超标的医疗技术已相当成熟，血铅超标可防可治，从而消除恐慌心理。

（2）在重大主题活动报道方面，广播中心采取消息、专题、专访、录音报道等多种形式一起上的方式，打出“组合拳”，对各类重大主题活动进行快速、全面、生动、深入细致的宣传报道。如，围绕河源创建“五个城市”活动，广播中心持续不懈地开展了近十年的宣传报道，先后开设了《创建全省文明城市》、《创建国家双拥模范城市》、《创建国家卫生城市》、《创建国家环境保护模范城市》、《创建全国文明城市》的专栏，多角度、全方位、立体式展现河源市创建“五个城市”的非凡历程。又如，十八届三中全会的宣传。广播中心第一时间摘播新华社稿件，深入宣传十八届三中全会的重大历史意义及作出的重大战略部署，解读《中共中央关于全面深化改革若干重大问题的决定》的内容，推出《学习贯彻十八届三中全会精神，加快河源跨越发展》

专栏，及时报道我市各级党委政府学习贯彻十八届三中全会精神的生动场面。

（3）在经济建设活动报道方面，广播中心突出宣传重点工程、重大项目、产业转型升级等。如，“打造广东绿谷，共筑中国梦——贯彻市委六届四次全会精神，抢抓‘粤东西北振兴发展’机遇系列报道”、“岗位大练兵，争当排头兵”、“努力创建一流发展环境，全力打造产业转移工业园”、“开局十二五，齐心谋跨越”、“‘双转移’花开河源·‘反梯度’喜结硕果”、“为人民幸福而发展”等主题报道，见证了河源工业不寻常的发展历程，鼓舞了士气，激励了斗志。

（4）在创建“文化河源”活动报道方面，广播中心注重做好“两地文化”的宣传。如，专门开辟了《两地文化》专栏，大力宣传河源市——“客家古邑”深厚的文化底蕴，宣传河源的光荣革命历史、杰出人物的革命英雄事迹。广播中心先后组织采访报道组参与了市委宣传部牵头组织的“客家古邑文化行”、“河源古村落文化行”报道活动，推出大型系列报道。又如，对河源举办“第二十三届世客会”的活动进行了浓墨重彩的宣传；精心组织和策划开展了迎接党的十七大、十八大的宣传报道。在十七大宣传报道中，推出《科学发展，共建和谐——喜迎党的十七大召开》专栏；在十八大的宣传中开设了《深入走转改，喜迎十八大》专栏，大力宣传十年来（即党的十六大以来）河源市经济社会各项事业建设取得的巨大成就和发生的翻天覆地的变化。此外，还推出了“河源建市二十周年”、“纪念改革开放三十周年”、“庆祝新中国成立六十周年”、“庆祝中国共产党成立九十周年”等系列报道。从 2012 年 2 月开始，广播中心开展了为期一年的“三打两建”行动宣传报道，先后开辟了《三打两建在行动》、《全力推进“三打两建”，建设幸福河源》等专栏，通过多种报道形式，广泛深入地宣传“三打”工作，营造了浓厚的舆论氛围。另外，在开展“继续解放思想，努力争当全省山区实践科学发展观的排头兵”、“迎接北京奥运会”、“科学发展观在身边”、扶贫“双到”、“迎接广州亚运会”、“打击‘三违四抢’，建设美好家园”等重大题材的宣传报道工作中，也获得了良好的社会效果。

二、电视中心的重大宣传报道（2005—2013 年）

2005 年以来，电视中心树立“新闻立台”、“特色立台”、“节俭办台”的理念，以创新求变为突破口，以人才队伍建设为主抓手，坚持“三贴近”原则，紧紧围绕河源市委市政府的中心工作，充分发挥电视主流媒体作用，弘扬真善美，针砭假丑恶，大力宣传党的路线、方针、政策，大力宣传河源市经济社会快速发展过程中取得的新成就和新经验，圆满地完成了上级交付的一项项重大宣传报道任务，为宣传“客家古邑·万绿河源”作出了极大的贡献，为河源广播电视事业的快速、健康、有序发展作出了不可磨灭的贡献。

（1）在重大主题宣传报道方面，为河源发展鼓与呼。在历年来的重大宣传报道中，电视中心充分发挥主流媒体的影响力、权威性和亲和力，围绕市委市政府的中心工作，梳理重大主题、新闻事件，精心策划，精细组织和实施宣传报道，策划了“聚焦两会”、“三打两建在行动”、“坚决打赢‘规划到户、责任到人’扶贫双到硬仗”、“喜迎世客会”、“贯彻市第六次党代会精神，实施‘四大战略’（生态经济、家居城乡、善治河源、文化河源）加快‘三大崛起’（经济、文化、生态）”、“三赛”（赛科学发展、赛项目水平、赛责任落实）、“打击‘三违四抢’，建设美好家园”、“政协之声”、“金秋河源·广东绿谷”等一百多个大型主题报道。

近十年来，电视中心上下团结、凝心聚力、勇于开拓、敢于实践，圆满地完成了各项常规宣传报道和重大活动宣传任务。如，市党代会、市“两会”、第二十三届世界客属恳亲大会、建市二十周年大型纪念活动、中国皮划艇全国大赛、中国激流回旋大赛、市大型经贸活动、第一届世界恐龙（河源）研讨会、中国网络问政高端论坛、2005 年“6·20”百年一遇水灾、第一届中国客家文化节、河源市“两地文化”论坛、“创建国家卫生城市”、“创建全国文明城市”、“创建国家环境保护模范城市”、扶贫“双到”、产业劳动力“双转移”、“三打两建”、“三违四抢”、“走基层、转作风、改文风”等活动，以及中共十七大、十八大等重大事件的宣传报道活动。

其中，党的十七大和十八大是全国各族人民政治生活中的一件大事，电视中心围绕主题报道多头并进，制作片头、推出专版，严格遵循三级审查制度，切实做到安全播出。盛会期间，举全中心之力报道大会盛况，反映河源人民喜迎盛会和对大会的期盼以及十年来河源各项事业取得的巨大成就。在宣传报道中做到把握重点、准确解读、精心策划、创新形式。大会胜利闭幕后，又把宣传重点转向认真学习贯彻会议精神上来，营造全社会积极向上的舆论氛围。据统计，有关十七大、十八大的新闻报道有 100 多篇。在重点工程、重大项目、转型升级的经济宣传中，突出“岗位大练兵，争当排头兵”、“努力创建一流发展环境，全力打造产业转移工业园”、“开局十二五，齐心谋跨越”、“‘双转移’花开河源·‘反梯度’喜结硕果”、“金秋河源·广东绿谷”、“为人民幸福而发展”、“市区交通整治‘百日大会战’”等主题报道，为河源经济社会又好又快发展营造了良好的舆论氛围。

（2）在重大突发事件宣传报道方面，做到快速反应、以人为本、准确报道新闻事件。在每年的抗洪救灾报道中，电视中心全体采编人员不顾个人安危，不顾疲劳，发扬顽强拼搏和连续作战的精神，深入抗灾抢险一线，及时、全面、准确、深度报道灾情和党政军民合力抗洪救灾的动人场面，为全市抗洪救灾提供了强大的舆论支持。2013 年河源发生超百年一遇的“8·16”特大洪灾。灾情发生后，电视中心反应迅速，中心主任涂少俊立即带领三组新闻记者奔赴重灾区紫金，在龙窝镇设立临时采编中心。受灾地区交通、通讯中断，一线采访的记者冒着山洪和山体滑坡的危险，拍摄到第一手受灾地区的画面和各级领导现场指导抗洪抢险、全力救援被困群众的珍贵画面。

2012 年 2 月 16 日凌晨 2 时 24 分，东源县锡场镇发生 4.8 级地震。电视中心迅速布置，第一时间将省、市部署的应急处置工作在新闻节目中告知广大群众，消除了外界对地震的恐慌和疑虑，并将新闻传送到省台及各兄弟台。广东电视台新闻中心通联组认为，河源广播电视台电视中心在“2·16”河源地震事件中反应迅速，为各台提供了第一时间的稿件和图像，对河源台的敬业精神和专业态度表示敬意。

（3）在民生宣传报道方面，把触角深入基层、深入民生。“关注百姓，关注民生”，一直是电视中心宣传工作的宗旨。在宣传工作中，电视中心始终坚持以为老百姓解困为荣，以传播真善美、揭露假恶丑为己任，把镜头对准群众关注的热点难点问题，及时报道，促进问题早日解决。根据报道需要，设置了《记者走基层》、《关注留守儿童》、《聚焦春运》、《聚焦中小企业减负》、《金秋助学》、《文明曝光台》、《广东扶贫济困日》等专版。如，2012 年，紫金县蓝塘数万居民饮水难问题被记者在爆料平台上看到之后，立刻意识到事件涉及人群庞大，并且事关百姓的日常生活，数次到蓝塘镇进行采访。新闻播出后，紫金蓝塘成了全国媒体的焦点，国家、省、市、县各级政府在新闻报道的推动下，积极筹划蓝塘自来水工程开工建设。国务院、省水利厅、河源市政府共同出资，预算投资 3 000 万元建成日供水量可达 5 万吨的现代化水厂。2013 年 1 月 22 日，蓝塘人民终于喝上了干净的自来水。

近年来，电视中心认真开展“走基层、转作风、改文风”工作，策划推出了“国庆走基层·今天我加班”、“记者走基层·扶贫点见闻”、“新春走基层‘三支一扶故事’”等数十个系列报道，用平民化的语言、近距离的视角反映基层工作人员的敬业精神，受到社会广泛好评，成为河源市新闻媒体开展“走转改”活动的一面旗帜，多篇新闻报道获得省、市新闻奖一、二等奖。

三、公共频道的重大宣传报道（2005—2013 年）

2008 年 1 月，时逢河源建市二十周年，公共频道首次推出谈话类节目——《身边的巨变》（10 集），通过邀请市县领导、市民和部门负责人进行室内谈话采访，一起见证河源建市二十年来城乡发生的巨变，展现河源经济、社会等各方面所取得的巨大成就。2008 年 2 月，又推出了《思想大解放，促进大发展》（10 集）谈话节目，每集时长 40 分钟。

2009 年 4 月，公共频道与市“实践办”联合推出了大型访谈节目——《访民情、听民声、解民困——蹲点镇村领导干部访谈》（9 集）。节目邀请了市县领导、政府部门负责人参加访谈。在访谈前，还事先派出记者下到相关的镇、村，掌握第一手材料，拍摄第一手画面，把百姓的问题制作成短片编入访谈节目中，使节目内容更充实、更贴近实际。

2010 年 7 月，公共频道集中采编力量，用《教育视线》栏目全程追踪报道河源市的教育“普高”工程，包括市委市政府出台的教育强市决策及措施。《教育视线》栏目紧跟河源市教育发展步伐，对教育系统各项“普高”重点工作和热点事件进行了详细报道，对各县区开展“普高”攻坚战的动态进行了全面报道。尤其是在市“普高”工作验收期间，栏目打破常规播出方式，对节目重新编排，连续 6 天展播全市五县一区的“普高”专题片，全面反映了各县区的“普高”成果，取得了预期的宣传效果，受到了社会各界特别是合作单位——市教育局的高度评价。

2011 年 11 月，公共频道首次在县区政府换届期间特别策划推出了《五年回眸话变迁》（6 期）的系列报道。通过与县区主要领导的对话，凸显县域经济发展成果，挖掘社会、民生亮点，全方位展示县区五年的发展变化，为换届工作营造了正面、积极的氛围。

2012 年，公共频道聚焦河源市经济领域的宣传报道，除坚持原有的关注县区、关注乡镇报道外，还配合市中心工作，将河源市“赛科学发展，赛项目水平，赛责任落实活动”（即“三赛”活动）作为报道重点，先后推出了《新江的“赛马”之道》、《乘着腾飞的翅膀》等节目，为“三赛”活动营造了良好的社会舆论氛围。

2013 年，公共频道依托《教育视线》、《看河源》和《惠民之声》三个栏目，关注教育，扎根河源本土，努力构建职能部门与群众间桥梁，推出了“关爱下一代 · 共筑中国梦”主题报道，深入各中小学校开展“你如何理解中国梦”的采访，策划了“百善孝为先，孝心敬长辈”系列报道。公共频道联系市中心工作，推出“河源好人”系列报道；结合三八妇女节进行“三月温暖”系列报道；结合市亮点民生工程进行“基础乡镇平台”系列宣传；聚焦县区经济社会发展，推出紫金、东源篇；以河源农业、工业和旅游三个方面为重点，推出“中国梦 · 河源梦”系列宣传，以及采拍河源“创文”系列报道和“十件民生实事”系列报道等。

四、《河源广播电视周报》的重大宣传报道（2005—2013 年）

2008 年，《河源广播电视周报》刊发的重大宣传内容有“两地文化”系列报道、“5 · 12”汶川地震专题、“北京奥运会”专版、“首届中国客家文化节”专版、“河源有线数字电视整转”系列报道等。

2010 年，《河源广播电视周报》重点围绕“第二十三届世界客属恳亲大会”展开宣传，全程跟踪报道了“世客会”的各项重要活动，尤其是详细报道了“客家妹”形象大使选拔大赛的全过程、“世客会”献礼纪录片《天下客家》的拍摄历程。

2012 年，《河源广播电视周报》主要围绕“河源首届青年创富电视大赛”展开报道，推出了铜版纸全彩印刷的精美特刊，报道了“创富电视大赛”海选、初赛、复赛及总决赛整个过程，重点介绍了进入总决赛的 12 强选手及总决赛的比赛过程。

2013 年，《河源广播电视周报》围绕“第二届青年创富电视大赛”开展相关宣传报道，精心策划活动的各个流程并组织实施。大赛得到市领导的关注、重视，市长彭建文亲自出席大赛的启动仪式；市委书记何忠友、副书记黄建中、市委秘书长黎意勇出席总决赛。从初赛、复赛到总决赛，《河源广播电视周报》全程跟踪报道。大赛得到了社会各界的广泛关注，并在社会上形成了浓浓的创业氛围，吸引更多人胸怀创业梦想。

第四编

合　作

第十六章 与中央台、省级媒体的合作

第一节 与中央台的合作

一、广播中心与中央台的合作

（一）再聚原乡——两岸媒体追寻客家迁徙路

2011年10月13日，由中央人民广播电台对台湾广播中心主办的“再聚原乡——追寻客家迁徙路”两岸媒体联合采访活动在福建龙岩市隆重启动。此次活动是海峡两岸媒体继2009年“重走客家迁徙路”之后，再次联合对客家历史文化进行的深入采访报道。两岸媒体联合采访团由中央人民广播电台对台湾广播中心联合台湾海峡两岸客家广播电视交流中心、台中《客家月刊》、台中太阳广播电台、《客家》杂志社等十一家台湾媒体以及《中国广播报》、赣州电台、河源广播电视台广播中心、惠州电台、梅州电台等八家大陆媒体组成。

河源广播电视台广播中心派出记者全程参加了此次采访报道活动，并与上述媒体同步推出了“再聚原乡——两岸媒体追寻客家迁徙路”大型系列报道。

报道团沿着客家先民迁徙之路线，重点走访福建、江西两省，以龙岩为起点，前往连城，三明宁化、清流和江西赣州的石城、赣县，最后抵达客家摇篮——赣州。记者们实地考察各地的客家史迹、客俗风情，开展文化交流活动，与客家学者、台胞台属共同探讨客家历史文化，全景报道当下客家原乡的巨大变化，弘扬奋发进取、勇于开拓的客家精神，激发两岸客家人同宗共祖的血缘关联和文化认同。

（二）《天下客家——“源”来很精彩》

“客属电台协作网”成立于2012年6月20日，是中央人民广播电台对台湾广播中心联合海峡之声电台、福建龙岩电台、江西赣州电台、广东惠州电台、河源广播电视台广播中心等客属电台发起的协作平台。目前有七家成员单位，节目内容涵盖闽粤赣三省十个主要客家地市以及县域。

《天下客家》栏目的开设，是“客属电台协作网”以开放的视野走联合发展之路的重要举措，也是客属电台为自身发展创造的新机遇。它不仅是弘扬客家文化、推动客家乡亲沟通交流的媒体传播平台，也是对台宣传的一个全新的窗口。

在两岸密切交流的新形势下，各客属兄弟电台协同合作，共享资源，共同打造和维护好《天下客家》这个宣传品牌，深入挖掘和传播客家文化，为客家乡亲搭建一个沟通情感、增进了解、增进互信的平台。

《天下客家——“源”来很精彩》河源专题广播节目，由河源广播电视台广播中心新闻部协助采编制作。节目内容重点推介河源的人文地理、风土人情。该节目从2012年9月起在“客属电台协作网”各成员台统一时间播出，每月播出4期，至2013年5月已播出32期。节目的播出使河源为更多的客家人所了解，同时也使“客家古邑·万绿河源”这张城市名片更加深入人心。

二、电视中心与中央台、新华社的合作

（一）与中央台的合作

2005年以来，河源广播电视台电视中心积极实施“走出去、请进来”发展战略，主动出击，与中央台实行多方面的合作。

2005年6月，中央台新闻频道首次把新闻直播车开进河源蓝口镇，对蓝口镇党政居民抗击超百年一遇大洪水事件进行现场直播。央视新闻频道与河源广播电视台电视中心分工配合，积极沟通。其中，河源广播电视台电视中心负责现场新闻人物的采访、前期灾情的视频汇总和一线的采访拍摄，得到了央视同行的好评和肯定，也为之后的合作奠定了基础。

2012年10月，电视中心第三次与中央台深度合作，联合完成百集大型系列节目《客家足迹行》（河源篇）纪录片的采制工作。《客家足迹行》由中国侨联与中央电视台共同制作，摄制采用“纪实+体验”的“快速纪录片”拍摄手法，以记者行走体验的形式，探寻客家迁徙历史，发现客家文化传统，用话筒和镜头书写一部客家影像志。该摄制组在龙川县佗城，东源县苏家围、紫金、和平等县区镇采访拍摄，制作了5期节目，每期20分钟。该节目在中央电视台中文国际频道《华人世界》栏目播出。

2012年11月，中央电视台军事频道一行4人到河源市龙川县采访冬季征兵情况，电视中心又一次与央视记者进行联合采访，主要负责新闻节目的前期采访、后期视频剪辑、传输等工作，为革命老区——“龙川苏区县再谱保家卫国壮举、共叙军民鱼水情”的宣传作出了积极的贡献。

（二）与新华社电视节目素材交流系统的合作

2009年9月1日，河源广播电视台电视中心与新华社广东分社签署协议，加入新华社电视节目素材交流系统。该系统是电视中心为新华社提供电视新闻和节目的视频专线，分两条线路供稿。分线后的电视通稿线路和电视节目线路，以不同的定位和不同的供稿形态呈现给电视中心“综合频道”的相关栏目。

自加入新华社电视节目素材交流系统以来，电视中心的《河源新闻联播》、《晚间10分》、《天下网事》等栏目，利用该系统所提供的国内外重大突发事件、重大新闻事件、热点话题及时政、财经、社会、人文类深度专题报道的稿件和视频，极大地丰富了电视中心自办节目的内容和表现形式。

第二节　与省级媒体的合作

一、广播中心与省级媒体的合作

（一）广播中心与广东电台联合策划推出《走进河源》特别节目

为贯彻落实省委省政府建设文化大省的决定，广播中心积极推进南方广播影视传媒集团联合发展的战略部署，充分发挥广东地区电台资源的整体优势，达到资源共享、优势互补的目的，共同努力把全省广播事业做大做强。2006 年初，河源广播电视台广播中心正式与广东人民广播电台旗下的广东“卫星广播”结成“一对一”联合发展关系。双方在节目宣传领域推进合作发展，特别是在推介宣传河源、开拓河源收听市场方面，达成高度一致。2006 年 4 月下旬，双方共同策划推出了《走进河源》（直播）特别节目，在每周六午间时段，通过广东卫星广播和广播中心双频道同步播出，向全球传播推介河源旅游资源、风土人情和经济社会发展状况。

《走进河源》特别节目制作团队——由双方抽调节目制作精英强势策划运行。每期两台各派出两位主持人联合策划和制作。节目模式以大板块下竖条设立专栏的形式运行，节目主持风格轻松娱乐。

《走进河源》特别节目充分利用当今最流行的广播运作手法，通过热线、短信和互联网等辅助渠道吸引听众的收听和互动参与，最大限度地提高节目的收听效果。作为两台合作联办的节目，两台都采用光纤传输的方式实施同步直播，同时，还通过“卫星广播”在全省各地的传输点以及“卫星广播”的网站（覆盖亚洲）实施同步播出。

（二）广播中心与广东电台联合发展

2005 年 11 月，河源广播电视台与广东人民广播电台达成了联合发展的框架协议。

2006 年初，广东人民广播电台给河源广播电视台广播中心拨出 30 万元作为联合发展的资金，并指定由其下属的“卫星广播”频率与河源广播电视台广播中心进行对口发展。

2006 年春节后，广东人民广播电台对河源广播电视台广播中心的帮扶行动紧锣密鼓地展开：

2 月中旬，“卫星广播”频率与广播中心议定了全年的联合发展工作计划。

3 月上旬，“卫星广播”频率赵欲明总监带领 30 多位主持人和工作人员到河源广播电视台广播中心举行了别开生面的联谊活动。

从 2 月下旬起到 7 月，广播中心分批次派出了 10 名主持人，先后到“卫星广播”频率跟班学习。通过拜师学艺，使广播中心的主持人在观念思路、主持制作手法等方面得到很大收获，有效地提升了主持人的专业素质，为广播中心随后进行的节目改版工作打下了良好的基础。

4 月下旬，“卫星广播”频率开设了一档与河源广播电视台广播中心联办的直播节目《走进河源》。到年底，该节目共播出30多期，先后推介了河源各县区的33个旅游景点以及河源的客家风情和文化，为宣传推介河源、推动河源旅游业的发展、提升河源的知名度起到了十分重要的作用。

6月下旬，河源广播电视台广播中心与广东人民广播电台在广告创收方面签署了联合经营的协议，确定由双方共同组建的广告分公司从2007年1月开始实施经营运作。

从7月初起，广东人民广播电台专门派出柯绮到河源广播电视台广播中心工作，指导帮助广播中心开展广告创收业务和筹备成立广告分公司的相关事务。

7月下旬，"卫星广播"频率总监赵欲明率领数位资深主持人到河源广播电视台广播中心举办广播业务讲座，结合河源广播的现状，重点围绕频道定位、主持人定位、主持人素质的要求、节目策划、新闻策划、电台活动的策划与组织等专题内容，对广播中心的全体采编播人员进行了授课辅导。

9月，广东人民广播电台给河源广播电视台广播中心划拨了50万元，作为对两个频率设备进行升级改造的资金，分别对广播中心两套节目（"综合频率"和"音乐频率"）的信号传输、直播室系列播控设备的添置和配套、发射设备的备份配套、发射天线的更新改造等各个环节的设备进行了全面改造和完善，从而极大地提高了两个频率的音频信号传输质量以及发射覆盖区域的收听效果。

9月底，"卫星广播"频率总监赵欲明率领20多名主持人和演艺人员前来河源，与广播中心主持人一起举行了题为"共庆祖国华诞——大型听众见面会"的演出活动，为扩大河源广播电视台广播中心的社会影响、进一步增强广播与听众的亲和力起到了很好的作用。

10月下旬至12月中旬，广东人民广播电台珠江经济频率举办的"2006——魅力新人王"广东广播主持人大赛，在河源设立分赛区。在珠江台派出的专业人员的指导帮助下，河源广播电视台广播中心成功地举行了该项赛事的初赛（两场海选）、复赛、决赛，并率领获胜的前三名选手参加了省台在广州举行的总决赛。这项活动的开展，在河源地区产生了很好的社会影响，极大地提升了广播中心的社会形象。

11月中旬，在"卫星广播"频率以及柯绮的帮助指导下，河源广播电视台广播中心顺利地完成了对"综合频率"和"音乐频率"节目的全新改版，并从11月13日开始向听众推出两个频率的全新广播节目。与此同时，两个频率的全天24小时播音也随之开始运作。

11月16日，"广东省珠江广播电视广告公司河源分公司"正式挂牌成立。当天下午，广播中心在河源市区翔丰国际酒店举行了隆重的"河源分公司成立暨河源广播电视台广播中心客户联谊会"活动。广东人民广播电台的领导、河源市委市政府的有关领导均到场祝贺。

2007年1月，河源分公司在总经理柯绮的主持下正式开始运作，并实现了开门红。当月的广告创收达28万元，同比上年增加了1.5倍，而且常规广告创收占了近七成，明显改变了原来不合理的创收结构。到2007年底，河源分公司全年广告创收达230万元。

二、电视中心与省级媒体的合作

2002年12月24日，广东省第二届“山洽会”在河源召开，广东电视台第一次在河源广播电视台开通了直播间，省市台密切合作，共同努力，顺利地完成了“山洽会”的宣传报道工作，对宣传、推介河源起到了积极作用。

2005年以来，河源广播电视台与广东电视台、南方电视台的合作力度不断加大。在重大题材报道方面，河源广播电视台电视中心及时策划选题传往省台，邀请省台记者到河源合作采访，推出了一批有分量、有质量的新闻报道。

2005年6月20日，河源发生百年一遇的特大洪涝灾害。灾情发生后，电视中心大力争取广东电视台的支持，广东电视台将直播车开进重灾区新回龙镇，现场直击河源的特大灾情。电视中心派出主持人和记者全程协助，共同完成了直播工作。通过电视镜头，河源干部、群众一心战洪魔，积极开展灾后重建的真实场景牵动了全省人民的心，为河源争取省委省政府及社会救助作出了贡献。此后，在制作电视专题片《众志成城战洪魔——河源市“6·20”抗洪救灾纪实》中，电视中心还邀请省台资深记者前来指导，最终高标准地完成了任务。专题片得到了市政府、国家防总等有关部门的高度肯定，为河源赢得了上级部门更多的关注及更多的救灾扶持资金。

2007年11月，电视中心与广东电视台合作举办“2007广东十大经济风云人物”评选活动（河源片区候选人推荐）暨河源风云大讲堂活动。活动邀请河源市的三位企业家围绕河源市经济社会的发展，与省政府发展研究中心副主任李鲁云、省社科院教授丁力展开了对话。电视中心对此次活动进行了全程录制，并送往广东电视台播出。

2009年9月，电视中心与广东电视台合办“南粤万家颂中华”河源赛区歌唱大赛，共举办十场赛事，并进行了录播。这次活动不仅挖掘培养了一大批文艺分子，活跃了河源市民的文化生活，而且也锻炼了电视中心对大型活动的组织协调能力，密切了与省台的沟通合作关系。

2012年，电视中心组织记者参加广东电视台的大型易地采访活动，到惠州进行易地走基层采访，采写了作品《绿衣天使“飞”进百姓家》，该作品获得了省市有关领导的一致好评。

2012年党的十八大召开期间，电视中心与广东电视台合作采访报道了有关河源市党代表参会的三条新闻。

此外，电视中心还积极邀请省台的资深编辑、主持人周晓瑾和王今等到河源为采编人员授课。

三、经营管理中心与省级媒体的合作

2006年初，河源广播电视台为积极促进经营管理中心的广告经营，提高广告收入，与广东南方电视台和南方广播影视传媒集团广告总公司就联合经营事宜进行商洽，希望通过双方合作，扩大联盟，加大覆盖，扩大市场，提高竞争力，以达到资源整合、利益分享、共同发展的目标。双方经过多次商议，达成统一意见。2006年3月5日，在河源市华信大酒店举行了“广东南方联合传媒广告有限公司河源分公司”成立挂牌暨签约仪式。南方电视台副台长刘卫、河源广播电视台台长汪小刚在仪式上签约。

河源分公司保留了河源广播电视台经营管理中心的人员，引进南方广播影视传媒集团广告总公司的企业管理模式，实行绩效管理，建立激励机制，积极开展广告业务。经过两年努力，分公司的各项业务快速发展，经营管理明显增强，广告创收额大幅增长，实现了当年签约当年见效。2006 年广告收入达 1 251 万元，同比上年 729 万元增长 71%，2007 年联合经营结束，广告收入达 1 430 万元，创历年广告收入的最高纪录。

2010 年 10 月，南方广播影视传媒集团广告总公司与河源广播电视台基于第一次的良好合作，有意进行第二次合作，委派广东南方联合传媒广告有限公司联合经营部副主任葛曙青专门负责联合经营有关事宜。2010 年 11 月 30 日，南方广播影视传媒集团广告总公司党委书记兼副总经理凡景云与河源广播电视台台长汪小刚在河源市广电中心大楼正式签订电视经营合作协议，并于 12 月 3 日接管经营。双方第二次合作，关系更密切，配合更默契，资源优势得到更好的发挥和利用，特别是集团加快扶持地方台发展的政策得到充分体现。

在省市两级广电领导的关心、支持下，公司业务迅速开展。为加快广告经营发展，完成南方广播影视传媒集团广告总公司和河源广播电视台下达的年度广告创收任务，公司积极创新，深化管理，努力拓展广告业务，采取灵活多变经营、抓大放小营销、明确目标跟进、适度让利促销、配合栏目宣传的经营措施，积极挖潜力，拓展市场。针对不同行业、不同客户采用不同方法，量身定做广告计划，达到最佳宣传效果，实现双赢。合作公司的联合经营工作取得了可喜的成绩，2011 年广告创收 1 693 万元，突破年度广告收入最高纪录。2012 年，受政策继续调控、经济发展放缓、银行收紧房贷等因素影响，广告市场总体回落，业绩下滑，2012 年广告收入 1 600 万元，同比上年减少 5%。2013 年广告收入 1 690 多万元，同比上年增幅 5%。

联合发展以来，经营管理中心始终坚决贯彻执行南方广播影视传媒集团广告总公司和河源广播电视台的共同决策部署，以市场为导向，以广告创收为目标，结合实际、因地制宜，采取有效措施，强化队伍建设和管理，广告收入快速增长，为河源广播电视台的事业发展作出了积极的贡献。

四、《河源广播电视周报》社与省级媒体的合作

2002 年 1 月 19 日，《河源广播电视周报》社与《广东电视周报》社、广东电视台《外来媳妇本地郎》剧组演员在河源市区茶山公园举行了“《河源广播电视周报》创办七周年暨‘首届读者同乐日’”大型户外庆祝活动，吸引了 5 万多市民关注。

第十七章 与兄弟台的交往

一、广播中心与兄弟台的交往

2010年1月9日，广播中心领导班子率领中层以上干部到惠州台学习交流经营创收方面的经验。

2011年5月23日，广播中心领导班子率领中层以上干部到肇庆台学习交流广播技术方面的经验。

二、电视中心与兄弟台的交往

河源广播电视台电视中心自2004年以来，在共建网络平台、共享新闻资源、加强与全国其他地级市电视台的交往方面做了大量工作，先后与全国城市电视台新闻交换中心、新华社电视节目素材交流系统、城市联合网络电视台等网络平台进行了合作和交流。从网络平台下载自己需要的新闻、上传本台制作的新闻，利用互联网技术和数字技术的节目交换模式进行相关媒体单位的合作，具有时效快、成本低、选择面大等优势。

（一）与全国城市电视台新闻交换中心的合作交流

河源广播电视台电视中心作为全国城市电视台新闻交换中心的成员台，从2004年开办《午间新闻》栏目时，就开始使用城市网的平台下载和传送新闻。经过多年不间断的运行，城市网的成员台已经从开办时的13个增加到2012年的128个，其中包括国内绝大部分的直辖市、省会城市以及众多的地级市电视台。成员台通过互联网将各自交换的新闻统一传送至广州台，由广州台发至相关的网站上，各成员台再通过互联网下载自己需要的新闻。

2008年，电视中心综合频道新栏目《晚间10分》开播，作为一档18分钟的社会新闻栏目，城市网丰富的资源为该栏目提供了多样的选择。从2010年到2012年，《晚间时分》每年下载的新闻量达千条之多。2012年5月1日，电视中心综合频道《天下网事》栏目推出之后，继续加强与城市网的合作和交流。与此同时，也利用城市网平台上传河源的新闻，如，2013年上传的《广东河源发生4.8级地震，广州深圳有震感》的新闻，被全国各级电视台下载使用十余次。

（二）与兄弟台的学习交流

2010年8月25日，电视中心有关人员在副台长廖真的带领下前往湖北荆州电视台进行考察学习。

2011年8月27日，电视中心新闻二部组织本部全体采编人员到梅州电视台《民生820》栏目学习交流，学习借鉴《民生820》栏目独具创新性的民生新闻节目运作模式以及组织策划相关活动的做法和经验。

2013年12月10日至11日，河源广播电视台台长邹仕选带领台班子成员、有关分支机构和部室负责人一行前往潮州、梅州广播电视台就人力资源管理、广告经营创收、节目运营、技术管理等方面进行了学习考察。

三、公共频道与兄弟台的交往

2011年8月10日，公共频道班子成员到惠州广播电视台就节目运作方式以及频道的绩效考核等工作进行学习交流。

第十八章 与外单位的交往

一、广播中心与外单位的交往

（一）与市农业局的合作

2010 年 7 月 19 日至 10 月 27 日，“河源市首届农业金牌产品评选活动”由河源市农业局、河源广播电视台联合举办，广播中心全程策划承办。这是一次对河源农业农村经济发展成果的充分展示，也是对河源现代生态农业发展美好前景的展望。此次评选活动，评选出农业金牌产品 20 个（其中粮油类 7 个、经作类 7 个、养殖类 6 个），农业优质产品 10 个。

（二）与市教育局的合作

2008 年至今，广播中心与市教育局联办了一档综合教育节目——《教育时空》。

2010 年 9 月 29 日至 2011 年 9 月 5 日举行的“139 社区杯”感动河源教育人物评选活动，由河源广播电视台、河源市教育局、中国移动广东公司河源分公司联办，由广播中心策划承办。

此项活动通过社会调查、查阅资料、听取专业人士意见等形式，对申报材料的 56 位候选人进行层层甄选，共有 20 位候选人入围，并从中产生了 12 位“感动河源教育人物”，在颁奖典礼上揭晓。活动通过媒体的精彩传播，将感动河源教育人物的感人事迹、高尚情操传递给广大民众，促使全市上下齐心协力，共创教育强市。

（三）与市人力资源和社会保障局的合作

2012 年 7 月，广播中心与河源市人力资源和社会保障局联办《惠民之声》节目，这是一档服务于普通百姓的就业指导类专题节目。节目集教育性、服务性、故事性、群众参与互动性于一体，通过《民生面面观》、《创业明星秀》、《法律服务台》、《精英讲堂》等板块，搭建了一个政府部门、企业单位与求职人员之间的交流互动平台。对长期失业者、缺少技能和经验的青年、妇女、残疾人等社会就业弱势群体予以关怀和帮助，营造和谐的就业环境。

（四）与团市委的合作

2011 年 1 月，广播中心与团市委联办了一档互动交友婚恋栏目《倾城之恋》，并以该栏目为依托开展婚恋交友活动，为广大单身男女提供贴心的服务。

2012 年，广播中心“旅游广播”频道与团市委共同举办了多场《倾城之恋》专场联谊活动：

2 月 14 日：相聚“雅居乐”——情人节专场交友活动；

9 月 10 日：教师节寻爱专场·碧桂园浪漫水上夜 Party；

12 月 5 日：第三届河源广播电视文化节活动——“爱的就是你”情缘交友电视 Party。

（五）与市交警指挥中心的合作

2012 年国庆黄金周期间，广播中心与市交警指挥中心一起精心组织策划推出了路况实时连线节目。在“国庆黄金周”七天的路况实时连线节目中，广播中心根据不同的行车高峰时段，定时与特约路况信息员进行实时路况连线，把重要的交通信息、车流情况、天气情况及时传递给广大听众，为市民假期出行提供参考服务。

二、电视中心与外单位的交往

（一）与河源市公安局的合作

2006 年 1 月 3 日，电视中心与河源市公安局合作，在综合频道推出《河源警讯》节目，每周一期，每期时长为 10 分钟。该节目最初以电视杂志、新闻专题的形式播出。从 2011 年 4 月起，《河源警讯》播出调整为每周两期，每期时长不变，同时增加了《以案说法》、《警务访谈》、《现场 110》等小板块。截至 2013 年 3 月 14 日，《河源警讯》共制作播出节目 478 期。

（二）与各县区电视台的合作

2000 年 10 月 16 日，电视中心与县区台合作，改版开播了《地方新闻 300 秒》。2002 年 4 月改版为《县区新闻 300 秒》。2003 年 1 月停播后，推出了新的栏目《午间新闻》。

从 2004 年开始，电视中心与县区台合作，推出县区委书记（县区长）访谈。每年都邀约县区的党政一把手就市党代会、人代会、政协会的工作报告、重点内容及工作目标，谈体会、谈思路、谈举措，并形成系列访谈报道。

三、公共频道与外单位的交往

（一）与教育部门的合作

2006 年 4 月，公共频道和市教育局合办少儿栏目《教育视线》。2012 年对节目进行了改版，改版后栏目分为《一周快报》、《一周一师》、《一周一读》、《一周一秀》四个小板块。

（二）与市人民医院的合作

2010 年 5 月 20 日，公共频道《看河源》栏目开播时即与市人民医院合作制作了四期有关市人民医院搬迁一周年内容的节目。

（三）与市委办的合作

2010 年 8 月 20 日，与市委办合作，《看河源》栏目推出了“富县强镇足迹”系列纪实专题节目，节目播出后受到市委主要领导和媒体同行的广泛赞誉。

（四）与市人力资源和社会保障局合作

2013 年 1 月 15 日，公共频道与市人力资源和社会保障局合办推出了《惠民之声》栏目。栏目旨在深度解读人社政策法规，展示行业动态，与民众双向互动，为职能部门和群众架起一个沟通交流的平台。

四、《河源广播电视周报》社与外单位的交往

2008 年 5 月至 2010 年 1 月，《河源广播电视周报》社与河源市绿意投资有限公司就报纸的发行、广告经营等进行了合作。

2010 年 4 月至 2012 年 8 月，《河源广播电视周报》社与深圳点创广告有限公司就报纸的发行、广告经营等进行了合作。

2012 年 3 月至 7 月，“河源首届青年创富电视大赛”由共青团河源市委员会、河源市人力资源和社会保障局、河源广播电视台主办，《河源广播电视周报》社独立承办。大赛吸引了众多年轻人关注创业、参与创业。

2012 年 9 月起至今，《河源广播电视周报》社与河源市银河文化发展有限公司就报纸的发行、广告经营等进行了合作。

第十九章 与港澳台地区及境外的交流合作

2010年3月2日至8日，《天下客家》摄制组到中国台湾采访，先后到桃园县、日月潭、阿里山等地进行拍摄；5月26日至31日，摄制组到马来西亚采访，先后到兰脑县客家公会、沙巴客联会、吉隆坡等地进行前期拍摄；5月31日至6月3日，摄制组到新加坡采访，先后到南洋客属总会、茶阳会馆、应和会馆和惠州会馆等地拍摄；7月25日至28日，摄制组到中国香港拍摄，先后采访了曾宪梓、田家炳、余国春、吴惠权等客家知名人士。

2013年4月7日，电视中心《非常会生活》节目组到越南岘港，先后到岘港的大门沙滩、会安、顺化、占婆岛、山茶半岛等地进行采访，共制作了五期节目，并在4月27日进行首播，扩大了节目的影响力。

第二十章 易地采访

一、广播中心的易地采访活动

2006 年是中国工农红军长征胜利七十周年。2006 年 9 月，广东电台新闻中心牵头组织全省 21 个地级市电台开展了“长征胜利七十周年”大型采访活动，重走当年的长征路线。广播中心派出记者张文裕与中山台记者一起深入四川的成都、金沙江、大渡河、泸定桥等实地采访。采访内容以长征为主线，通过长征的经历者、长征的研究者、长征红军老战士及其亲人后代的追溯，多角度地讲述长征的故事，唤起人们铭记于心的红色记忆。

二、电视中心的易地采访活动

（一）到清远市进行易地采访

2002 年，电视中心专题部组织记者前往清远市进行易地采访活动。通过易地交流，使记者开阔了视野，学习借鉴了兄弟台的采编经验。

（二）到广州采访报道河源市竞争第五批省产业转移竞争性扶持资金

2009 年 9 月 15 日，河源市在广州竞争第五批省产业转移竞争性扶持资金，作为最后一批省产业转移竞争性扶持资金，竞争非常激烈，河源为此做了大量而充分的准备工作。为做好宣传报道，让全市人民在第一时间得知竞标结果，河源广播电视台电视中心成立了专门报道组，由台长汪小刚亲自带队指挥。

由于竞标结果在当天 18：00 左右才有定论，时间非常紧迫。在距离《河源新闻联播》播出仅有一个多小时的时间里，报道组要完成写稿、上传视频以及剪辑画面和后期配音解说工作，可谓争分夺秒。在报道组全体成员的齐心合作下，当晚八点，河源成功竞得 5 亿元扶持资金的 4 条新闻终于准时在《河源新闻联播》中顺利播出。与此同时，电视中心特别策划的 20 分钟新闻专题“梅开二度——中山（河源）产业转移园再揽 5 亿元”，也于当晚八点前传送回河源并顺利播出，开创了河源广播电视台电视中心在异地快速、高效采访、制作新闻专题的先河。

（三）采访报道广州亚运会

2010 年广州亚运会期间，河源广播电视台电视中心派出记者采访河源籍选手滕志强等争夺皮划艇激流回旋赛金牌的精彩过程，并现场采访了教练隋红军，生动地报道了河源市亚运选手滕志强在亚运会皮划艇激流回旋男子单人划艇决赛中勇夺金牌的精彩情景。新闻当晚播出后，深深地感动了观众，电视中心收到了很多贺电。其中一位观众在来电中说：“我们从滕志强、冼锦彬的身上能感受到那种强烈的坚强不屈的客家人精神，纵观比赛的过程和结果，我们都感到骄傲和自豪。”

（四）与广东电视台一起开展易地走基层大型采访活动

2012 年 5 月 14 日至 16 日，广东电视台组织全省地级市广播电视台开展易地走基层大型采访活动，活动动员会在佛山市三水区召开，大会还请来了中央电视台著名记者杨坚与各台记者代表面对面交流，分享采访经验和心得。河源广播电视台电视中心派出两位年轻记者参与此项活动。两位年轻记者变压力为动力，不负众望，克服重重困难，采访制作了新闻作品《绿衣天使“飞”进百姓家》。作品主要讲述惠州市大力推行医改，让医生到社区进行包片服务，使社区居民随时随地可以享受到“私人医生”的免费健康服务，当地居民亲切地称这类医生为“绿衣天使”。《绿衣天使“飞”进百姓家》作品播出后，获得了省市有关领导以及惠州市卫生部门的高度评价。

（五）其他易地采访

2009 年 10 月 16 日在陕西省西安市举办的第二十二届世界客属恳亲大会、2011 年 12 月 1 日在广西壮族自治区北海市举办的第二十四届世界客属恳亲大会、2012 年 11 月 20 日在福建省三明市举办的第二十五届世界客属恳亲大会等，河源广播电视台电视中心都派出精干记者前往现场进行了采访报道。此类地级市电视媒体远赴千里之外进行采访报道的行动，在全国范围内并不多见。

第五编

队　伍

人才资源是第一资源，是推动广播电视事业、产业发展和提升广播电视核心竞争力的第一推动力。河源广播电视台致力于打造一支政治强、业务精、作风正的干部队伍，为河源广播电视事业发展提供人才支撑。

利用多种途径选拔人才。近年来，河源广播电视台通过各种形式广纳人才：面向全国公开招考，将一批具有较高政治素养和专业素质的人才招进广电；举办电视主持人选拔大赛，优中选优，充实主持人队伍；到大学校园现场招聘优秀应届毕业生，为广电一线队伍输入“新鲜血液”，提升广电活力。各具特色的选拔方式，优化了广电人才队伍的结构，为高质量完成各项工作任务奠定了基础。

为了提高广电人才队伍的综合素质，河源广播电视台高度重视培训工作。提高政治素养：多年来，按要求组织员工参加“河源讲坛”和党的十七大、十八大系列专题讲座等学习活动，同时，邀请专家学者对全体员工进行政治思想和形势教育，不断提高员工的政治素养。提高业务能力：邀请新闻界和广电技术方面的专家、学者对全台采编播人员进行业务培训，传授广电业务知识，每年都会选派多批次的业务骨干进中央台、省台学习交流。提高服务质量：对广告、经营部门的人员进行“增强服务意识，提高服务质量”、“职业化与营销技能”等培训，进一步提升服务水平和服务技能。

在用人问题上，河源广播电视台党组始终秉承能者上、庸者下的原则，不拘一格用人才。干部提拔任人唯贤：将有能力、有潜力、有活力的年轻同志提拔到中层岗位上，让他们发挥所长，同时为广电事业的可持续发展储备干部力量。公开竞岗，严格把关：对重要业务部门，面向全台进行公开竞岗，并邀请河源市委组织部、宣传部领导亲自把关。交叉换岗，增添活力：加大交流力度，让干部在台内机关部室、分支机构交叉任职，多岗锻炼，使干部队伍充满活力。

按照从严管理队伍的要求，河源广播电视台党组建立健全了各项规章制度，切实做到用制度管人、管事、管权。制定考核办法：建立完善的绩效考核系统，对全台员工进行年度量化考核。规范上岗制度：严格实行上岗证制度，对没有资格证书的记者、主持人调离新闻、主持岗位。加强主题教育：以“创先争优”等活动为载体，开展各项主题教育活动，进一步激发广大员工的活力，不断增强队伍的凝聚力、战斗力和创造力。

第二十一章 人才招聘与管理

第一节 公开招聘专业人员

为进一步优化干部队伍结构，河源广播电视台着眼于事业发展的大局，着眼于干部队伍的合理配置，着眼于专业型、文化型、适用型人才的新陈代谢，坚持公开招考、优中选优的原则招聘人才。近几年来，河源广播电视台先后从中国传媒大学、浙江传媒学院、重庆大学、郑州大学、兰州大学等高校招聘应届毕业生充实到一线采、编、播等专业技术岗位。2006 年以来，河源广播电视台与组织人事部门合作，通过严格的笔试、面试、实操考试，面向社会和各类高等院校招录了 52 名专业人才，充实到了新闻宣传、网络工程和行政后勤岗位。公开招聘在很大程度上解决了干部队伍年龄老化、专业人才少、专家型人才不多的状况。

表 21－1 河源广播电视台 2009—2013 年招聘专业技术人员一览表

年份	类别							
	电视采编人员	电视主持人	广播采编人员	广播主持人	工程技术人员	广告制作人员	财会人员	计算机应用网络管理人员
2009 年	2		2		1		1	
2010 年		2		3				
2011 年	7	3						1
2012 年	8				2	1		1
2013 年	7				1	1		2

第二节 专业技术人员聘任

广播电视行业专业要求较高，需要采编、播音主持、技术保障等专业岗位人才。2004年以来，河源广播电视台进一步加强了各类专业人才的培养和任用，形成了一整套人力资源管理规范。其中，对专业技术人员的聘任采取评（考）聘分开、按需聘任、择优聘任的原则，同时明确聘任对象、条件、期限、考核和待遇等相关问题，有效地促进了广播电视专业技术队伍的建设和管理。

一、聘任对象

（1）经省、市评审已取得专业技术职务任职资格的人员。

（2）由外单位调入本台，持有有效的专业技术职务证书，经试用考核合格的人员。

（3）经国家统一考核取得专业技术职务任职资格的人员。

（4）参加全国执业资格考试取得执业资格的人员。

二、聘任条件

（1）拥护中国共产党的领导，热爱祖国，具有良好的职业道德。

（2）有较强的事业心和责任感，工作认真负责，不断创新和提高，为台的发展而努力工作。

（3）所聘专业技术职务与现岗位对口，其能力及水平达到所在岗位技术要求。

（4）身体健康，能坚持正常工作。

三、聘任权限

（1）台领导班子的专业技术职务，按干部管理权限，由组织上安排。

（2）台内设机构和分支机构的专业技术职务，由台长聘任。

（3）政工系列专业职务的聘任，参照执行。

四、高聘与低聘

（1）对专业能力强，业绩突出，给台带来明显经济效益的专业技术人员，可高聘一级专业技术职务。高聘或低聘技术职务须由所在中心（部室）提出意见，报台党组审批。

（2）不胜任现专业技术岗位工作的专业技术人员，可低聘或不予聘任。

（3）受专业技术职务职数限制不能按原专业技术职务聘任的可以低聘，本人不愿低聘的，可以不聘。

五、聘任期限

（1）各专业技术职务的聘期均为三年。劳动合同终止或解除，专业技术职务随之解除。

（2）专业技术职务聘任工作每年进行一次，时间为每年的 7 月。新调入人员的聘任手续、晋职人员的聘任手续和所有专业技术人员的续聘手续，均在这一时间办理。

六、专业技术考核

（1）严格按聘任权限对专业技术人员进行年度考核。考核其知识水平、业务能力、工作态度和工作业绩，重点考核其工作业绩、履行岗位职责和完成任务的情况。考核的时间定于每年的 12 月。考核结果分为优秀、合格、基本合格、不合格四种。在聘期间，年度考核成绩连续优秀的，可续聘或高聘；不合格的，可以低聘或不再续聘。

（2）被考核的专业技术人员要书面总结当年完成任务和专业技术工作及接受继续教育等情况，并填写《专业技术人员年度考核登记表》。

七、工资兑现

凡符合条件，经考核合格被聘任专业技术职务者，均按专业技术职务岗位工资予以兑现，自聘任的次月开始执行；未被聘任或续聘的，不享受专业技术职务工资待遇。

表 21－2　河源广播电视台 2009—2013 年专业技术人员职称概况表

年　份	类　别				合　计	备　注
	新闻系列	播音系列	工程系列	财会系列		
2009 年	80	17	16	6	119	
2010 年	58	14	9	2	83	广电体制改革，台网分离、人员分流
2011 年	62	14	10	3	89	
2012 年	64	16	12	4	96	
2013 年	66	16	13	4	99	

表 21－3　河源广播电视台 2009—2013 年在编人员学历概况表

年　份	类　别					合　计	备　注
	研究生	本科生	大专生	中专生	高中以下		
2009 年	2	70	77	13	64	226	
2010 年	2	83	42	8	26	161	广电体制改革，台网分离、人员分流

（续上表）

年份	类别					合计	备注
	研究生	本科生	大专生	中专生	高中以下		
2011年	2	85	42	8	26	163	
2012年	2	93	42	8	26	171	
2013年	2	105	37	7	26	177	

表21－4 河源广播电视台2009—2013年职工人数情况一览表

年份	类别			合计	备注
	在编职工	纪委派驻	临时工		
2009年	226		129	355	
2010年	161		55	216	广电体制改革，台网分离、人员分流
2011年	163	1	76	240	
2012年	171	1	83	255	
2013年	177	1	79	257	

第三节　干部选拔任用与管理

为贯彻落实党的路线、方针、政策，建立科学规范的河源广播电视台干部选拔任用制度，推进广播电视干部队伍的年轻化、知识化、专业化，建设一支高素质的干部队伍，保证广播电视事业的健康、协调发展，根据《党政领导干部选拔任用工作条例》以及上级组织人事部门的有关要求，制定《河源广播电视台干部任免、调动管理暂行规定》。具体要求为：

一、河源广播电视台的领导班子成员属市管干部，其任免由河源市委决定。

二、河源广播电视台干部实行统一管理。台机关及台各分支机构科级干部的任免、调整，由台党组讨论决定。台各分支机构负责人的选拔，由台人力资源部组织民主推荐和考察，上报台党组讨论决定；台机关各部室负责人的选拔，由台人力资源部提出考察对象名单，报台党组讨论同意后，进行考察并提出任用意见。台机关及台各分支机构正科级干部需报河源市委组织部审核同意后方可任免。其中，台人力资源部主任由河源市委组织部任免。

三、台各分支机构中层干部的任免、内部调整由各分支机构提出意见，台人力资源部组织民主推荐和考察后，上报台党组讨论决定。

四、台各分支机构人员的调进调出，由各单位提出意见，经台人力资源部审议并报台主管领导审核后，提交台班子研究决定。台机关人员的调进调出须由人力资源部提出意见后提交台班子研究决定。

五、干部选拔任用的有关条件、民主推荐、考察、讨论决定办法及任职手续，要严格执行《党政领导干部选拔任用工作条例》的有关规定。

六、如果市组织人事部门对干部选拔任用另有规定，以市组织人事部门的规定为准。

第四节　开展竞争上岗工作

为深入贯彻落实党的十六届四中全会精神，优化台中层干部结构，根据《党政领导干部选拔任用工作条例》精神，河源广播电视台从2005年3月9日着手准备台中层领导干部竞争上岗工作。在草拟实施方案过程中，积极争取河源市委组织部、市委宣传部的大力支持，并充分征求了广大干部职工的意见，经过几易其稿，于2005年10月31日以“河广台发〔2005〕23号”文件专题向河源市委组织部作了请示。同年11月22日，河源市委组织部以“河组字〔2005〕34号”文件对《河源广播电视台中层领导干部竞争上岗工作方案》进行了批复。河源广播电视台严格按照河源市委组织部批复的实施方案，拿出了广播中心、电视中心、经营管理中心等部门的16个职位供干部竞岗，并精心组织好竞争上岗的笔试、面试、民主测评等工作。经过一系列考核，台中层干部竞争上岗于2006年1月中旬顺利完成，一批精通业务、年富力强的干部被安排到各机关部室、分支机构任职。

2008年4月，河源广播电视台根据河源市组工会议精神和选拔干部任用有关规定，把电视中心新闻部主任职位拿出来公开选拔。通过竞争上岗，任用了一位本科毕业后入台仅一年多的年轻女干部担任新闻部主任。

2010年，河源广播电视台积极推进事业单位岗位设置和人员聘用的改革工作，结合岗位进行改革，优化管理，将电视中心新闻部、专题部改编为四个部室。为充分调动采编人员的积极性，河源广播电视台对空缺的中层职位进行竞争上岗。经过严格的考核，三名优秀的年轻干部脱颖而出，被安排到相关部室任职。

从2011年起，河源广播电视台结合《关于在市直行政事业单位实行竞争性选拔科级领导干部的意见》（河组字〔2010〕25号）文件精神，全面推行科级干部竞争上岗工作。具体竞争方式为：

提拔科级领导干部，采取“两推荐一述评”方式产生考察对象。“两推荐一述评”即由首次推荐、竞岗述评和第二次推荐三个重要环节组成。

首次推荐。在本单位召开全体干部职工和下属单位领导班子成员参加的民主推荐大会（实际参加人数须达到应参加人数的三分之二以上），按公布的推荐职位和任职资格条件，参会人员在符合条件的人选中进行广泛的民主推荐。民主推荐时，符合条件的干部均应列入名册。民主推荐后，由单位党组按得票多少和职位数量不低于1：3的比例差额确定竞岗述评对象（参加竞岗人数较少的不低于1：1.5的比例）。

竞岗述评。台党组组织召开竞岗述评大会（参加会议人员范围同上，但实际参加人数须达到应参加人数的五分之四以上），竞岗述评对象在大会上作竞岗述评。述评内容包括个人基本情况、工作经历，近三年学习、工作、作风情况和对竞任职位的工作设想等。

第二次推荐。竞岗述评后，随即由参会人员对竞岗述评对象进行第二次民主推荐，推荐方法分为会议投票推荐和个别谈话推荐（参加个别谈话推荐的人员一般为所在单位中层以上领导干部和下属单位主要负责人等）。台党组根据第二次推荐结果和干部本人情况，结合岗位实际，研究确定考察对象。得票相近的，实行差额考察；会议投票和个别谈话推荐得票均不超过应参会人数三分之一的，不得确定为考察对象。

实行竞争性选拔科级领导干部须制订实施方案，并报河源市委组织部审批。

2013年2月，河源广播电视台通过“两推荐一述评”方式提拔七名科级干部充实到台办公室、广播中心、河源网络广播电视台、新媒体运营中心、河源市广播电视微波站等管理岗位。

第二十二章 创建学习型机关

第一节 培训专业人员

2005 年以来，河源广播电视台一直重视队伍建设，通过“走出去、请进来”等方式积极开展业务培训，提升全台员工的个人素质和工作能力。

一、“走出去”培训

“他山之石，可以攻玉。”积极借鉴中央台、省台和兄弟台的办台经验。

（一）赴中央台培训

2012 年 9 月，河源广播电视台委派员工到中央电视台《客家足迹行》栏目组培训学习。

（二）赴省台培训

2005 年以来，河源广播电视台先后组织技术骨干参加广东电视台演播室及演播厅灯光布光培训；组织一线采编人员参加美国密苏里新闻学院专家为期 4 天的业务学习（南方广播影视传媒集团邀请主办）；参加由广东电视台协办的泰克（中国）视音频处理方案交流会；派出通联编辑和技术人员到省台新闻中心学习高清传输知识，并参加广东省广播电视技术能手竞赛培训。

（三）赴兄弟台学习交流

每年在参加广东省好新闻评选时，河源广播电视台都选派多名骨干前去学习，将省台和兄弟台的经验带回消化。从 2009 年起，河源广播电视台先后组织各频道负责人、一线业务骨干等赴本省惠州、肇庆、中山、梅州，湖南长沙，湖北荆州等地学习节目运作、广告运营、户外活动、技术维护、绩效管理等先进经验。

二、“请进来”培训

河源广播电视台在“走出去”的基础上，高度重视“请进来”培训，多次邀请业内专家前来授课，为员工“充电”。

2005 年以来，先后组织大洋非编技能培训、字幕机使用技能培训、蓝光机技能培训、媒资业务知识培训等，大大提高了全台一线采编播人员的业务素质。

2009 年全台搬进新广电大楼后，对摄录、制作设备进行全面的更新，600 平方米、800 平方米两个演播厅先后投入使用。为了更好地让一线工作人员掌握运用新设备，河源广播电视台组织了技能培训，邀请索尼公司技术人员前来授课，向一线采编播人员传授设备使用技巧和维护等知识。

2010 年 9 月 18 日，邀请广东电视台著名播音员叶立谦开展播音专业知识及化妆技巧培训；2008 年 8 月 9 日和 2011 年 12 月 10 日两次邀请广东省广播电视新闻奖评委、广州大学新闻与传播学院副院长张静民教授开展电视新闻知识讲座；2012 年 8 月 3 日，邀请广州大学新闻与传播学院院长王首程教授做“融媒体时代的广播电视节目创新”讲座。

三、员工内部交流，互相促进

员工内部交流，形成良好的工作和学习氛围。台内各分支机构员工学习氛围浓厚，广播中心、电视中心、公共频道每周都会安排时间组织员工学习交流，对自办节目、栏目内容进行点评，总结好的经验，查找存在的问题，提出整改措施，提升员工的业务水平。

河源广播电视台 2009—2013 年专业技术人员培训概况表

年份	类别				
	职业道德培训（人）	科技论文写作培训（人）	知识产权培训（人）	新闻采编业务培训（人）	安全播出培训（人）
2009 年	66	2	51	63	91
2010 年	78		62	98	108
2011 年	82		66	96	131
2012 年	83	3	67	99	163
2013 年	147		93	153	141

第二节 文体活动

近年来，河源广播电视台积极策划开展各种形式的文体活动，先后成功举办了员工新年酒会、春节联欢晚会、广电文化节、广电系统职工篮球赛、职工摄影作品展等文体活动。2011 年 6 月，河源市举行首届市直机关运动会，河源广播电视台记者陈思思获网球比赛女子单打第一名；聘请 12 位各行各业的艺术名家作为台的艺术顾问；邀请骆文冠、叶剑才等多位书画名家到台里指导文化建设。通过开展一系列文体活动，使员工的精神文化生活得到了提升，营造了浓厚的文化和体育活动氛围。

一、文体活动丰富多彩

（一）市直广播电视系统男子篮球赛

2009 年 9 月 27 日至 29 日，为了庆祝新中国成立六十周年，河源广播电视台举办了市直广播电视系统篮球比赛活动。篮球赛有六十支队伍参加，其中，广播中心、电视中心、网络中心分别组队；台机关、经营管理中心、公共频道、《河源广播电视周报》社等联合组队（简称“机关联队”）。通过三天的激烈争夺，最终电视中心代表队获得冠军，机关联队代表队获得亚军，网络中心代表队获得季军，广播中心获得最佳组织奖。

（二）全市广播电视系统男子篮球赛

2009 年初，全市广播电视台长座谈会决定，从 2009 年开始，每两年举行一届全市广播电视系统男子篮球赛。2009 年 12 月 9 日至 13 日，河源市首届广播电视系统男子篮球赛在河源广电中心运动场举行，共有连平、和平、龙川、紫金、东源和河源广播电视台六支代表队参加比赛。河源广播电视台代表队以五战全胜的优异成绩夺得了冠军，龙川广播电视台代表队获得亚军，和平广播电视台代表队获得季军。

第二届全市广播电视系统男子篮球赛于 2011 年 12 月 21 日至 26 日在河源广电中心运动场举行，共有连平、和平、龙川、紫金、东源、河源广播电视台及广东省广播电视网络股份有限公司河源分公司七支代表队参加比赛。最终，和平广播电视台代表队获得冠军，河源广播电视台代表队获得亚军，龙川广播电视台代表队获得季军。

第三届全市广播电视系统男子篮球赛于 2013 年 10 月 16 日至 22 日在河源广电中心运动场举行，共有连平、和平、龙川、紫金、东源、河源广播电视台及广东省广播电视网络股份有限公司河源分公司七支代表队参加比赛。最终，和平广播电视台代表队获得冠军，河源广播电视台代表队获得亚军，连平广播电视台代表队获得季军。

（三）河源广播电视文化节

2010 年至 2012 年，河源广播电视台连续三年举办了广播电视文化节。2010 年 10 月 16—17 日，首届广播电视文化节举行。活动期间，举行了节目主持人见面会、新台标启用仪式、广告客户答谢酒会、广播电视文化节颁奖晚会暨闭幕式等活动。还有广播电视事业发展图片展、主持人现场互动和直播录播间演示体验、高清媒体演示，以及书画、摄影、茶艺、盆景及奇石展览等。

2011 年 10 月 29—30 日，第二届广播电视文化节举行。除了上届受市民欢迎的节目主持人见面会、星光大道走秀等活动外，还特别增加了曾紫娟二胡独奏音乐会、名家书画展、河源市广电系统文艺会演和职工摄影展、电视节目小主持人大赛、主持人签名赠送台历等活动。另外，现场还邀请工商、医疗卫生、交通、房产、金融、法律、人才、通信等与民生相关的公共服务部门开展便民服务。

2012 年 12 月 1—2 日，第三届广播电视文化节举行。本届文化节分为“广电体验日”与“民生服务日”两个部分，具体由“主题系列活动”、“快乐嘉年华”及“政风行风热线暨民生一线”大型现场民生服务等来呈现。其中“主题系列活动”由“观众嘉年华·快乐大通关”、“节目主持人见面会”、“倾城之恋主题晚会”、“活力达人秀”、“少儿书画大赛作品展”、“星光大道走秀和颁奖晚会”、“河源广电十大战略合作伙伴、十佳楼盘评选”等项目组成。

主题突出、内容丰富的河源广播电视文化节，每届都吸引了数万人次的市民前来参观互动，让广大市民零距离感受广播电视文化氛围，体验广电的创新和活力，同时提高了节目品质，扩大了广播电视媒体的影响力。

（四）《客家万里行》摄影展

2010 年 10 月 16 日，河源广播电视台首届广播电视文化节《客家万里行》摄影展在河源广电中心举行，河源市委常委、宣传部部长吴善平为摄影展题名。《客家万里行》摄影作品是由河源广播电视台《天下客家》摄制组跨越国内 16 个省区和新加坡、马来西亚等国，行程四万多公里拍摄而来的，充分展现了丰富多彩的客家文化和客家风情。

（五）全市广电系统员工摄影展

2011 年 10 月 30 日，第二届广播电视文化节期间，河源广播电视台举办了全市广电系统员工摄影展。该展览从全市广电系统员工选送的 200 多幅作品中挑选出 60 幅优秀作品展出，充分展示了河源广电员工热爱生活、多才多艺的精神风貌。

（六）河源广播电视台春节联欢晚会

为了活跃员工的精神文化生活，给广大员工提供一个展示自我、相互交流的平台，2009 年、2010 年河源广播电视台连续举办春节联欢晚会，节目类型有歌舞、相声、小品、曲艺、朗诵、乐器演奏等，基本上是广电员工自编、自导、自演的。从 2011 年起，由于河源广播电视台春节联欢晚会的影响力不断扩大，遂升级为河源春节联欢晚会，成为河源市的又一道文化大餐。

二、文艺联谊有声有色

2010 年 10 月 16 日，在首届广播电视文化节期间，河源广播电视台联合大汉艺博院、河源市赏石文化协会等单位，举办了名家书画作品展、奇石展、盆景展。

2011 年 10 月 29 日，在第二届广播电视文化节期间，举办王永刚、叶剑才、董全福、钟志武四人书画展，吸引了众多市民前往观摩。

2012 年 12 月 1 日，在第三届广播电视文化节期间，与东江书画院共同举办了“河源市首届少儿国画书法电视大赛”，从全市中小学生投稿的数百幅国画书法作品中精挑细选出 101 幅优秀作品入展。同时，联合东江书画院举办了“少儿书画长卷百米涂鸦活动”。

从 2009 年起，河源广播电视台与河源市政协、河源市语委、市朗诵艺术学会联合主办新年诗会，至 2013 年已连续举办了五届。新年诗会以诗歌朗诵的形式讴歌河源社会经济的发展历程和人民生活的日新月异，已成为深受河源市民喜爱的新年文化大餐和优秀文化品牌，为提升河源城市品位和加快文化河源建设作出了应有贡献。

第二十三章 主题学习教育活动

第一节 党组中心组学习

2006年以来，河源广播电视台党组坚持以邓小平理论和“三个代表”重要思想为指导，紧紧围绕全面贯彻落实科学发展观这一主线，把学习贯彻党的十七大、十八大精神作为党组中心组理论学习的一项重要政治任务，精心组织，周密安排。紧密联系广播电视的工作实际，深入思考和研究一些全局性的重大问题，努力在领会精神、研究问题、解决矛盾、推动工作上取得新突破。

一、中心组理论学习制度健全

2006年7月，河源广播电视台制定了《河源广播电视台干部理论学习制度》，规定了台中心组是台领导班子成员和科级干部学习理论、提高马克思主义理论水平、加强思想政治建设的主要平台。该制度还明确了中心组人员组成、组织领导、学习秘书、学习计划、学习形式、研讨交流、检查考核、学习档案等方面内容。

二、中心组学习方式灵活多样

坚持集中学习与个人学习、理论学习与专题研讨相结合。下属单位各党支部紧密结合工作实际，采用集中学习研讨、领导干部学习会、专题调研等方式，不断创新中心组理论学习的有效形式，进一步深化和拓展中心组学习，提高中心组理论学习的成效和水平。台党组每年组织中心组集中学习12次以上，定期开办辅导讲座。各中心组成员每次学习都认真撰写学习心得。学习内容包括马克思列宁主义、毛泽东思想、邓小平理论、“三个代表”重要思想和科学发展观以及党在各个时期的路线、方针、政策；全国“两会”和总书记重要讲话精神；党十七大、十八大精神；市委历届全会精神；广播电视新闻宣传、事业建设、社会管理方面的专业理论知识；经济、文化、法律、科学技术新领域的理论知识。通过学习，进一步增强了干部队伍理论思维和战略思维，提高了贯彻落实科学发展观和构建和谐广播电视的水平及能力。

三、中心组学习针对性强

针对大家普遍关心的热点问题、重大理论问题进行认真学习。在学习方法上，做到“五个结合”（学习理论与分析形势相结合；学习理论与发展经济相结合；学习理论与创新相结合；学习理论与统一思想相结合；学习理论与转变工作作风相结合），逐步形成了一套科学的学习方法体系。通过学习，解决了党员干部的理想信念问题，强化了新闻从业人员的政治意识、大局意识和导向意识，促进了广播电视经营的创新和突破，实现了广播电视事业的科学发展。同时，党组中心组的学习扩大到各分支机构、台机关部室主要领导成员，做到集中学习与分散自学相结合，走出去与请进来相结合，理论研讨与实地考察相结合，独立思考与互相交流相结合。集中学习每月一次，通过学习，查找问题，理清工作思路，解决工作中存在的问题。

第二节　民主评议行风及回头看活动

2005 年，根据省、市纠风办和省广电局、南方广播影视传媒集团的工作部署，河源广播电视台被确定为接受行风评议的单位。对民主评议行风工作，全市广电系统各级领导思想统一、认识到位，在市纠风办的正确领导和评议团的具体指导下，把民主评议行风活动与保持共产党员先进性教育活动结合起来，与纪律教育学习月活动结合起来，精心组织，统筹安排，扎实开展。

一、及时传达会议精神，提高对民主评议行风工作的思想认识

通过台编委会、台长办公会议和台务工作会议，及时传达、学习上级有关广播电视系统民主评议行风工作的精神，使全台的党员干部深刻认识到，开展民主评议行风工作就是要找准广播电视行业存在的突出问题，督促抓好整改工作，形成廉洁、务实、高效的广播电视队伍。

二、成立民主评议行风工作领导机构和办事机构，切实加强领导

2005 年 4 月 28 日正式成立河源市广播电视系统民主评议行风工作领导小组及办事机构。其中，领导小组由台长汪小刚任组长，副台长廖真、刘永颂为副组长，有关部室和单位负责人为成员；办事机构从有关部室、单位抽调 9 人组成专门办公室，具体负责日常民主评议行风的各项工作。同时，各县局（台）和市局（台）各分支机构也先后成立了相应的责任机构。

三、结合实际，精心制订实施方案

按照行评工作“起点高、标准高、要求高”的原则，并结合河源市广播电视的行业特点，精心制订了《河源市广播电视系统民主评议行风工作实施方案》，力求使本系统的干部职工明确民主评议行风工作的指导思想、评议对象、评议内容、方法步骤以及要达到的目标等。

四、积极做好宣传发动工作，营造浓厚的氛围

2005 年 5 月 13 日，召开了全市广播电视系统民主评议行风工作动员大会，在系统内层层动员，广泛发动。为了使社会各界了解河源市广播电视系统的民主评议行风工作，广播电视系统民主评议行风工作领导小组在河源新闻媒体（如广播、电视、报纸等）做了较为集中的宣传报道，特别是充分发挥广播、电视的优势进行广泛宣传，接受群众评议和社会监督。此外，还通过编发行评简报的形式，让省、市、县的有关部门、领导和市直行评团了解河源市广电系统开展行风评议工作的情况。

五、开门迎评，广纳众言，多途径多渠道查找存在问题

结合先进性教育活动，河源市广播电视系统民主评议行风工作领导小组认真开展自查自纠活动，通过发放调查问卷、开展户外现场征求意见活动、走访服务对象、召开班子民主生活会、设立投诉电话和意见箱等形式，开门迎评，广纳众言，并主动要求到《政风行风热线》栏目上线征求意见，坚持边查边改、以查促改、未评先改，做到"亮出问题不怕丑、揭露问题不怕短、听取意见不怕烦、触及问题不怕痛"，敢于正视问题，严于剖析问题。

六、抓整改，树典型，促进广电系统良好行风的形成

根据查摆出的问题，河源广播电视台积极主动进行整改。制定、完善适应广电机构改革后的各项规章制度，并形成《河源广播电视台制度汇编》；制订《关于进一步改进会议新闻和领导同志活动报道的实施方案（暂行）》，改善会议新闻和领导同志活动报道过多、过长、质量偏低的问题；投入资金完善市县光纤联网，提高广播电视信号质量；在窗口单位实行服务承诺制度，提高服务质量和服务水平。

积极开展全市广电系统的"行业之星"评比活动，表彰全市广播电视系统行风建设先进单位和先进个人，推广搞好行风建设的先进经验，以榜样的力量鼓舞行业士气，增强广电系统的凝聚力，引导各单位学先进、赶先进，共同开创行风建设新局面。

经过全台上下的共同努力，圆满完成了民主评议行风各个阶段的工作，并顺利地通过了河源市行风评议团的评议。评议团认为，河源广播电视台对行风工作高度重视，采取切实措施，真抓实干，使行业风气有了明显好转。河源广播电视台的行风建设得到河源市有关领导、市纠风办和市直行评团的充分肯定，在 2005 年 9 月 1 日全市广电行风评议大会上被评为行风建设"满意单位"。

根据上级纠风办的要求，2006 年 8 月，河源广播电视台制订《河源广播电视台行风评议回头看工作方案》，认真抓好行风评议回头看工作，针对 2005 年行评团提出的存在问题，逐项落实整改。2007 年 8 月，河源广播电视台行风评议回头看工作顺利通过河源市纠风办检查组的评议检查。

第三节　纪律教育学习月活动

从2006年开始，河源广播电视台按照省市相关部署认真开展每年的“纪律教育学习月活动”。

每年7月至9月，组织全台党员干部认真开展纪律教育学习月活动。在台班子的领导下，台机关党支部和各分支机构党支部认真贯彻党的十七大、十八大精神，深入贯彻落实科学发展观，根据每年的主题要求，加强对全台党员干部的反腐倡廉教育，分层次抓好各级各部门领导干部的廉洁教育，并取得了良好的成效。

一、及早部署，明确学习重点和活动内容

每年年初，河源广播电视台都把纪律教育工作纳入党员教育的总体部署，把纪律教育学习月活动作为加强领导班子思想政治建设和提高党员干部政治素质的一项重要措施来抓，做到早谋划、早部署、早协调，未雨绸缪。每年7月，根据纪律教育学习月活动要求，召开学习月活动动员会，传达上级关于开展纪律教育学习月活动的文件精神，要求全体党员干部紧紧围绕当年的活动主题，明确学习重点和活动内容，处理好学习与工作的关系，加强反腐倡廉制度建设，坚决把解决实际问题作为纪律教育的出发点和落脚点，推动河源广播电视事业科学发展。

二、创新载体，激发员工参与热情

坚持继承与创新相结合，以特色活动为载体，以党员干部喜闻乐见的方式开展形式多样、扎实有效的教育活动，提高广大员工思想道德境界、党性修养水平。通过强化道德和作风纪律教育，增强职业道德素养和法纪意识，使广大党员干部认清自己身上的职责，始终坚持客观公正、实事求是、廉洁奉公、立场坚定，在思想上、道德上构筑起坚固的廉政防线。在扎实做好上级“规定动作”的基础上，河源广播电视台还根据单位的工作实际设立“自选动作”，确保纪律教育有针对性，符合广电实际。

三、以点带面，注重活动成效

在开展纪律教育学习月活动中，河源广播电视台以广播中心和电视中心两个宣传窗口单位为活动示范点，以点带面，推动纪律教育学习月活动的全面开展。

广播中心和电视中心充分发挥党和政府“喉舌”的功能，开辟专栏，专题报道全市纪律教育学习月活动情况，介绍活动中出现的好做法、好经验，增强党员干部的反腐倡廉意识，为河源市纪律教育学习月活动营造浓厚的舆论氛围。

在开展纪律教育学习月活动中，全台通过开展形式多样的教育活动，进一步促进制度建设、作风建设和思想政治建设。全体干部职工特别是党员干部在思想认识、作风建设方面有了明显的提高，增强了工作的主动性和积极性。

四、宣传典型，为活动营造良好氛围

一是配合做好纪律教育学习月活动的宣传报道，大力报道活动期间各单位、部门取得的成效，为把活动引向深入提供舆论保障。二是积极支持河源市纪委的明察暗访工作，在采访任务十分繁重、人员十分紧张的情况下，抽调多名记者常驻市纪委配合做好明察暗访行动的拍摄工作。三是充分发挥媒体优势，在电台、电视台、广电网站经常播放廉政准则“52 个不准”公益广告。据不完全统计，2006 年至 2012 年，全台共播出纪检监察类新闻近 2 100 条，廉政公益广告 15 000 多次，取得了很好的宣传教育效果。

第四节　排头兵实践活动

2006 年 2 月至 11 月，河源广播电视台结合广播电视的工作实际，认真开展以“三个走在前面”（即在落实科学发展观、构建和谐社会和全面加强党的建设三个方面走在前面）为主题的排头兵实践活动，并取得了明显成效。

河源广播电视台“排头兵实践活动”分为学习教育、实践活动、评议总结三个阶段进行。

一、围绕“三个走在前面”开展教育，夯实当好排头兵的思想基础

（一）组织动员

结合本台实际，对开展排头兵实践活动进行部署，广泛动员，统一思想，明确责任，充分认识开展排头兵实践活动的重要性和必要性，明确主要目标任务、方法步骤和责任要求。

（二）学习讨论

结合学习贯彻党的十六届五中全会，广东省委九届七次、八次全会精神，认真学习领会胡锦涛总书记关于广东省发挥排头兵作用的指示精神和省委的部署要求，围绕“三个走在前面”开展“广电人如何当好排头兵”大讨论。通过学习教育，强化对“三个走在前面”的理解，增强当好排头兵的光荣感、责任感和使命感。

（三）深入调研

组织专门人员到机关部室和分支机构开展调研，召开有员工代表参加的“创新发展座谈会”，找出与当好排头兵要求的差距，选准突破口，写出调研报告，并充分运用调研成果，形成新的发展思路和对策。领导班子成员根据“三个走在前面”的要求，结合分工，确定专题，带头深入基层、深入实际、深入群众调查研究。

二、围绕“三个走在前面”抓好落实，开展多种形式的实践活动

根据“三个走在前面”的要求，结合河源广播电视台实际和特点，以创新经营、增加创收为突破口开展排头兵实践活动。创新经营主要以与南方广播影视传媒集团开

展联合发展为路径。2006 年 3 月 5 日，河源广播电视台与南方电视台签订联合发展经营协议，成立广东南方联合传媒广告有限公司河源分公司；2006 年 4 月 22 日，公共频道与南方电视台经济频道在河源文化广场举行“情牵一线 · 走进河源”大型观众见面会活动；2006 年下半年，广播中心与广东电台商定联合发展事宜并签约，11 月挂牌成立广东省珠江广播电视广告公司河源分公司。通过联合经营，河源广播电视台的广告收入得到了较大幅度的增长。同时，河源广播电视台组织党员干部为困难群众送温暖，带头参加扶贫济困，以实际行动为群众排忧解难。河源广播电视台把为基层群众办实事、解难事、做好事的过程，作为提高党的执政能力、巩固党的先进性建设成果、改善党群干群关系、增进党同人民群众血肉联系的过程。

三、围绕“三个走在前面”组织评议，检验排头兵实践活动成效

对照“三个走在前面”的要求，组织开展机关作风评议，采取“自评和他评相结合，以他评为主”的方式对各部室和分支机构落实排头兵实践活动任务的情况进行评议。

第五节　机关作风建设活动

为加强广电队伍作风建设，提高工作效能，引导全台干部职工始终保持创先争优、奋发有为的精神状态，推动河源市全力实施“四大战略”、实现“三大崛起”、建设“幸福河源”，按照河源市委的统一部署，2012 年 3 月至 6 月，河源广播电视台开展了机关作风建设活动。

这次机关作风建设活动集中用四个月时间进行，重点抓好四个阶段的工作。

第一阶段（3 月 22 日至 4 月 26 日）：学习动员，统一思想。根据市委的部署，结合全台实际，制订实施方案，动员全台干部职工积极投身到机关作风建设活动中来。

第二阶段（4 月 27 日至 5 月 20 日）：对照检查，查摆问题。通过发放征求意见函、召开座谈会、公开投诉电话、在单位及网站设立投诉信箱等多种形式收集意见，查找机关作风建设方面存在的问题，并针对查找出来的作风问题，深刻剖析原因，研究整改对策，落实整改措施。

第三阶段（5 月 21 日至 6 月 15 日）：认真整改，完善制度。针对思想作风、工作作风、领导作风、生活作风等方面存在的问题，坚持边查边改、边整边改，制订切实可行的整改方案，明确整改内容、整改时限、整改措施和责任人。坚持抓重点、抓关键，解决突出问题，务求实效。

第四阶段（6 月 16 日至 6 月 30 日）：检查总结，巩固提高。针对整改情况和成效进行自评，形成机关作风建设活动总结报告，报河源市机关作风建设活动领导小组办公室。

为确保机关作风建设活动取得实效，河源广播电视台着重从以下几点入手，广泛发动，深入开展，确保实效。

一、成立领导小组

河源广播电视台成立了机关作风建设活动领导小组，由台长任组长，分管领导任副组长，各分支机构负责人和台办公室主任为领导小组成员。领导小组下设办公室，办公室下设综合组、督查组、宣传组。台下属各单位相应成立了领导机构，形成了一把手亲自抓、负总责，分管领导具体抓，层层抓落实的良好机制。

二、加强督导检查

对活动全过程加强督导检查。台领导小组派出督查组到各分支机构和机关各部室进行指导、督查，对活动过程中出现的边查边犯、边改边犯的典型进行组织处理。办公室设立投诉电话，受理对机关作风的投诉，由督查组负责直接处理或责成有关部门调查核实投诉内容。

三、明确整顿重点

把机关作风建设情况作为年度考核和台党组考察下属各单位领导班子、领导干部的重要内容。对抓机关作风建设措施得力、效果明显的单位，给予通报表扬；对抓机关作风建设不力、多次受到通报批评的单位，追究相关单位主要领导的责任。在机关作风建设活动中，重点整顿杜绝以下几种现象：

（一）上班（或采编人员执行采访任务）迟到早退

上班（或采编人员执行采访任务）迟到、早退 2 次者，本人作出检讨，并由所在单位予以通报批评；3 次者，由台机关作风建设活动领导小组办公室给予黄牌警告，并向各分支机构和机关各部室通报；超过 3 次者，诫勉谈话，停职检查，学习三天，视整改情况再作处理；凡是无故缺勤者一律按台相关制度予以处罚。受到通报批评者在本年度考核中不能评为“优秀”。

（二）沉迷于打麻将

凡在上班时间打麻将和以打麻将为名进行赌博活动者，经查证属实，一律交由河源市作风办处理。在下班时间沉迷于打麻将，造成不良影响的，经查证属实，对当事人实行诫勉谈话。

（三）无视会议纪律

凡河源市委市政府或台召开的会议，开会时迟到、早退的，查实 1 次，对当事人进行提醒；查实 2 次，对当事人实行诫勉谈话；查实 3 次及以上，本人作出检讨并给予黄牌警告，并在全台通报。

（四）利用公款出外旅游

查处借学习、考察等名义，利用公费出外旅游的行为。台严格按照有关文件精神，严肃追究违反规定的部门或个人的责任。

（五）借婚丧喜庆之机收钱敛财

坚决制止台各级领导干部利用职务影响，借婚丧喜庆之机，大摆宴席、收钱敛财的现象。

（六）吃拿卡要占

对因“吃拿卡要占”而被投诉的单位和个人，一经查实，追究有关单位主要领导及被投诉人的责任。

（七）有偿新闻

对利用职务便利搞有偿新闻或以个人、小团体利益决定新闻取舍的新闻从业人员，按《河源广播电视台禁止“有偿新闻”的若干规定》处理。

在机关作风建设活动期间，全台没有发现上述七种违规现象。

第六节　“三项学习教育”活动

按照上级部门的统一部署，河源广播电视台（局）紧紧围绕河源市委市政府的工作大局，紧密结合新闻队伍的思想和工作实际，2003 年 10 月以来，把“三项学习教育”活动作为新闻队伍建设的重中之重，并采取有力措施，逐步引向深入，取得了阶段性成果。

开展“三项学习教育”（“三个代表”重要思想、马克思主义新闻观、职业精神职业道德学习教育）活动，是中央为加强宣传思想工作队伍建设采取的重要举措。

为确保“三项学习教育”活动有领导、有计划、有步骤地深入开展，河源广播电视台（局）成立了“三项学习教育”活动领导小组，精心组织，统一安排部署；制订了详细的工作方案，切实加强领导；先后下发了《关于深入开展“三个代表”重要思想、马克思主义新闻观、职业精神职业道德学习教育活动的意见》、《关于深化“三项学习教育”活动的实施意见》及《关于开展“建立监督机制，杜绝有偿新闻，树立良好形象，促进队伍健康发展”活动的通知》等文件，把“三项学习教育”活动纳入采编、经营和管理工作等各个领域，把学习教育情况列入对各部门尤其是新闻部门的工作考核当中。

一是以聘请专家、学者授课的方式，组织全体记者、编辑、播音主持人深入学习和领会“中国特色社会主义理论体系、马克思主义新闻观、职业精神职业道德”三项学习教育活动的具体内容和精神实质。全台（局）撰写学习心得、理论文章 90 余篇，达 10 万字。

二是扎实有效开展“三贴近”活动，通过栏目改版和根据社会热点，开设新栏目，使广播电视新闻报道更加贴近群众、贴近生活和贴近实际。

三是以频道建设为载体，以绩效考核为抓手，加强从业人员的责任感和使命感，使之恪守职业道德，弘扬职业精神，有效提升了采编播队伍的综合素质，推动了广播电视节目、栏目质量的提高。

通过扎实推进“三项学习教育”活动，河源广播电视台（局）员工在坚持用中国特色社会主义理论体系武装头脑的自觉性上有了新的增强，在坚持党性原则、把握正确导向上有了新的进步，在弘扬职业精神、恪守职业道德上有了新的变化，在加强和改进新闻宣传工作上有了新的成效，有力地推动了新闻队伍的建设和新闻事业的健康发展。

第七节 深入学习实践科学发展观活动

按照河源市委的统一部署，河源广播电视台从 2009 年 3 月至 8 月开展了为期半年的深入学习实践科学发展观活动，并取得了显著成效。

开展深入学习实践科学发展观活动，是党的十七大作出的战略决策，是“三个代表”重要思想学习教育活动和保持共产党员先进性教育活动的继续，是党员领导干部树立科学发展理念、提高科学发展能力的迫切要求。因此，河源广播电视台要求广大党员干部从推动科学发展、构建和谐社会、提高执政能力的高度出发，深刻领会活动的重大意义，切实增强搞好学习实践活动的政治责任感和历史使命感，不断增强贯彻落实科学发展观的自觉性和坚定性。

在全台学习实践活动正式开始前，成立了由台长任组长，其他班子成员任副组长，各分支机构和机关各部室负责人任成员的台深入学习实践科学发展观领导小组。按照要求，学习实践活动从 2009 年 3 月开始，到 2009 年 8 月基本完成，分三个阶段进行。

一、学习调研阶段

从 2009 年 3 月上旬至 4 月中旬，安排了 45 天时间。学习形式多样，学习内容丰富，学习方法灵活。采取理论专著辅学、专家学者讲学、领导干部送学、交流讨论互学、党员结对帮学、指导检查督学等形式，组织党员干部认真学习党的十七大等会议精神，学习《毛泽东邓小平江泽民论科学发展》和《科学发展观重要论述摘编》。台班子成员还集中时间认真学习了《深入学习实践科学发展观活动领导干部学习文件选编》。同时根据本单位的实际，认真开展了“访民情、听民意、解民困”主题实践活动，进一步密切了党群干群关系，营造推动科学发展的社会氛围。

二、分析检查阶段

从 2009 年 4 月下旬至 6 月上旬，安排了 45 天时间。采取个别访谈、座谈交流、发放问卷、网上调查、印发征求意见表等方式，广泛征求了干部职工和群众意见，召开了专题民主生活会，积极开展批评和自我批评。学习实践活动的专题民主生活会与 2009 年度专题民主生活会合并召开，主题为“切实转变作风，推动科学发展”。每位领导班子成员都精心撰写了发言材料，认真查找存在的问题，深刻反思主观原因，明确今后努力方向，坚持做到了谈心活动谈得不透的不上会、发言材料准备不好的不上会、整改措施不实的不上会、努力方向不明的不上会，确保了专题民主生活会质量。该会邀请了基层单位、服务对象和社会公众代表观摩参与，并深入联系点、结对村，确保开好组织生活会，提高组织生活会质量。此阶段突出检查分析问题、理清科学发展思路、明确改进措施这几个重点，形成高质量的领导班子分析检查报告。

三、整改落实阶段

从2009年6月下旬至8月，安排了55天时间。广泛开展“共克时艰党旗红”主题实践活动，努力推进“四个争先行动”（一是“三促进一保持”争先行动，二是解决问题争先行动，三是转变工作作风争先行动，四是推动工作落实争先行动）。以领导班子分析检查报告为主要依据，针对查摆出来的突出问题，制订整改落实方案，明确整改落实项目，明确整改落实目标和时限要求，明确整改落实措施，明确整改落实责任，并对整改落实做了公开承诺。此阶段坚持实事求是，解决突出问题。对照科学发展观的要求，区分层次建立、完善制度。对本单位过去制定的意见办法、规章制度进行一次全面清理，废除一些不适应、不符合科学发展要求的规章制度，完善一些存在缺陷的规章制度，建立一些符合科学发展要求、促进工作落实的规章制度。

在深入开展学习实践科学发展观活动中，河源广播电视台围绕建设一支政治坚定、业务精通、纪律严明、作风优良的广电队伍，积极开展了以树立“五种意识”（政治意识、学习意识、效率意识、责任意识、服务意识）和培育“五种观念”（服务观、全局观、发展观、节约观、协作观）为主题的学习讨论活动。学习讨论活动中共查找出涉及新闻宣传、经营创收、队伍建设等方面的问题112项，全部建立整改台账，制定解决问题的“时间表”和“整改标准”，有力地推动了广播电视各项工作的落实。

第八节　创先争优活动

2010年6月至2012年11月，河源广播电视台开展以“创建先进基层党组织，争当优秀共产党员”为主要内容的创先争优活动。活动开展以来，全台服务发展的能力明显提高，以数字电视整转等工作为重点的年度目标任务圆满完成，党支部的凝聚力、战斗力和号召力明显增强，党员的先锋模范带头作用明显提升。

一、开展活动的基本情况

河源广播电视台作为河源市的主流媒体，其性质、地位和特点决定了开展创先争优活动的重要性和必要性。为此，台党组明确要求广电系统各级党组织和党员要以高度的政治责任感自觉积极地参加创先争优活动，结合广播电视改革发展的实际和党员的思想实际，在推动科学发展、促进社会和谐、服务人民群众、加强基层组织建设的实践中建功立业。

一是党组专题研究，确立活动主题。二是加强组织领导，制订工作方案。三是突出广电特点，搞好分类指导。根据单位性质和党员的岗位特点，结合工作实际和党员思想实际，广泛开展形式多样的创先争优活动。

二、主要做法和初步成效

河源广播电视台要求各级党组织根据广播电视改革发展实际和党的建设、队伍建设实际，确定具有广电特色的活动主题和活动方式，重点根据“五个围绕”展开活动。

一是紧紧围绕提高舆论引导能力开展创先争优。牢牢把握正确的舆论导向，是广播电视工作的灵魂。广播中心、电视中心和公共频道的党员记者在宣传报道中充分发挥先锋模范作用，克服工作时间长、新闻时效强、报道任务重、标准要求高等实际困难，不仅抓好日常的动态新闻宣传，更注重全年新闻宣传的策划，使新闻宣传的质量和舆论引导水平得到了明显提高。此外，还应提前精心策划，挖掘新闻深度，对重大题材的宣传实行纵向和横向的媒体联动，开展有计划、有重点、有深度、有影响的宣传报道工作。应对突发事件、重要新闻时反应迅速，能在第一时间组织现场报道。

二是紧紧围绕加快数字电视整转开展创先争优。网络中心党支部作为全市有线数字电视整体转换的“领头雁”，充分发挥党员干部模范带头作用，积极整合现有资源，集中优势兵力，经过不断的学习、培训、磨合，建立了一支装备精良、素质过硬的整转队伍。他们克难攻坚，想用户所想，急用户所急，在数字电视整转全面启动不到半年的时间里，开通有线数字电视的终端数达到 10 万台，整转率 91%。

三是紧紧围绕确保广电安全播出开展创先争优。安全播出是广播电视的生命，是党政信息安全的重要组成部分。河源广播电视台要求各级党员干部靠前指挥、广大党员忠于职守，确保广播电视的安全播出。台技术发展部、广播电视发射中心及广播和电视两中心的技术部承担着广播电视安全传输发射的任务。这些部门紧紧围绕“推动科学发展、确保安全传输”主题开展创先争优活动。首先，制作了《创先争优公开承诺书》。每个党组织和党员就如何立足岗位、确保安全播出作出公开承诺，并由群众对其落实情况进行监督。其次，开展主题实践活动。相关部门结合实际开展了“党员先锋岗”、“党员责任区”活动，把党和政府的声音传到千家万户。

四是紧紧围绕推进体制机制创新开展创先争优。按照上级的要求，河源广播电视台积极推进事业单位岗位设置和人员聘用的改革工作，加快广播电视内部管理机制改革创新，加强广播电视节目内容、形式及传播方式的创新。

五是紧紧围绕提升广电队伍素质开展创先争优。台党组十分注重在提高队伍素质中创先争优，大力推进学习型党组织建设。台坚持以理论学习中心组为龙头，带动全体党员和干部职工的学习。台积极创新探索富有时代特点的学习方法，运用学习讲座、读书交流、知识竞赛、技能比赛、参观考察等行之有效的手段，组织各种形式的主题学习教育活动。建立、完善了理论学习的推进机制和运行体系，确保理论学习规范化、制度化、科学化。

第九节 “我为党旗添光彩”活动

根据河源市委《转发市直机关工委〈关于开展“我为党旗添光彩”主题实践活动

方案〉的通知》（河委办〔2010〕36 号）要求，河源广播电视台于 2010 年 7 月至 12 月开展了“我为党旗添光彩”活动。

此次活动，河源广播电视台以建设服务型单位为抓手，以深化作风建设为根本，以提高工作效率为目标，以服务群众、服务发展为落脚点，进一步增强执行力，提高服务基层的能力和水平，努力打造“真心实意、真才实学、真抓实干”的领导班子和党员干部队伍，促进广播电视事业又好又快发展。

一、开展创建服务型单位活动

由台机关党委牵头，组织各党支部和全体党员参与创建服务型单位活动，以服务党委、政府和百姓为重点，把镜头和话筒对准老百姓的热点、难点问题，呼应党委、政府工作大局，回应百姓重大关切，切实提高新闻宣传的有效性。要求各党支部尽可能创造更好的条件，让每一位共产党员都能在岗位上为党旗添光彩。同时，完善台务公开制、目标管理责任制等一系列优化服务的长效机制，提高广播电视事业管理和服务水平。

二、深入开展“双到”和“暖企”活动

一是结合扶贫开发“双到”（规划到户、责任到人）工作的要求，认真落实“双到”工作责任制，党员干部以身作则，做好表率，多为农村和农民办实事、办好事。充分发挥各单位党组织和工、青、妇等群众团体的作用，以“送温暖”等方式推进社会主义新农村建设。二是围绕广东省委省政府“双转移”（珠三角劳动密集型产业向东西两翼、粤北山区转移，东西两翼、粤北山区的劳动力向珠三角转移）的战略部署，积极响应河源市委市政府号召，针对企业普遍存在招工难的情况，充分发挥优势，加大宣传报道力度，营造有利于企业发展的良好氛围。

三、深入开展“双创”和当好世客会东道主活动

紧密结合河源市“创卫”、“创模”的工作要求，发挥广大党员干部在“双创”工作中的示范带头和推动作用，促进“双创”工作达到预期目标。大力支持和积极参与迎接“第二十三届世客会”的有关工作，做好宣传，以文明服务、文明言行展现河源广电采编播队伍的良好形象。

第二十四章 扶贫济困

河源广播电视台高度重视队伍建设，通过各种主题活动来提升队伍素质，营造具有广电媒体特色的文化氛围。其中，以扶贫济困、奉献爱心为主题的各项活动就收到了较好的效果。扶贫济困活动依托主流媒体优势，发动社会各界和本台员工广泛参与，以救灾、济困、扶贫、助学等形式关注弱势群体，在社会上引起了良好的反响，得到了社会各界的好评。

第一节 挂钩扶贫 情系基层

2005 年以来，河源广播电视台按照广东省委省政府和河源市委市政府有关驻村扶贫工作的部署，认真贯彻落实“五个到位”（认识到位、责任到位、人员到位、措施到位、资金到位）和“双到”（规划到户、责任到人）制度，通过多种方式、多个渠道筹措了 120 多万元扶贫专项资金，相继挂钩帮扶了紫金县临江镇前进村、禾坑村，水墩镇水墩村，瓦溪镇瓦溪村，蓝塘镇半径村等贫困村。经过数年的不懈努力，以上挂钩帮扶村村集体和贫困户均已实现了脱贫目标，村基础设施、村容村貌焕然一新，村民生产生活条件得到了极大改善。

2005 年至 2007 年，河源广播电视台落实“十百千万”干部下基层驻农村开展帮扶活动的要求，先后派出两批干部到紫金县临江镇前进村和禾坑村挂钩扶贫。通过驻村工作组的努力，加强了前进村和禾坑村的基层党组织建设，帮助村集体经济年收入达 3 万元，贫困村民全部脱贫。

2008 年至 2010 年，河源广播电视台先后派出驻村工作组到紫金县水墩镇水墩村和紫金县瓦溪镇瓦溪村扶贫，通过党支部共建和干部结对等形式，帮助水墩村和瓦溪村走上了脱贫致富的路子。

2010 年 4 月至 2013 年初，河源市交通运输局与河源市文化广电新闻出版局、河源广播电视台共同挂钩帮扶紫金县蓝塘镇半径村（省定贫困村），河源市交通运输局是牵头单位。为抓好扶贫“双到”工作，河源广播电视台按照上级要求，除派出驻村工作组外，还采取了领导干部结对帮扶责任制，安排全台在职副科级以上干部每人帮扶 1 户贫困户，要求帮扶干部在制定帮扶措施、落实帮扶资金、发展生产、解决贫困户子女读书问题、危房改造等方面给予帮助。据不完全统计，帮扶干部先后 15 批次来到扶贫村开展帮扶活动，共计为半径村送上帮扶资金近 60 万元、送医送药下乡 2 次、送戏下乡3次、过主题党日活动3次、慰问困难党员群众4次达36人次。

经过三家单位三年的倾力帮扶，半径村发生了巨大变化：一是村容村貌发生巨大变化。新建村委会办公楼附属楼150平方米，新建公共厕所1个，新建垃圾池17个，安装路灯15盏，新建占地面积3 000多平方米的集健身、文化、娱乐于一体的文化广场。二是村集体经济收入大幅提高。村集体经济收入由原来的每年不足0.9万元增加到5.8万元，对比2009年增长544%。三是贫困户人均纯收入快速增加。107户贫困户全部实现稳定脱贫增收，脱贫率100%。2012年全村贫困户人均纯收入达到8 690.6元，比2009年增加7 417.6元，增长583%。四是贫困群众生产生活条件根本改善。通过争取上级项目资金，投入6.8万元建设一座小型抽水站和300米三面光水渠，投入85万元建设山背桥和沙围桥，投入270万元完成三车、东坑、木坑、上径自然村通往义容镇共9.7公里水泥路面硬底化工程，投入15万元新建一所村级卫生站，帮扶全体村民购买新农保，完成了低收入住房困难户144户的农房改造，全村村民用上了自来水。五是农业产业化成效显著。种植黄竹1 040亩、春甜橘480亩，通过产业扶贫，贫困群众在特色产业中的收入逐年增长60%以上。六是教学设施进一步完善。帮扶20万元为半径小学新建了一栋面积290平方米的两层教学楼，帮扶干部共捐资2.3万元帮扶贫困学生解决读书困难问题，入学率达100%。

三家单位的联合帮扶，得到上级部门的充分肯定。在2010年广东省扶贫开发“双到”工作考评中，半径村被评为优秀村；在2011年广东省扶贫开发“双到”工作考评中，半径村位列紫金县第四名；2013年，牵头单位被广东省委省政府办公厅评为扶贫开发“双到”工作优秀单位。

第二节 扶危济困 大爱无疆

2005年以来，河源广播电视台弘扬中华民族“一方有难、八方支援”的传统美德，充分发扬“仁爱”的人道主义精神，积极组织动员广大员工参与奉献爱心活动，并发动社会各界热心人士参与。据不完全统计，2005年至2012年，河源广播电视台发动热心人士捐款200多万元，广电台员工累计捐款711 637元，用于救灾、扶贫、济困、助学；有300多人次参与无偿献血，累计献血120 000毫升。

2005年6月20日，河源遭遇百年一遇的特大暴雨，河源市直广电系统的领导深入一线，在指导抗洪救灾宣传报道工作的同时，迅速发动广大员工为灾区灾民捐款捐物，共筹得善款12 100元。

2006年5月15日，河源广播电视台员工为扶贫点紫金县临江镇前进村的一位白血病儿童捐款5 368元。

2006年6月9日，河源广播电视台向河源市红十字会送上员工捐款5 225元，用于筹建河源市人民医院新院。

2008年2月3日，河源广播电视台积极响应河源市委市政府为灾区群众“送温暖、献爱心”捐款活动，向南方部分受冰冻雪灾的人民伸出援手，组织全体员工为灾区捐款捐物，共筹集资金 169 300 元及衣服、毛巾被等救灾物品一批。

2008 年 5 月 12 日，四川汶川县 8.0 级特大地震灾害发生后，河源广播电视台多次组织全台员工、党员、团员捐款献爱心。累计向汶川灾区捐款 120 200 元；募集“特殊党费”49 000 元；缴纳“特殊团费”18 590 元。

2010 年 4 月 14 日，青海省玉树县发生 7.1 级地震。4 月 19 日，河源广播电视台广大员工积极向青海玉树地震灾区奉献爱心，共捐款 14 540 元。

2009 年至 2012 年，河源广播电视台积极响应“广东省扶贫济困日”活动，号召全体员工捐款扶贫济困，4 年共筹得善款 297 884 元。

2012 年，河源广播电视台与河源市农业局、河源市农业产业化龙头企业协会共同组织“善治河源·金秋助学”活动，共筹得资金 53 万元，为 106 名贫困大学生每人提供5 000元资助。2013 年，河源市交通运输局、河源市文化广电新闻出版局、河源广播电视台继续合作，共筹得资金 80 万元，为 160 名贫困大学生每人提供 5 000 元资助。

2013 年 4 月 20 日，四川省雅安市芦山县发生 7.0 级地震。4 月 28 日，河源广播电视台广大员工积极向地震灾区奉献爱心，共捐款 19 430 元。

从 2001 年至 2011 年，河源广播电视台携手河源市社会各界热心人士，连续十多年举行“新闻助学行动”，共筹得助学资金 200 多万元，为 100 多名贫困大学生提供了有效资助。

第六编

管　理

为进一步转变机关工作作风，提高工作效率，更好地做好政务和业务工作，增强组织纪律性和工作责任感，树立和维护广电媒体良好的社会形象，河源广播电视台在机制创新和目标管理方面进行了积极探索。根据有关规定并结合实际，制定了行政后勤、人事劳资、宣传报道、财务经营、技术安全、机关效能建设等一系列内部管理制度，力求用科学、合理、公平的管理机制调动大家的工作热情和主观能动性，营造有序竞争的良好氛围，不断推进广播电视事业的改革和发展，使广电事业再上新台阶。

2005 年建台以来，河源广播电视台坚持“创新思路、深化改革、加强管理、提高效益”的原则，进一步完善管理体制，建立起一套切合河源广播电视台实际、符合广播电视业务运营特点、可持续发展的管理模式。

2012 年，在台对下属各分支机构实行量化考核的基础上，首次实行中层领导干部年度工作目标承诺责任制度，将广播电视新闻宣传、事业发展、安全播出等重点工作任务直接细化到台各分支机构和台机关各部室班子成员。同时落实责任分工，完善奖惩机制，充分调动中层干部的积极性、主动性和创造性，并取得了较好成效。

多年来，在全体干部职工的共同努力下，河源广播电视台的栏目收视、收听率得到了明显提高，经济效益显著增长，管理水平逐步提高。

第二十五章 行政后勤管理

第一节 会议制度

为统一会议管理模式、减少会议数量、缩短会议时间、提高会议质量，坚持贯彻民主集中制原则，提升科学决策水平，河源广播电视台逐步形成了一系列行之有效的会务管理制度。

一、台党组会议

讨论和决定台的重大问题，研究决定人员的提拔、任免和人员工作调动，协商重大项目支出等问题。不定期召开，台党组成员参加。

二、台班子会议

传达和贯彻上级重要指示；对近期全台的工作进行部署和决策；听取分管副台长对党组会议决定的情况的汇报；对有关分支机构、机关部室的请示和工作意见作出研究决定和安排。每月召开一次以上，台领导班子成员参加。

三、台务工作会议

传达台党组和台班子会议精神，研究贯彻落实台党组和台班子会议决定的重要事项；听取各分支机构、机关各部室工作汇报，研究部署下一阶段工作；协调处理好各分支机构、机关各部室的工作关系，研究和解决工作中提出的问题。原则上每月召开一次，台领导班子成员和各分支机构、机关各部室负责人参加。

四、台编委会

听取台各宣传机构汇报当月宣传工作亮点，分享当月宣传工作经验，拟定下一个月宣传工作重点，制订重点选题的运作方案。原则上每月召开一次，台长、分管宣传的副台长和台编委会成员参加。

为进一步严肃会议纪律，切实加强和改进会风，提高会议效率和工作质量，着力打造务实高效的政务环境，结合市委市政府关于整顿会风的通知的要求，河源广播电视台出台了《关于进一步端正会风问题的规定》。严格会议报名制度，参会人员未经批准，不得无故缺席或擅自派其他人员顶替参加会议；严格会议签到制度，参会人员不得无故迟到或早退；严格遵守会场纪律，会议期间要关闭通信工具（或将手机设定为震动状态），不得来回走动或长时间滞留会场外，不得从事与会议无关的其他事情，并要认真做好笔记；严格会议保密纪律，凡会议决定的事项，没有规定传达的，不得传播扩散；加强会议的组织和监督，监督结果作为对部门和个人年终考核以及评选先进的重要依据，凡受到通报批评的部门或个人，当年不得评为先进。

第二节　文秘工作

文秘工作是台机关日常工作的重要内容之一，发挥着承上启下、联系左右、综合协调、提供信息、保障服务等重要作用。为进一步规范文秘工作程序，提高文字工作水平，促进机关工作高效有序运转，河源广播电视台办公室认真贯彻执行《国务院关于发布〈国家行政机关公文处理办法〉的通知》（国发〔2000〕23 号）和《广东省广播电影电视局公文处理实施细则》（粤广办发〔2007〕1 号），分别修订、下发了本台有关文秘工作的管理制度和实施细则等，各项文秘工作迈向制度化、标准化、规范化。

文秘工作制度有：

（1）《机关公文处理制度》；

（2）《政务大事记的编、报制度》；

（3）《文印室管理细则》；

（4）《保密管理规定》；

（5）《“综合档案”归档范围及管理制度》；

（6）《文书管理制度》；

（7）《阅办外来文件管理细则》。

第三节　效能建设

为进一步促进全台机关效能建设，改善工作作风，提高工作效能，健全办事高效、运转协调、行为规范的管理体系，河源广播电视台根据有关法律、法规的规定和《中共河源市委、河源市人民政府关于进一步加强机关效能建设的决定》、《关于印发〈河源市影响机关效能行为责任追究暂行办法〉的通知》等文件精神，印发了《河源广播电视台机关效能建设制度》。

其中，《党风廉政建设制度》规定，台党组书记、台长为台党风廉政建设第一责任人，对下属各分支机构、机关各部室党风廉政建设和反腐败工作负总责，对台领导班子的党风廉政建设负直接责任。领导班子成员要以身作则，带头执行上级各项规定，及时掌握下属各单位党风廉政建设工作情况，廉洁自律，勤政为民。各分支机构、机关各部室要把党风廉政建设和反腐败工作纳入本单位日常工作，推动党风廉政建设工作的落实。台里的重大决策和重大资金使用以及人事调动、任免等都应经台领导班子集体研究，不搞一言堂。做到政务公开，确保权力行使正确、资金使用安全、项目建设规范和干部健康成长。

为提高台各分支机构、机关各部室的办事效率和依法行政水平，进一步转变机关职能，建设清廉、勤政、务实、高效的宣传机关和干部队伍，制定了《河源广播电视台政务公开制度》，把政务公开工作纳入重要的议事日程。按照公开、公正、规范、高效、便民、廉政、勤政的基本要求，坚持依法公开、真实公开、讲求实效、利于监督的原则，结合实际，积极推进政务公开工作。

一、公开方式

（1）台机关、各分支机构设立政务公开栏。

（2）利用河源广播电视台网站、《河源广播电视周报》等发布需要向社会公开的事项。

（3）采取会议通报形式。对必须做出详细说明的重要事项，召开全体会议或有关人员会议作专题通报。

（4）以文件、简报形式公开。对事关全台的重大事项由台办公室拟文下发到各分支机构、机关各部室进行公开。

二、公开内容

除涉密事项外，凡与群众利益相关的事项，都按照规定和程序，采用方便、快捷的方式及时公开。根据河源广播电视台的实际情况，公开的主要内容有以下两方面。

（一）对社会公开的内容

（1）行政职能，内设机构及职责和联系电话。

（2）有关广播电视政策法规及相关文件。

（3）对外服务的办事依据、条件、程序及时限等。

（4）对外服务的各项收费项目、依据及标准。

（二）对内部公开的内容

（1）广播电视事业建设和发展的重大决策，重点建设项目、重大设备更新改造等。

（2）主要设备（包括办公设备）招标采购。

（3）年度资金安排和预（结）算情况。

（4）干部的选拔、聘任、调整、考核、评先、奖惩。

（5）台人员各类创优评比、先进评选情况及报上级单位评先进情况。

（6）职称评聘、考核情况及相关职称评聘的文件。

（7）工资调整、调级及相关政策性文件。

（8）党建工作情况。

（9）各项规章制度及管理办法在制定前征求群众意见，通过后予以公布。

第四节　计划生育

计划生育是一项基本国策，为落实《市直机关计划生育目标管理责任制》，河源广播电视台专门成立了计划生育领导小组，加强对全台计生工作的领导，领导小组下设计生办公室，台机关和各分支机构同时配齐计划生育兼职干部。每年，台长都会与计生管辖部门签订《河源市市直机关计划生育工作责任书》，并与台内各分支机构、机关各部室负责人签订《河源广播电视台计划生育工作责任书》，确保计划生育责任层层落实到位。

为更好地完善目标管理责任制，台计生办高标准、严要求做好本单位的计生工作，建立健全育龄对象档案，将具体责任落实到台各分支机构、机关各部室的育龄对象，层层抓落实，环环不疏漏。为杜绝计划外生育，台计生办紧抓定期查环查孕这个关键环节，对已婚育龄人员查环查孕情况逐次造册登记。另外，台计生办还紧抓“只有晚婚才能晚育”这一关键环节，从严把好结婚年龄关。对当年生育小孩的人员要求产后三个月内办理独生子女证，并及时补充档案资料。坚持“一票否决”权，对干部职工出境、提干、评定职称等环节严把办证、验证关。

第五节　后勤服务管理

2009 年 5 月之前，河源广播电视台由于分散办公，后勤服务及其管理工作由各分支机构各自负责，管理分散。2009 年 6 月，各分支机构搬迁到新办公楼——河源广播电视中心集中办公后，开始实行统一管理。2013 年 2 月，正式成立后勤服务中心，具体负责后勤各项管理工作。

为提高后勤服务管理质量，河源广播电视台从 2009 年 6 月起开始制定和实施了一系列后勤服务管理工作制度和相关管理规定，如《保安值班制度》、《车辆管理规定》、《车辆维护检查制度》、《消防管理规定》、《设备日常维修管理办法》、《健身房管理规定》、《职工食堂管理规定》、《保洁管理规定》、《公用设施管理制度》、《办公用品领用制度》、《集体宿舍管理制度》等。

《车辆管理规定》明确了台里所有的车辆一律归后勤服务中心统一管理，车辆的日常使用由后勤服务中心调度，各分支机构车辆日常使用由各分支机构自行安排。车辆进出广电中心大楼，要服从安保人员指挥，在车库或指定车位停放。本台车辆出入大门，要自觉接受门卫监督。车辆定点维修、保养，用油一律使用定额油卡，车辆费用单列并逐月公布。杜绝公车私用，节假日车辆原则上在台车库统一保管。

《职工食堂管理规定》明确了要严把进货关，搞好成本核算，确保生产安全和饮食安全。

《集体宿舍管理制度》主要针对河源广播电视中心员工宿舍的管理，对入住人员和住宿作出了具体规定。

第六节 保安执勤管理

河源广播电视台自搬到越王大道87号河源广播电视中心大楼办公后，台办公室作为台安保工作的实施部门（2013年2月后划归后勤服务中心），为搞好该大楼的治安、消防、轮值、内勤、卫生等杂务，制定了一系列管理制度与实施细则，并从2009年5月21日开始，先后委托广东新镕发科技实业公司和河源市三禾物业管理有限公司对该大楼实行昼夜24小时安保管理。台办公室还先后修改完善了《关于加强人员进出管理的通知》、《办公大楼安保规定》、《保安管理实施细则》、《消防安全管理规定》、《应对突发事件预案》等有针对性和实用性的规章制度，并对人员车辆出入、私家车的停放、公共活动场所的开放时间、保安职责范围、火警处置、消防安全等事项作出规范。

第二十六章 人事管理

河源广播电视台人力资源部主要负责本台人力资源开发工作，管理台的人员调配、聘用、考核、奖惩、晋升、人事劳资、专业技术职务评聘以及人员培训等工作，负责台干部职工的思想政治工作和人事报表的统计工作，研究和推进人事制度改革和岗位管理工作以及台领导交办的其他工作。

第一节 人事制度

2006 年，河源广播电视台在原市局的基础上，进一步修改完善了一系列组织人事管理制度，并于当年 11 月起制定了《河源广播电视台人事制度和分配制度改革实施办法》。河源广播电视台着力健全岗位管理、合同用人、公平竞争、绩效评价、分配激励、人员退出和监管管理等机制，建立依法依规用人、人员自主择业、配套措施完善的人事管理体制，努力形成广纳群贤、人尽其才、能上能下、充满活力的用人机制，营造优秀人才脱颖而出的良好环境，为推进全市广播电视事业的改革与发展提供了强有力的组织保证和人才支持。

按规定，台统一全台人事调配权，统一行使干部的人事任免，并按《党政领导干部选拔任用工作条例》规定做好考察申报任免工作；推行聘用制度，建立单位与个人之间以聘用合同管理为基础的平等的人事关系；打破身份管理界限，建立包括岗位聘用、岗位考核、岗位培训等内容的岗位管理制度；扩大内部分配自主权，建立以岗位工资为核心的多种分配方式并存的分配制度；建立和完善人才流动机制，合理配置人才资源，妥善安置未聘人员。

第二节 考评制度

为切实加强对市广电台干部职工的管理，充分调动干部职工的工作积极性、主动性和创造性，充分发挥市广电台作为市委市政府“喉舌”和“舆论监督”的职能作用，优质高效地做好广播电视宣传报道和推动事业发展等各项工作，河源广播电视台从 2007 年开始实施《河源广播电视台年度量化考核方案》，对各分支机构和机关各部室进行考核；从2009年起实施《河源广播电视台年度工作考评制度》，对各分支机构和机关各部室员工进行考核；从2011年起实施《河源广播电视台分支机构班子成员年度工作目标承诺制实施方案》，对台各分支机构班子成员进行考核。

台副处级（含副处级）以上干部的考评按照市委市政府有关规定进行。

河源广播电视台年度量化考核方案

为进一步加强我台内部管理，不断提高工作效率和工作效益，推动各项工作任务的完成，市广播电视台对各分支机构的工作每年进行考核。

一、考核目的

通过考核，检查各单位工作落实情况，为广播电视工作考评、个人职级升降和奖惩提供依据，促进广播电视工作上新台阶。

二、考核对象

台有关分支机构。

三、考核内容（共设置100分）

（一）领导班子建设情况（6分）。

（二）党建工作情况（4分）。

（三）工作指标完成情况（30分）。

（四）纪律执行情况（6分）。

（五）技术维护管理和安全生产及安全播出情况（8分）。

（六）财经执行情况（6分）。

（七）台交办的工作完成情况（9分）。

（八）单位作风建设情况（15分）。

（九）精神文明创建（3分）。

（十）综治情况（4分）。

（十一）公仆信箱和行风热线网站及信访处理情况（5分）。

（十二）群众评价情况（4分）。

四、考核办法

（一）由台组织考核小组按实施方案的要求进行考核。

（二）考核采取“听、看、查、核、评”的办法进行。“听”，即听取单位负责人及有关人员的汇报；“看”，即看有关现场情况；“查”，即查阅有关文件、资料及群众投诉情况；“核”，即核实有关数据；“评”，即进行综合评估。

五、考核时间

考核时间为次年的1月上旬。

六、考核等次

考核分优秀、合格、不合格三个等次。其中，90分以上为优秀，70~89分为合格，69分以下为不合格。

七、奖惩办法

（一）考核工作结束后，根据考核结果，对被评定为优秀等次的单位给予表彰奖励；对考核不合格的单位，主要负责人要向台党组作深刻检讨，该单位干部职工不发年终奖金，并通报批评；对年度考核连续两年不合格的单位，对该单位主要负责人及有关责任人进行处理。

（二）对超额完成经济指标单位按台有关规定给予奖励。

（三）为体现公平、公正原则，台机关部室不列入单独考核，其年度考核得分取台各分支机构考核总分的平均分，达到 83 分以上，即为优秀等次，70～82 分为合格，69 分以下为不合格。

（四）台机关各部室应根据工作分工积极主动为分支机构做好服务工作，由于工作不落实造成不良影响或严重后果受到分支机构投诉的，经核实情况属实者，有关部室主要负责人及责任人按不合格等次处罚。

八、组织机构

为做好年度考核工作，成立考核领导小组，其组成人员如下：

组　长：汪小刚

执行副组长：何远航

副组长：廖真、叶振廷、邹仕选、车济民、饶兆勇

成　员：钟梓梅、叶运枚、郭志军、郭佳红、张庆华

领导小组下设办公室，由办公室负责相关工作。

附：河源广播电视台年度量化考核内容及评分办法

考核内容		满　分	计分办法	得分说明	备　注
（一）领导班子建设情况（6 分）	一把手重视班子建设	2	每月至少召开一次班子会议，每少一次扣 0.5 分，以会议记录为准		
	班子团结务实高效	2	班子不团结扣 1 分；工作不务实扣 1 分；工作效率低扣 1 分		
	重大问题集体决策	2	重大问题不经讨论每次扣 1 分		
（二）党建工作情况（4 分）		4	支部无工作计划扣 0.5 分；工作计划不落实扣 0.5 分；没有工作总结扣 0.5 分		
			每季度至少开展一次支部学习或活动，每少一次扣 1 分；对发展党员工作不重视扣 1 分；党员管理工作不到位，措施不落实扣 2 分		

（续上表）

考核内容		满　分	计分办法	得分说明	备　注
（三）工作指标完成情况（30分）	业务工作	18	以台制定的当年广播电视工作目标任务为依据，制订全年和季度工作计划，全面完成本单位业务工作得满分。每少完成一项工作扣2分；每少制订一项工作计划扣0.5分；超额完成工作任务酌情加1～3分		经营管理中心本项工作分值为12分
	经济指标（没有下达经济指标的单位，此项分值列入业务工作计算）	12	以台制定的当年广播电视工作目标任务为依据，全面完成本单位经济指标得满分。完成任务数达不到98%以上的扣3分，完成任务在90%～98%的扣5分，完成90%以下的不得分。超额完成酌情加1～3分，费用支出控制在预算内的加3分		经营管理中心本项工作分值为18分
（四）纪律执行情况（6分）	遵纪守法	2	本单位出现违法案件的不得分；出现违纪现象的每人（次）扣1分		
	健全制度	2	按规定制度健全得2分，否则，每少一项扣1分		
	执行制度	2	出现违反台或本部门规章制度的每人（次）扣1分，如果未作处理每人（次）扣2分（以台记录为准）		
（五）技术维护管理和安全生产及安全播出情况（8分）	技术维护管理	3	不重视设备检修、设备完好率低扣1分；不重视设备维护保养扣1分；没有专职管理人员或管理不到位的扣1分；机房设备存在脏乱差扣1分；年度设备检修、技术维护管理检查不合格不得分		
	安全生产和安全播出	5	制度不健全的扣1分；执行制度不落实的扣2分；没有专（兼）职安全生产、安全播出人员和管理不到位扣2分		
			被省广电局（监测专报）和省集团通报安全播出事故，较轻的一次扣2分；重大安全播出事故不得分		
（六）财经执行情况（6分）		6	出现违反财务管理制度的每次扣2分；年度支出未经许可突破预算扣3分；出现严重违反财经纪律的不得分		

（续上表）

<table>
<tr><th colspan="2">考核内容</th><th>满 分</th><th>计分办法</th><th>得分说明</th><th>备 注</th></tr>
<tr><td colspan="2">（七）台交办的工作完成情况（9分）</td><td>9</td><td>对台交办的工作（如各种工作材料、台长及分管领导布置的各项工作等），没有依时完成的每次扣1～2分；完全没有落实且影响恶劣的每次扣6分；完成任务较好的酌情每次加1～3分</td><td></td><td></td></tr>
<tr><td rowspan="10">（八）单位作风建设情况（15分）</td><td rowspan="4">工作作风</td><td rowspan="4">4</td><td>工作作风、工作态度被投诉并经查实的，每次扣1分</td><td></td><td></td></tr>
<tr><td>有办事拖拉、吃拿卡要占等现象的，每次扣1～3分</td><td></td><td></td></tr>
<tr><td>有以打麻将、打扑克等方式为名进行赌博活动的，每次扣1～3分</td><td></td><td></td></tr>
<tr><td>被市机关作风督查组通报批评的，一次扣2分</td><td></td><td></td></tr>
<tr><td>公务会议或活动</td><td>3</td><td>市委市政府召开的会议或市公务活动有迟到、早退或缺席的，扣1～3分</td><td></td><td></td></tr>
<tr><td>学 习</td><td>3</td><td>每月至少集中（分组）学习一次，否则，每少一次扣1分；无学习记录扣1分</td><td></td><td></td></tr>
<tr><td rowspan="2">考 勤</td><td rowspan="2">3</td><td>未实行考勤制度的，扣1分；在上班时间上网聊天、炒股票、玩游戏不务正业活动的，每次扣1～2分</td><td></td><td></td></tr>
<tr><td>每月迟到、早退每3人（次）扣0.5分；出现无故旷工的不得分</td><td></td><td></td></tr>
<tr><td>卫 生</td><td>2</td><td>单位责任区和办公区的卫生检查不合格的每次扣1分；被市相关部门通报批评一次扣2分</td><td></td><td></td></tr>
<tr><td></td><td></td><td></td><td></td><td></td></tr>
<tr><td colspan="2">（九）精神文明创建（3分）</td><td>3</td><td>无工作计划扣0.5分；工作计划不落实扣0.5分；每季度开展一次精神文明建设方面的学习或活动，每少一次扣1分</td><td></td><td></td></tr>
<tr><td colspan="2">（十）综治情况（4分）</td><td>4</td><td>制度健全并落实到每个岗位和员工；出现群体性滋事和火灾、失窃、交通等安全事故，本项不得分</td><td></td><td></td></tr>
</table>

（续上表）

考核内容	满　分	计分办法	得分说明	备　注
（十一）公仆信箱和行风热线网站及信访处理情况（5分）	5	未按规定期限及时回复信件或办结信访案件的，每宗扣3分；未对群众反映问题准确认真回复造成满意度低的，每次扣1～2分		
（十二）群众评价情况（4分）	4	群众有效投诉每次扣1分；投诉没有及时解决造成不良影响的不得分；本单位干部职工问卷调查满意度不足80%的扣2～3分		
（十三）奖励加分		单位被评为省级或以上先进单位的加8分，省直部门的加5分；被评为市级先进单位的加4分，部门的加2分；单位被台评为先进单位的加2分		
（十四）“一票否决”内容		单位公务车辆违章被媒体曝光的；单位出现计划生育、社综治等问题的；没按要求完成市里部署的工作被问责的		

说明：①“计分办法”中涉及扣分的，以该项分值为限；涉及制度执行的，一律以本台“制度汇编”或上级管理规定及国家法律法规规定为依据；

②“群众评价”中的投诉以公仆信箱和行风热线网站提供的信息和台里接到的书面投诉并经过台有关人员核实后为计分依据；

③考评过程中，发现员工没按要求完成工作任务或因违纪违规被扣分的，该员工年终考评结果将被降一个等级处理；

④考核内容中第三项的“业务工作”，经营管理中心该项分值为12分；考核内容中第三项的“经济指标”，经营管理中心该项分值为18分；

⑤凡违反“一票否决”内容的单位，年度不能评为先进单位；

⑥未尽事宜由考核领导小组研究解决。

河源广播电视台年度工作考评制度

为切实加强对市广电台干部职工的管理，充分调动干部职工的工作积极性、主动性和创造性，充分发挥市广电台作为市委市政府“喉舌”和“舆论监督”的职能作用，优质高效地做好广播电视宣传报道和推动事业发展等各项工作，特制定本工作考评制度。

一、指导思想

以邓小平理论、“三个代表”重要思想为指导，以科学发展观统领工作全局，在市委市政府、南方广播影视传媒集团的领导下，紧紧围绕市委市政府的中心工作，以“敬业、爱岗、廉洁、务实、高效”为目标，强化责任意识、协作意识、质量意识、效率意识、奉献意识，形成“风正气顺、团结协作、优质高效、干净干事”的良好氛围，促进广播电视宣传和事业发展各项工作上新台阶。

二、考评原则

（一）坚持公开、公平、公正的原则。

（二）坚持以绩为准的原则。

（三）坚持领导评议、各分支机构（部室）评议与外界评议相结合的原则。

（四）注重群众公论的原则。

三、考评对象

科级（含科级）以下干部职工。对副处级（含副处级）以上干部的考评按照市委市政府有关规定进行。

四、考评办法

考评采取“四评议”的办法按分支机构和机关部室分别进行。

（一）分支机构评议办法：部室评议、本单位全体同志评议、分管领导评议、领导班子评议，其中，各分支机构领导班子成员的评议，除其班子内部和单位全体同志评议外，领导评议部分由台分管领导和台领导班子评议。

（二）机关部室评议办法：部室评议、机关全体同志评议、分管领导评议、领导班子评议，其中部室评议延伸至对应分支机构分管领导。评议按“优秀、称职、基本称职、不称职”四个档次，以无记名投票方式进行。其中各分支机构和机关部室评议时，部室负责人和分支机构负责人意见加权，即以 2 票计算；台领导评议时，台长意见和分管领导意见加权，即以 2 票计算。评议前，各分支机构和台机关要组织被考评对象进行述职，然后进行测评。投不称职票的，要写明投不称职票的理由（即该同志不称职的具体表现），经台考评领导小组办公室核实确认后，才能按不称职票计分。否则，视作废票。

五、考评标准

考评分优秀、称职、基本称职、不称职四个档次。考评结果以总分 100 分计，考评标准如下：

（一）优秀（90 分以上，含 90 分）。能履行岗位工作职责，圆满完成本年度各项工作任务。工作责任心强，主动性、积极性高，工作纪律性和团结协作精神好，领导和同事评价高。

（二）称职（75～90 分，含 75 分）。能履行岗位工作职责，较好地完成本年度各项工作任务。工作责任心较强，主动性、积极性较高，工作纪律性和团结协作精神较好，领导和同事评价较高。

（三）基本称职（60～75 分，含 60 分）。能履行岗位工作职责，基本能够完成本年度各项工作任务。工作责任心一般，主动性、积极性一般，工作纪律性和团结协作精神一般，领导和同事评价一般。

（四）不称职（60 分以下）。不履行岗位工作职责，未能完成本年度工作任务。

工作责任心较差，主动性、积极性较低，工作纪律性和团结协作精神较差，有违纪违法行为，领导和同事评价较低。

六、考评分数的计算

部室（含分支机构部室）评议、各单位全体同志评议、分管领导评议、领导班子评议4项每项为25分，总分为100分，即每单项评议结果占总分的25%。每张得票按优秀100分、称职80分、基本称职60分、不称职0分计算。投票总票数按有效票计算。具体计算方法如下：

（一）部室评议。某同志（优秀票张数×100分+称职票张数×80分+基本称职票张数×60分+不称职票张数×0分）÷部室投票有效票数（其中部室负责人的投票以2票计）×25%，即为该同志在部室评议时的得分。

（二）各单位全体同志评议。某同志（优秀票张数×100分+称职票张数×80分+基本称职票张数×60分+不称职票张数×0分）÷本单位投票有效票数×25%，即为该同志在全体同志评议时的得分。

（三）分管领导评议。某同志（优秀票100分、称职票80分、基本称职票60分、不称职票0分）×25%，即为该同志在分管领导评议时的得分。

（四）领导班子评议。某同志（优秀票张数×100分+称职票张数×80分+基本称职票张数×60分+不称职票张数×0分）÷本单位领导班子投票有效票数（其中台长和分管领导的投票以2票计）×25%，即为该同志在领导班子评议时的得分。

以上4项合计为总得分（保留小数点后一位数，按四舍五入计算）。

七、实行“一票否决”

（一）对法纪责任的追究，实行“一票否决”。因违反党纪政纪、法律法规等，受到党纪政纪处分和法律制裁的，当年及处分期间考评为不称职。

（二）对投诉责任的追究，实行“一票否决”。因工作态度差、工作纪律性差等被外单位投诉的，经查实，1次，提醒注意；2次，当年不评为优秀；3次，当年评为不称职。

（三）对差错责任的追究，实行“一票否决”。因工作不负责造成不良后果或影响，被台领导严肃批评的，经查实，1次，提醒注意；被台领导严肃批评2次，当年不评为优秀；被台领导严肃批评3次或被市领导严肃批评1次的，当年评为不称职且调离原工作岗位另行安排或歇岗。

八、奖罚措施

（一）当年评为优秀、称职的，按优秀档、称职档，年终分别给予奖励。其中，优秀等次的分两档进行奖励，各单位按总人数的13%确定第一档奖励人数，剩下的为第二档。第一档优秀的除年终基本奖金外，另外增加2 000元奖金，第二档优秀的除年终基本奖金外，各单位根据本单位实际给予适当奖励；被考评为称职的只拿年终基本奖金；被评为基本称职的只拿50%的基本奖金；被评为不称职的不能拿任何奖金。

（二）连续2年以上评为优秀的，优先提拔使用。

（三）当年未评为优秀的，次年不予提拔使用。

（四）连续2年评为不称职的中层干部，现任领导职务转为非领导职务。连续2年评为不称职的干部职工，调离原工作岗位另行安排或待岗培训学习。

（五）连续3年评为基本称职的中层干部，现任领导职务转为非领导职务。连续3年评为基本称职的干部职工，调离原工作岗位另行安排或待岗培训学习。

九、考评时间

本考评制度从2009年开始实施，次年1月中下旬进行考评。

十、组织机构

为加强对本台年度工作考评的组织领导，确保此项工作抓好抓实，本台成立年度工作考评领导小组，由台长任组长，台班子成员任副组长，各分支机构、部室负责同志任成员。考评领导小组下设办公室，办公室设在台办公室，具体负责年度考评工作的组织实施。

十一、考评要求

为确保年度工作考评取得公平公正、实实在在的效果，具体要做好如下工作：

（一）窗口单位实行挂牌上岗，接受群众监督。一是每个岗位桌面摆设台牌，台牌内容标示：姓名、职务、部室、投诉电话，张贴彩色相片，投诉电话为台分管领导办公号码。二是每人佩戴工作证上岗，工作证内容按台牌内容标示。上班时间，一律挂牌上岗，自觉接受外单位和群众的监督。

（二）建立完善制度，实施规范管理。各分支机构（部室）要根据本台和本单位（部室）的职能要求，紧紧围绕“服务、效率、质量”，进一步修订完善各项工作制度，促进各项工作程序化、科学化、规范化。特别要建立和完善岗位责任制度、考勤制度、工作备忘制度、工作差错追究制度和各项工作科学规范流程，确保各项工作既有量的要求又有质的标准。

（三）加强思想教育，杜绝不正之风。年度考评工作是定性和定量相结合的考评办法。考评办法的实施，将起到奖勤罚懒、奖优罚劣的积极作用，改变“干与不干一个样、干多干少一个样、干好干坏一个样”的局面。各分支机构、机关各部室要在加强日常管理的同时，经常开展各种形式的思想教育活动，多沟通、多谈心，提高全体干部职工的思想认识，共同营造锐意进取、奋发向上、团结协作、风正气顺的良好工作氛围。对蓄意借工作考评之名，搞小圈子、搞不团结，甚至搞打击报复的，经查实，坚决予以严厉处分。

十二、各单位对临时工的考评，结合各自实际，参照本制度执行

河源广播电视台分支机构班子成员年度工作目标承诺制实施方案

为增强全台中层领导干部尤其是分支机构班子成员的事业心、责任感和使命感，全面提高领导干部的履职能力，激发领导干部干事创业的内在动力，推动广播电视事业又好又快发展，经台党组研究决定，在全台实行分支机构班子成员年度工作目标承诺责任制度。

一、承诺人

台有关分支机构班子成员。

二、承诺内容及范围

各分支机构领导班子成员年度工作目标承诺内容：

1. 完成市委市政府、省广电局、南方广播影视传媒集团以及台里布置的年度工作任务及阶段性重要工作；

2. 围绕岗位职责开展创新性、创造性、突破性的工作；

3. 加强自身的学习教育和管理，建设创先争优、清正廉洁、团结和谐班子集体的工作。

三、承诺认定程序

上报、初审、复审、审定批复、签订承诺书、公示。

（一）征求意见。承诺人就年度工作广泛征求干部员工的意见和建议。

（二）制订承诺书。汇总梳理干部员工意见建议，结合本单位和岗位实际，按照实事求是、量力而行原则，制定本人年度工作目标承诺内容，包括工作项目、工作措施、工作标准和完成时间等。

（三）审核承诺书。承诺人填写个人年度工作目标承诺责任书，经本单位领导班子审定后，提交台班子审核。

（四）制定目标承诺任务考核表。通过台班子审核后，承诺人制定本人年度工作目标承诺责任书。承诺书经承诺人签字后交台考核领导小组存档。

（五）公布承诺书。承诺人在本单位干部职工会议上作出公开承诺，并及时在台公开栏上张贴承诺书。

（六）承诺人根据本人年度工作目标承诺责任书制定考核表，作为年度考核评分依据，并交台考核领导小组存档。

四、承诺制度管理

（一）承诺坚持如下原则：一是坚持对上负责和对下负责相结合的原则；二是坚持从实际出发、员工公认的原则；三是坚持开拓创新、务求实效的原则；四是坚持客观公正、按章办事的原则。

（二）承诺人于当年1月底以前提出本年工作目标承诺内容报台分管领导审核，台考核领导小组于当年2月中下旬以前完成认定程序，当年承诺内容于次年1月组织考核验收。

（三）年度考核主要采取承诺述职、实地调查、民主测评、领导小组评分、台党组审定、反馈等方法进行，考核结果分优秀、称职、基本称职、不称职四个等次。

（四）承诺人按季度向台考核领导小组上报承诺事项进展情况，年底上报承诺述职报告，并在全台员工会上进行述职。

（五）各单位应在每季度末召开一次由本单位部室副主任以上干部参加的工作目标承诺交流分析会，承诺人要把年度各项承诺事项的落实情况向与会人员进行通报，听取意见，接受员工监督。台考核领导小组结合工作实际情况组织督查。

（六）承诺事项要体现岗位职责和要求，操作性强，既有量的规定又有质的要求或标准。同时，各单位要建立完善本单位承诺人的工作台账，承诺人的工作、学习和廉洁自律等情况必须以台账形式呈现，以备考核领导小组的督查和年终考核。

（七）如本单位相关负责人在本年度中工作调整，新任负责人必须继续履行承诺。

五、考核程序

（一）自检自查，承诺人撰写述职报告，并经本单位领导班子审定（机关部室负责人述职报告上报台分管领导审定）。

（二）在全台员工会上述职，职工就承诺对象履职情况进行无记名投票评议。

（三）组织考核。

（四）通报结果。

六、结果评定

（一）考核采取定量与定性考核相结合的办法，考核结果替代年度工作考核，并作为干部选拔任用和奖惩的重要依据。

（二）对承诺人的考核，采取承诺内容考查、领导小组考核、分管领导考评、员工民主测评四种方式进行考核评分。

（三）考核总分为100分，其中承诺内容考查80分、领导小组考核7分、分管领导考评8分、员工民主测评5分。

（四）根据得分情况，考核结果分优秀、称职、基本称职、不称职四个等次。

1. 优秀：90～100分；
2. 称职：75～89分；
3. 基本称职：60～74分；
4. 不称职：低于60分。

七、考核结果运用

（一）运用考核结果，进行组织调整，完善干部选拔任用制度。对工作实绩突出、德才兼备、开拓创新、考核为优秀且符合《党政领导干部选拔任用工作条例》规定条件的干部，优先提拔任用；考核为基本称职的干部给予通报批评、诫勉谈话或组织调整；对不敢干、不愿干、不能干、考核为“不称职”的干部，本人要向台党组引咎辞职或者由台党组给予免职等组织处理。

（二）运用考核结果，实施对干部的奖惩，鼓励先进，鞭策后进。对考核为优秀等次的领导干部，采取通报表彰、颁发奖金等形式予以奖励；对考核为基本称职和不称职等次的领导干部以通报批评、经济惩罚等方式进行处罚，其中，对考核为基本称职的干部只发放50%的年奖励性绩效工资，对考核为不称职的干部不发放年奖励性绩效工资，对连续两年考核不称职的干部给予待岗学习或其他纪律处分；对问题严重以及失职、渎职者依照有关法律法规进行查处。

八、承诺制考核领导小组

为做好年度考核工作，成立考核领导小组，其组成人员如下：

组　长：汪小刚

执行副组长：何远航

副组长：廖真、叶振廷、邹仕选、车济民、饶兆勇

成　员：钟梓梅、叶运枚、郭志军、郭佳红、张庆华

领导小组下设办公室，由台办公室负责日常工作。

九、其他

台各分支机构的部室负责人也要做出履职承诺，具体实施意见由各分支机构参照本制度组织实施。

第三节　绩效考核分配方案

台网分离后的体制变化，在强化节目宣传职能、提高经营创收能力、确保全台正常运转方面尤为重要。河源广播电视台按照既定的工作计划，在继续坚持对各分支机构进行经营创收任务考核的基础上，对所有自办频道（频率）和经营创收部门实行量化绩效考核，进一步完善节目宣传、经营创收效益的激励机制，提高自办频道（频率）的影响力，增强河源广播电视台的发展动力和活力。

月绩效考核由"收视总量"和"创收总额"构成综合指标。年终超额奖励的考核指标构成在按月绩效考核的基础上，年终结合年度投入产出比（利润率）统筹安排年终超额奖金。有创收任务的单位，年终考核指标分别按创收总额50%、收视（听）总量20%、成本15%、利润15%的权重比例分配，年终超额奖金的分配参照现行的办法执行。广告投播份额不重复计算，经营管理中心完成年度承包上缴任务后才能提取年终超额奖金。

月度实行绩效工资的办法：

（1）绩效工资的标准按国家对事业单位工资改革的有关规定执行，在新的工资标准尚未出台之前，按现行全台在职所有员工，除保留基本工资（岗位工资+薪级工资）外，实行月度绩效工资，采用新的薪酬分配系统核算现任职务、岗位的绩效工资和资金。避免员工收入的大幅波动，以确保队伍的相对稳定。

（2）原则上市台以各分支机构当月实际完成的综合指标的百分比例作为浮动系数，拨付到各分支机构。如：将被考核单位的月度考核指标系数确定为1，倘若被考核单位当月没有完成月度综合指标，仅完成指标的80%，则以0.8作为浮动系数，确定当月绩效工资发放系数和额度；倘若被考核单位当月超额完成综合指标20%，则以1.2作为浮动系数，确定当月绩效工资发放系数和额度。

（3）综合指标由市台财务部负责，并按月报台领导审批后实行。

第二十七章 财务经营管理

从2004年开始，河源广播电视台注重财务和经营管理的制度建设，通过制度设计来规范财务的收支，确保开源节流，同时，激活广播电视经营创收市场。

第一节 财务管理规定

河源广播电视台财务管理实行财政差额补助的管理体制，每年财政定额补助广播电视事业经费200万元。河源广播电视台事业经费主要来源于国家拨款（财政补助和上级补助）和事业创收。

随着广播电视事业蓬勃发展，要求投入的资金越来越多。为弥补事业经费的不足，河源广播电视台积极组织事业创收。事业创收的项目主要有广播广告、电视广告、收视维护费（从2010年6月1日起，由于广东省实行文化体制改革，河源广播电视台网络中心被分离出去，“收视维护费”的收费权限也被划走，从此，原河源广播电视台网络中心上划组建为广东省广播电视网络股份有限公司河源分公司之后，河源广播电视台的创收主要依靠广告）等，这些资金主要用于发展事业及广播电视各项工作的运转。

河源广播电视台事业经费的安排使用掌握如下原则：

一是保证广播电视宣传任务的完成和满足广播电视各项工作正常运转的基本需要。

二是满足广播电视重点建设项目和技术设施建设，特别是一些关键技术设备建设的需要。如河源广播电视中心大楼建设，数字广播一体化网络系统和河源网络广播电视台建设项目等。

三是严格控制预算支出。经济支出按照自收自支的原则，由台在年初核定各分支机构预算支出，方法是按去年的预算支出加上增加的费用作为本年的支出总额，年终差额部分由台补足。

为保证经费的正确使用，河源广播电视台认真贯彻执行《会计法》的相关规定，制定完善并执行了一系列财务制度，主要有《河源广播电视台计划财务部岗位责任制》、《河源广播电视台财务管理暂行规定》、《关于理顺台各分支机构福利标准的通知》、《关于统一市台各分支机构主要负责人工资津贴标准的通知》、《会计档案归档制度》等，从而保证了财务工作的正常运转，促进了河源广播电视事业的蓬勃发展。

表 27-1 2009—2013 年总创收概况

单位：元

时 间	财政补助收入	上级补助收入	事业收入	其他收入	合 计
2009 年	4 220 320	150 000	41 073 943. 68	144 537. 76	45 588 801. 44
2010 年	4 830 764	1 000 000	24 277 307. 71	731 102. 41	30 839 174. 12
2011 年	8 514 034	100 000	17 902 389. 91	310 532. 99	26 826 956. 9
2012 年	4 663 140	100 000	23 110 625. 15	2 989 955. 37	30 863 720. 52
2013 年	7 008 942	150 000	19 811 221. 57	16 483 000. 07	43 453 163. 64

表 27-2 2009—2013 年总支出概况

单位：元

时 间	拨出经费	事业支出	销售税金	合 计
2009 年	94 368	36 641 760. 29	1 161 176. 43	37 897 304. 72
2010 年	45 500	42 178 832. 1	1 025 745. 57	43 250 077. 67
2011 年	60 000	27 698 109. 88	1 154 212. 02	28 912 321. 9
2012 年	68 000	32 435 950. 2	1 530 951. 82	34 034 902. 02
2013 年	60 000	31 788 653. 70	705 675. 72	32 554 329. 42

第二节 广告经营与管理

1997 年 6 月，河源市广播电视局设立河源市电视广告制作中心，专门负责局下属河源电视台和河源市有线电视台的电视广告业务。由于一些客观原因，初期经营相当困难，广告增长缓慢。从 1997 年广告收入 132 万元到 2004 年的 580 万元，年平均增长 8%。

2005 年 4 月，河源广播电视台设立经营管理中心，为台六个分支机构之一，专门负责电视广告策划创意和电视广告制作播出业务。经营管理中心主要负责河源电视台自办电视节目综合、公共两个频道电视广告经营和广东省广播电视网络股份有限公司河源分公司经营的有线网络电视频道翡翠台、本港台、凤凰中文台、凤凰资讯台、明珠台、国际台的电视广告插播，并负责全台的电视广告创收。经营管理中心始终秉承“客户至上，诚信经营，高效服务，谋求双赢”的宗旨，一贯坚持社会效益与经济效益结合，以贴近社会、贴近商户、紧密合作、互利共赢为原则，以扩大广告收入、促进台经济发展为目的。通过中心全体员工多年努力，广告收入快速增长，整体实力不断增强。截至 2012 年底，广告收入从 2004 年的 580 万元快速增长到 1 600 多万元，年平均增长率达到11.8%，为商界企业提供了电视广告宣传服务平台，为本地产品推广作出了努力，为河源市广播电视事业的发展作出了贡献。

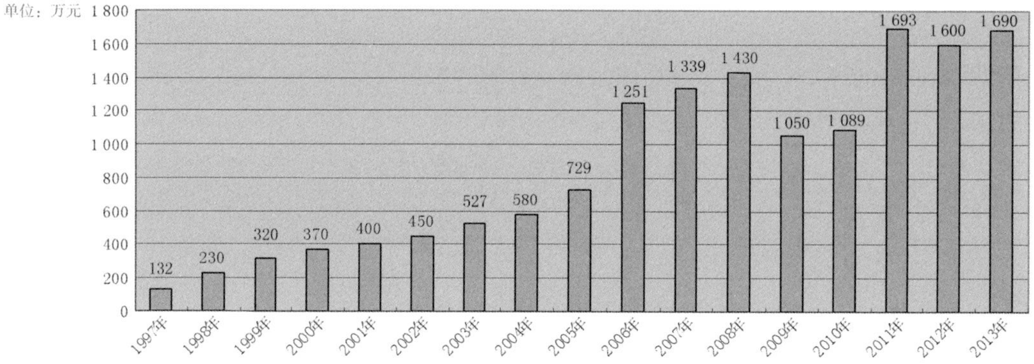

图27－1 1997—2013年收入图

经营管理中心发展至今，先后于2006年3月和2010年11月成立广东南方联合传媒广告有限公司河源分公司和河源市广视传媒广告有限公司，两者都是与南方广播影视传媒集团广告总公司实行联合经营，实现了良好的社会效益和经济效益，广告收入逐年增长。经营措施主要体现在如下几方面：

（一）认真做好年度营销计划，积极开发市场、拓展业务

每年对市场做足调研，并根据不同行业的规模、年度业绩、经营状况等基本信息，结合上年度的经营情况作出综合评估后下达广告创收任务和制订详细的营销计划。按行业细化任务，实行任务到组、客户到人、集体克难、各个突破、上下联动、责任包干等营销手段，集中全力开发市场，积极拓展广告业务，不断增加广告收入。

（二）拓宽创收渠道，扩大经济收入

在抓好常规广告经营的同时，积极寻求合作，举办大型主题活动，实现利益共赢。通过每年适时举办各类不同活动，促进广告销售，扩大社会影响，增加经济收入。

（三）搭建交流平台，加强沟通合作

每年以台的名义举办一次广告客户答谢酒会，为对河源广播电视台事业建设作出突出贡献的单位和广告大客户颁发年度最佳战略合作伙伴奖，并予以表彰。加大对战略合作伙伴的宣传，不断提高其社会影响力，树立良好企业形象，并以此赢得更多的合作伙伴。

（四）着力抓好队伍建设，加强理论学习和业务培训

一是完善健全各项制度，加强内部管理，确保各项工作稳步有序开展。先后制定和完善了广告业务管理、广告制播管理、财务合同管理、业务绩效管理等共19项182条的制度装订本。二是抓好队伍的政治思想建设、纪律作风建设，每年开展一至两次积极向上的主题活动，树立正确人生观，增强使命感，改变工作作风，提高工作效率。三是抓好员工的理论学习和业务培训，提高员工的政治理论修养和业务能力。理论学习每月组织一次，岗位业务培训每季度组织一次，学以致用，形成长效机制。通过学习培训，提高全体人员的理论水平和业务水平，提高队伍的整体素质。四是结合实际不定期组织相关人员通过“走出去、请进来”的方式，加强学习交流，吸取先进经验，不断提高经营管理水平。

（五）拓宽经营，加强合作，走联合发展之路

结合河源电视广告经营的实际情况，市台先后于2006年3月和2010年11月两次与南方广播影视传媒集团广告总公司合作，成立了“广东南方联合传媒广告有限公司河源分公司”和“河源市广视传媒广告有限公司”，充分利用双方资源，走联合发展之路，使广告经营管理和广告创收取得了突破性的发展。

（六）加强广告管理，做好安全播出

为严格遵守广告法和国家有关单位的规定，保证广告依法依规播出，市台加大广告监管，对承接的所有广告特别是医疗药品广告，严格执行“三审”制度。对不符合政策法规、证件牌照不齐、内容不实、效果夸大的电视广告坚决整改，对不健康的涉性及涉黄的低俗医疗药品广告坚决拒绝。定期检查频道在播的广告，发现问题，及时改正，杜绝违规广告播出。同时，认真做好广告安全播出工作，除参加每年定期学习培训外，每年至少组织一次播出人员技能操作演练和应急预案演练，提高从业人员岗位操作水平和安全播控水平，提高突发事故的处置能力，避免播出安全事故发生。

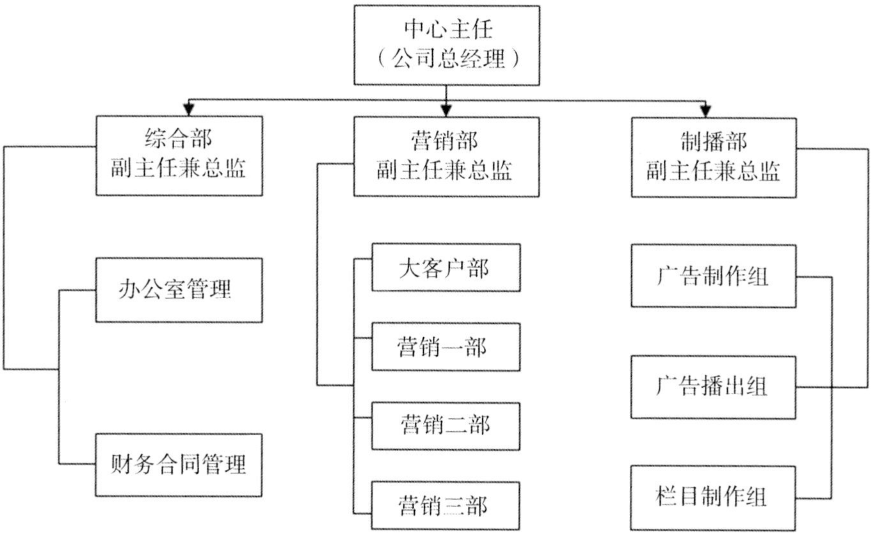

图27－2 机构设置及管理人员流程图

第二十八章 宣传管理

第一节 宣传管理规定

广播电视是党的“喉舌”，确保广播电视的舆论导向正确是河源广电宣传管理的永恒主题。为此，河源广播电视台的宣传管理工作始终坚持团结、稳定、鼓劲和以正面宣传为主的方针，对广播电视的宣传管理工作做到常抓不懈。建台以来，河源广播电视台不断修订、补充和完善相关的宣传管理规定，出台了《河源广播电视台宣传管理暂行规定》、《河源广播电视台编辑记者职业道德准则》、《河源广播电视台播音员主持人职业道德准则》、《关于加强新闻宣传纪律、提高服务质量的承诺》、《河源广播电视台禁止“有偿新闻”的若干规定》、《河源广播电视台新闻采编和节目管理实施细则》、《关于进一步改进会议新闻和领导同志活动报道的实施办法》、《河源广播电视台安全播出检查宣传管理内容标准细则》、《河源广播电视台加强意识形态管理实施细则》等，对确保广播电视宣传舆论导向正确、节目内容健康向上，使采编播人员恪守职业道德规范等起了十分重要的作用。

一、编辑会议制度

广播电视宣传工作由台长负总责，分管宣传工作的副台长和编委协助台长抓好宣传工作。日常的宣传管理工作由台总编室负责。编辑会议于每月底召开一次，台编委会成员及相关宣传业务部门负责人参加，一般由各单位汇报当月宣传工作情况和下月的宣传工作计划。台总编室会后根据上级相关指示精神和市委市政府的中心工作，及时编写本次《编辑会议纪要》，全面总结当月的宣传工作情况，提出下个月的宣传报道工作提要，并及时下发至各宣传业务单位和部门。从 2013 年 11 月开始，河源广播电视台设立了总编辑岗位，主管全台的新闻宣传工作。

二、新闻宣传的“四个坚持”和“六个不”制度

四个坚持：一是新闻从业人员要坚持党的四项基本原则，严格按照党的路线、方针、政策和国家的法律、法规进行新闻宣传，以社会效益为准则，为社会主义精神文明建设和经济建设服务；二是新闻从业人员要坚持以客观事实为准绳，坚持公正、公平、全面的原则及时进行新闻采访、报道；三是新闻从业人员要坚持以正面宣传为主的方针，围绕党委、政府的中心工作，大力宣传河源市经济、社会的生动实践和取得

的成功经验，为河源市发展营造良好的舆论环境；四是新闻从业人员要坚持新闻为大众服务的宗旨，深入基层、深入群众，关注热点、关注民生，宣传三个文明建设中涌现的新经验、新典型，同时发挥舆论监督作用，批评不良行为，反映群众心声。

做到“六个不”：一是不利用采访、拍片、播出等工作条件向对方索取或接受钱、有价证券物；二是不接受任何企图影响新闻报道和节目内容的馈赠；三是不以新闻名义招揽各种形式的广告或以新闻形式搞广告；四是不从小团体和个人利益出发决定新闻取舍；五是非经营广告业务的部门和个人，未经批准不准经营或代理广告业务，新闻记者不得借采访的名义招揽或从事其他经营牟利活动；六是不利用自己的工作之便为亲戚或朋友谋取不当利益。

三、新闻采编和节目管理制度

通过建立健全相关规章制度，完善报道和审批程序，把“新闻立台”作为业务理念贯穿于采访、编辑、制作、播出的全过程，从新闻采编播的各个环节遏制虚假新闻的苗头：向社会公布虚假新闻举报电话，设立专门的投诉举报电话和网站投诉，完善投诉处理机制，接受社会各界对广播电视虚假新闻的监督；强化责任追究制度，严格执行“三条规定”（规定一：新闻记者采访不深入、作风漂浮，导致报道严重失实，造成恶劣影响，立即辞退；规定二：新闻采编人员不经核实直接采用网上信息进行报道，导致报道严重失实，造成恶劣影响，立即辞退；规定三：新闻采编人员故意编造虚假新闻，一经发现，立即辞退或开除）；新闻采编人员要深入基层群众挖掘新闻线索，牢固树立群众观点，倾听群众心声，反映群众意愿，把加强舆论引导和改进舆论监督统一起来；精心策划选题，通过加强与当地政府部门沟通合作，共同办好《政风行风热线》、《民生一线》等品牌栏目，不断提高节目质量，确保民生新闻报道内容的真实性、报道方式的贴近性、报道播出的时效性。

四、新闻工作者职业道德建设制度

以《中国新闻工作者职业道德准则》的要求，作为新闻工作者职业道德教育的行为准则。从责任、公正、导向、品格、廉洁、形象、语言等方面提出标准和要求，将倡导良好的职业精神和职业道德，规范广播电视编辑记者和播音员主持人的职业行为，作为采编播队伍建设的一项经常性工作来抓。

五、新闻节目四级审查制度

每位记者须对自己编辑新闻的画面、声音（包括同期声）、字幕、角标负责，强化对新闻类节目的把关，形成责任编辑、值班主任、部室主任、中心领导四级审查，重大、敏感报道，台分管领导参与审查把关，重点对选题、评论、背景进行严格审查，对其产生的传播影响作出预测和研判，不符合导向管理要求的一律不得播出，出现问题按四级审查制严格追究责任人责任。

六、广播电视节目奖年度评审制度

广播电视作品的评奖总称为“广播电视节目奖评选”，分为新闻类、社教类、文艺类、播音（主持）类、论文等项目。评奖活动一般每年一次，分为市、省、全国三个层次。对获得市级广播电视节目奖的作品，市台给予奖励，并颁发证书；对获得省级二等奖以上的作品，市台给予适当的奖励。评奖的组织工作由台总编室负责。

七、坚持舆论监督类新闻“六不发”原则

采访事件负面影响广的坚决不发，有损党和政府形象的坚决不发，被监督一方没有“声音”的坚决不发，相关信息不清楚的坚决不发，采访过程中记者有违反纪律行为的坚决不发，可发可不发的坚决不发。

八、禁止“有偿新闻”的“十不准”规定

①不准以新闻的形式为被报道单位做广告；②不准弄虚作假，报道失实；③不准以个人或小团体的利益决定新闻的取舍；④不准收取礼金、有价证券以及有可能影响公正采访和报道的礼品；⑤不准参加由被采访单位或个人安排的在营业性的歌厅、舞厅、夜总会等公共娱乐场所的娱乐活动；⑥不准利用工作之便在外单位兼职取酬；⑦不准向被采访单位提出为个人或亲友牟私利的便利条件；⑧不准到被采访单位报销应由个人承付的票据；⑨不准向被采访单位、个人索取钱物；⑩不准以单位名义牟取私利。

第二节　宣传工作应急处理预案

为了建立统一、快速、协调、高效的应急宣传报道机制，提高突发事件发生时广播电视以及网络的应急报道能力，及时、准确地发布信息，客观、全面地报道突发事件，正确引导社会舆论，科学疏导公众情绪，有效维护社会稳定，河源广播电视台根据河源市应对突发事件的有关规定及预案，结合广播电视工作实际，制订了以下宣传工作应急处理预案：

一是应急宣传应坚持新闻敏感性、政治纪律性、报道时效性、信息权威性、从业安全性、依法保密性相结合，遵循统一领导、有效对接、分级负责、职责明确、密切配合、反应迅速的原则。

二是应急宣传成立了应急宣传领导小组，组长由台长担任，副组长由分管副台长担任，成员由总编室、新闻部、专题部、行政后勤服务中心等相关人员组成。应急宣传领导小组成员在突发事件发生期间应在岗在位，并保持 24 小时联络畅通，坚持 24 小时值班制度。应急宣传领导小组的主要职责有：

（1）在市委市政府的统一领导下，根据市政府应急办（指挥部）和市委宣传部的统一部署，及时发布权威部门审定的消息；

（2）组织领导广播电视预防处置突发事件的新闻报道工作；

（3）统筹安排紧急情况下广播电视节目播出；

（4）实施与市政府应急办（指挥部）及各应急事件牵头部门的协调对接；

（5）组织日常应急宣传报道培训演练。

三是应急宣传对采访报道行动作了如下部署：

（1）第一时间派出记者赶赴事发地，同时协调当地通讯员，记录第一时间声画资料，时刻关注突发事件动态；

（2）派记者跟随市领导，主要跟进市领导的活动并及时发布市领导处置突发事件的科学决策措施等消息；

（3）对重点事发地派出记者蹲点采访，及时发回当地组织处置突发事件的消息。

四是应急宣传规定采制的新闻内容必须符合以下基调：

（1）坚持团结、稳定、鼓劲和以正面宣传为主的方针，大力宣传市委市政府对人民群众生命财产安全高度重视，全面报道市委市政府处置突发事件的有力举措，及时反映社会各界抗灾自救和八方支援的最新进展，牢牢把握正确的舆论导向；

（2）坚持全面、客观、真实的原则，宣传报道不得采用网上及其他未经核实的消息，不能以偏概全，不带个人情绪，不得对事件原因、进程、结果进行猜测性报道，做到辟谣不传谣；

（3）坚持适度宣传的原则，正确把握突发事件报道的量和度，不过分渲染事件伤亡人数及财产损失，不过度展示伤亡惨状及案件细节，要以救助、支援为主线贯穿宣传报道。

五是应急宣传明确了宣传纪律，对不听招呼、不按程序进行应急宣传报道的个人和部门，将给予必要的行政处分；对失实报道造成恶劣社会影响的个人和部门，将给予严肃处理，并追究部门负责人的责任。

第三节 网站新闻信息服务与管理制度

从2010年5月18日开始，河源广播电视网站实施了《新闻信息服务与管理制度》。

新闻信息服务与管理制度

一、基本原则

第一条 网站工作人员应当严格遵守宪法、法律和法规，坚持为人民服务、为社会主义服务的方向，坚持正确的舆论导向，维护国家利益和公共利益。

第二条　网站工作人员须认真学习并严格遵守《互联网新闻信息服务管理规定》。

第三条　网站应当传播有益于提高民族素质、推动经济发展、促进社会进步的健康、文明的新闻信息。

第四条　严格执行送审制度，编辑完成的新闻须经部门负责人及分管领导审查通过方准发布。

第五条　网站不得登载含有以下内容的新闻信息：

1. 违反宪法确定的基本原则的；
2. 危害国家安全，泄露国家秘密，颠覆国家政权，破坏国家统一的；
3. 损害国家荣誉和利益的；
4. 煽动民族仇恨、民族歧视，破坏民族团结的；
5. 破坏国家宗教政策，宣扬邪教和封建迷信的；
6. 散布谣言，扰乱社会秩序，破坏社会稳定的；
7. 散布淫秽、色情、赌博、暴力、恐怖或者教唆犯罪的；
8. 侮辱或者诽谤他人，侵害他人合法权益的；
9. 煽动非法集会、结社、游行、示威、聚众扰乱社会秩序的；
10. 以非法民间组织名义活动的；
11. 含有法律、行政法规禁止的其他内容的。

第六条　认真做好登载作品的内容、时间、互联网网址的记录备份，备份保存60天，以备相关部门审查。

第七条　相关人员玩忽职守造成严重后果，构成犯罪的，依法追究刑事责任；尚不构成犯罪的，对负责任的主管人员和其他直接责任人依法给予行政处分。

二、监控层级

第一级监控：编辑和审核人员，按照网站信息发布（审核）规范对网站信息进行初审与发布。

第二级监控：值班责编，对网站及频道首页内容的推荐和编排审核把关，及时处理出现的各类问题；新闻责编主要负责新闻类内容的把关；资讯责编负责资讯类内容和论坛互动内容的把关；原则上值班责编听取第三级监控的意见，如遇重大问题或分歧明显，可提请值班总编处理。

第三级监控：值班内容监控，对网站首页、各频道进行全面、细致、深入的监控，重点监控首页新闻区以及新闻频道重点时政新闻的内容及评论留言；监控实行轮值制，同时设A/B角轮换制，遇重大问题和事故及时向值班总编汇报。

第四级监控：值班总编，全面把控每天信息安全监控，及时处理出现的各类问题。

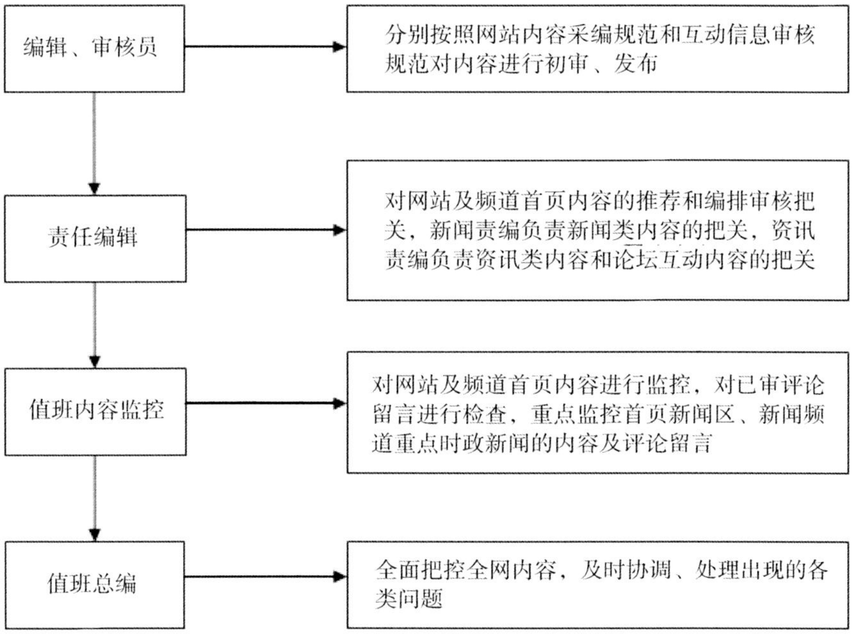

信息监控流程图

三、监控原则

日常信息监控工作应遵守管理部门的要求，做到积极配合、快速反应、准确到位。

（一）积极配合。要正确认识信息安全监控工作对不断提高网站宣传质量、提高舆论引导水平、打造地方强势媒体的促进作用，从大局意识、政治意识、责任意识的高度配合好市委宣传部的管理工作，积极、有效地开展信息安全监测工作。

（二）快速反应。监控人员必须对上级主管部门的内容指示快速响应，并及时做出跟进处理，准确把握信息审核、发布的尺度，确保网站信息安全、宣传导向正确。

（三）有始有终。监控人员对上级管理指令和发现的问题要及时处理，并做好后续跟进和登记备案工作，确保指令执行到位，有始有终。

四、监控范围

（一）网站首页和频道首页内容的选取和编排是否符合上级管理部门要求和网站信息发布规范。

（二）网站互动信息（含新闻评论和论坛帖子）的审核是否符合网站互动信息审核规范。

（三）网站视频节目是否按时发布，节目的播放和网络传输以及页面浏览是否清晰、顺畅。

五、监控职责与分工

（一）采编内容监控。

<table>
<tr><td colspan="2">监控职责与分工</td><td>值班时间</td><td>网站及频道
首页内容编排</td><td>视频节目
发布及播放</td></tr>
<tr><td rowspan="2">一级监控</td><td rowspan="2">编　辑</td><td>8：30—17：30</td><td>√</td><td></td></tr>
<tr><td>17：30—21：30</td><td>√</td><td>√</td></tr>
<tr><td>二级监控</td><td>值班责编</td><td>8：30—17：30</td><td>√</td><td></td></tr>
<tr><td rowspan="2">三级监控</td><td rowspan="2">值班监控</td><td>8：30—17：30</td><td>√</td><td></td></tr>
<tr><td>17：30—24：00</td><td></td><td>√</td></tr>
<tr><td>四级监控</td><td>值班总编</td><td>8：30—17：30</td><td colspan="2">√</td></tr>
</table>

（二）互动信息监控。

<table>
<tr><td colspan="2">监控职责与分工</td><td>值班时间</td><td>RTX 监控</td><td>留言评论审核</td><td>论坛帖子审核</td></tr>
<tr><td rowspan="2">一级监控</td><td rowspan="2">值班审核</td><td>8：30—17：30</td><td></td><td colspan="2">√</td></tr>
<tr><td>17：30—24：00</td><td></td><td colspan="2">√</td></tr>
<tr><td>二级监控</td><td>值班责编</td><td>8：30—17：30</td><td>√</td><td></td><td>√</td></tr>
<tr><td rowspan="2">三级监控</td><td rowspan="2">值班监控</td><td>8：30—17：30</td><td></td><td>√</td><td></td></tr>
<tr><td>17：30—24：00</td><td colspan="3">√</td></tr>
<tr><td>四级监控</td><td>值班总编</td><td>8：30－17：30</td><td colspan="3">√</td></tr>
</table>

六、监控方法和措施

（一）做好值班工作交接。值班人员每日上岗前应首先查阅上一班次的值班日志，完成工作交接，确保工作有序进行。

（二）互动信息安全监控。值班人员每日对网站的所有频道（栏目）进行互动信息安全监控，对违规信息及时进行处理，记录并提交监控日志。

七、处罚与问责

（一）下达的信息监控指令执行不力，对收到信息未能及时应答并跟进处理、记录并提交监控日志的，视情节轻重给予值班信息安全监控人员 50～200 元处罚。

（二）网站视频节目未能按时发布，节目的播放和网络传输以及页面浏览不够清晰、顺畅，需在第一时间通知相关人员进行修正。若为值班人为原因，视情节轻重给予 50～100 元处罚。

（三）网站首页和频道首页内容的选取和编排不符合上级管理部门要求和网站信息发布规范，视情节轻重给予 50～100 元处罚。情节特别严重，有损河源广播电视网信息安全播出和河源城市及政府形象的，给予通报批评、警告、扣罚 500～1 000 元等处罚。

（四）出现本方案所列以外的信息安全情况时，由网站管理层另行制定相关处理办法。

第四节 有关奖励规定

为实施精品战略，增强采编人员“创优”意识，更好地调动全台干部职工的节目创新热情，鼓励多出精品，不断提高广播电视节目及报纸质量，河源广播电视台出台相关奖励规定。

一是对专题精品节目的奖励。在全国、全省、全市参评中获综合或专业性一、二、三等奖，按标准予以奖励。

二是对新闻精品节目的奖励。在全国、全省、全市参评中获综合或专业性一、二、三等奖，按标准予以奖励。

三是对文艺精品节目的奖励。集体和个人创作或与其他单位、部门联合创作的各类型文艺晚会、大赛活动以及其他文艺专题类作品，参加省（部）级、中央（国家）级部门或专业团体、协会等评选获奖的，参照广播电视专题精品节目进行奖励。

四是对论文精品的奖励。个人有关广播电视等方面的专业论文、著作等在省（部）级、中央（国家）级获奖的，按标准予以奖励。

五是对报刊及其他节目精品的奖励。报刊作品、电视广告以及播音、节目主持等在全国、全省、全市参评中获奖，考虑其种类和内容差距较大，其奖励办法参照专题、新闻规定予以奖励。

同一节目（项目）在同级或上级重复获奖，按最高级奖励，不重复计奖。

凡是在各级获奖的作品（项目），应将获奖通知或荣誉证书原件报总编室验证、复印存档，并办理相关奖励手续。

第二十九章 技术管理

第一节 技术管理制度

多年来，尤其是经过党的十六大、十七大、十八大等重大历史阶段以及河源广播电视中心综合大楼的竣工、搬迁、启用，河源市台（市局）在坚持舆论导向正确的同时，努力提高节目的播出质量，不断建立和完善技术体系、管理体系和规章制度。为健全广播电视安全播出工作的管理体制和机制，确保各项安全播出管理工作有序进行，提高运行和服务质量，根据国家广电总局、省广电局、南方广播影视传媒集团对安全播出管理规范化建设的要求和上级的有关规定，结合本台实际，制定了技术管理和安全播出的一系列规章制度。

一、全台技术管理制度

全台技术管理制度主要有：《广播电视安全播出基本制度》、《广播电视安全播出管理职责》、《安全播出岗位值班员职责》、《安全播出值班制度》、《安全播出交接班制度》、《安全播出应急响应》、《安全播出值班等级》、《重要保障期制度》、《市广电台领导值班制度》、《分管安全播出工作领导的职责》、《安全播出总值班员职责》、《负责安全播出工作任务的相关部门（机房）主任岗位职责》、《广播电视内部安全管理制度》、《河源广播电视台安全播出管理制度汇编》、《河源广播电视台制度汇编有关内容》、《河源广播电视台安全播出应急预案》、《河源广播电视台技术管理委员会章程》、《河源广播电视台安全播出技术维护奖惩办法》。

二、有关分支机构或部门技术管理制度

（一）广播中心、广播电视发射中心

《机房值班制度》、《维护检修制度》、《技术安全制度》、《技术部事故报告制度》、《机房交接班制度》、《〈行风热线〉电话六不切制度》、《播出系统管理制度》、《技术部管理制度》、《信息安全制度》。

（二）电视中心

《非编制作网日常管理制度》、《机房值班制度》、《摄像机维护制度》、《标清电视转播车维护规定》、《演播厅使用注意事项》、《技术部事故报告制度》、《播出机房交接班制度》、《播出系统管理制度》、《演播厅音响维护规定》、《演播厅灯光维护规定》、

《演播厅大屏维护规定》。

（三）经营管理中心

《计算机管理暂行规定》、《电视广告制作规定》、《电视广告上载规定》、《广告安全播出规定》、《广告播控操作规程》。

（四）河源市广播电视微波站

《安全保卫制度》、《机房管理制度》、《机房值班制度》、《技术安全制度》、《交接班制度》、《事故报告制度》、《维护检修制度》、《消防安全制度》、《学习制度》、《重要播出期保障制度》。

（五）河源广播电视网站

《网站信息发布准则》、《网站信息发布三审制度》、《网站运行维护制度》。

（六）动力组

《电工值班员岗位责任制度》、《变配电室管理制度》、《变电室设备安全检修制度》、《变电室安全巡视制度》、《变压器安全操作规程》、《高压变电室安全操作规程》、《低压配电室安全操作规程》、《柴油发电机安全操作和维护保养规程》、《用电管理制度》、《消防控制室管理制度》。

第二节 技术维护与安全播出

河源市台根据《广播电视安全播出管理规定及其实施细则》（国家广电总局第62号令）等上级有关文件法规的要求，遵照“不间断、高质量、既经济、又安全”的技术维护方针，从技术系统规划建设、资金投入、资源配置、组织架构、队伍建设、制度建设、管理机制、播出值班等方面层层把关，认真抓好技术系统的建设、管理、运行和维护工作。市台各有关分支机构技术部门按照运行维护规程开展工作，执行设备的周检、月检、季检、年检制度和设备检修登记制度，确保各技术系统和采编播设备始终处于良好的运行状态，做到防微杜渐，把故障扼杀在萌芽状态。

多年来，在国家、省、市各级各类的重大节目直播、转播、传输等安全播出重要保障期以及日常节目播出中，河源市台做到了安全播出，例如圆满完成了党的十七大、十八大、北京奥运会的安全播出任务等。

一、精心组织，狠抓落实，圆满完成党的十七大安全播出任务

国家广电总局对党的十七大安全播出要求“三个确保”：确保不出现卫星信号受到干扰，确保不出现停播和黑屏，确保不出现有线电视非法插播。在历时半年多的时间里，河源市台严格按照《南方广播影视传媒集团安全播出管理蓝皮书》、《安全播出值班制度、岗位职责》要求，扎扎实实抓好“十七大安全播出工程实施计划”等各项工作的贯彻落实，圆满完成了党的十七大安全播出任务。

（一）健全安全播出指挥体系

成立由台长汪小刚任总指挥，副台长邹仕选任副总指挥，罗超龙、廖新民任执行

总指挥，县台、分支机构一把手为成员的“安全播出指挥机构”。同时，要求各县广电台和各分支机构也成立相应的机构，强化领导，落实责任，从而构建指挥统一、联络畅通、运行高效的安全播出指挥体系。

（二）建设安全播出指挥中心

按照南方广播影视传媒集团的要求，从硬件配置、值班制度、联络渠道等方面抓好市台安全播出指挥中心的建设。抓好电视会议系统的设备选购、安装、调试，如期开通使用电视会议系统；配备专用电话、传真、手机，确保与集团指挥中心的联络畅通；指挥流程框架图、相关电话号码、值班制度、应急预案等均能按集团要求制定或张贴上墙。从而构建完善的指挥中心，形成快捷高效的调度联络机制。

（三）抓好安全播出硬件设施建设

针对网络中心、广播中心、电视中心的薄弱环节，在信号源系统、传输系统、播出系统、供配电系统、采编设备等方面，进一步优化了设备配置，完善了技术手段。该阶段主要是为网络中心建立和完善以省网光纤信号、集团数字微波信号和自行接收卫星信号三种技术方式相互补充、互为备份的信号源系统，安装、使用“博视”卫星监控预警系统和两台 ASI 二选一自动切换器；为各分支机构播控机房配备 UPS 电源、汽（柴）油发电机；为电视中心、公共频道配置非线性编辑设备、播出设备、传输设备等。同时，抓好各机房的合理布线、规范标识等其他有关工作。通过硬件设施的添置、改造、优化，进一步提高了广播电视传输、播出、制作等重要部门的安全播出水平。

（四）抓好实训演练，组织交叉检查

为安全转播党的十七大盛况，各有关分支机构按照应急预案，针对可能发生的事故积极开展了岗位技能大练兵。一线人员熟悉掌握了各种操作规程，提高了实际操作技能，在三次全省安全播出模拟大演练中，都取得了良好的成绩。同时，由台领导带队，抽调技术发展部、各分支机构有关人员组成联合督查组，实行交叉检查，重点对机房值班人员实行逐人检查考核。

（五）精心组织安排党的十七大重点保障期的值班、巡查

2007 年 10 月 1 日至 31 日是党的十七大重要保障期，各分支机构播控机房实行双人双岗全天候值班。安全播出指挥中心由台领导轮流带班，从技术发展部、网络中心、电视中心、经营管理中心抽人坚持值班，早上 8 时至晚上 10 时，指挥中心保持持续不间断值班，值班手机 24 小时畅通，同时，根据区域分工，派出巡查小组，对户外线路设备进行昼夜巡查，保障线路设备的安全畅通，确保全市广播电视安全播出的调度协调。

（六）圆满完成党的十七大安全播出任务

经过广大员工的共同努力，河源市台圆满完成了党的十七大广播电视安全播出任务。在南方广播影视传媒集团总结表彰大会上，河源市台被评为“党十七大安全播出优秀单位”，台长汪小刚、副台长邹仕选被授予“省级先进个人”称号。市台也召开了相应的总结表彰大会，对党的十七大安全播出先进集体和先进个人进行了表彰奖励。罗超龙被国家广电总局授予“党十七大安全播出先进个人”称号。

二、北京奥运会安全播出工作概述

北京奥运会重要保障期从 2008 年 8 月 1 日 0 时起至 9 月 17 日 24 时，历时 48 天，针对“时间长，影响大，要求高，直播频道多，直播场次多，安全播出任务艰巨”的特点，河源广播电视台采取了如下措施：

（一）抓好线路设施的巡查维护工作

2008 年 3 月，从成本核算、维护效率、保障能力等方面对市县光纤网络维护工作进行分析、评估，建议市台采用外包方式，与广州市卫讯视讯器材有限公司签订代维合同，较好解决了长期困扰河源市台的线路维护问题，确保了市县光纤通道的安全畅通。

（二）抓好安全播出的日常值班和“三电”专项斗争工作

2008 年 4 月中旬，河源市台协同市文广新局，共计六人参与了市里组织的为期一周的集中整治行动，查获、没收一批非法收购的广电器材，查封数家非法收购店，派出所还对其中一家收购店的店主实施拘留。

（三）抓好信号源体系等硬件设施的改造、完善

进一步完善安全播出指挥中心建设，按要求开通了网络信息交换系统，为信息的上传下达增设了一个快捷高效的通道。同时，制订详细的安全播出应急预案，并结合本单位实际进行反复演练。

（四）切实加强各方面、各岗位值班

奥运会开、闭幕式期间，台长或分管副台长亲临值班岗位，坐镇值班指挥。坚持每天执行零报告制度，汇报当日播出情况。坚持每周、每月的例行安全播出视频会议，及时上报安全播出情况，贯彻执行集团有关指示。

通过如上行之有效的措施，河源市台圆满完成了安全播出任务，被南方广播影视传媒集团授予“奥运会安全播出工作一等奖”荣誉，肖根生被评为“省级安全播出先进个人”。

三、党的十八大安全播出工作概述

根据《中宣部、广电总局关于开展全国广播电视安全播出大检查的通知》（广发〔2012〕35 号）以及《迎接“十八大”全省广播电视安全播出大检查情况通报及“回头看”工作部署的通知》（粤广局发〔2012〕198 号）等文件精神，河源市台创新安全管理模式，全面实施安全播出工作“网格化”管理，建立安全播出工作台账，实行安全播出动态巡查机制，加快推进全台安全播出管理工作长效机制建设，切实提升安全播出保障水平，顺利完成了党的十八大安全播出任务，受到上级部门的表彰奖励，并被南方广播影视传媒集团年终考核授予一等奖。

（一）强化组织领导，明确目标任务

一是领导靠前指挥，成立河源广播电视台安全播出“网格化”管理工作专责小组。由台长任组长，分管技术和宣传工作的副台长为副组长，台有关部室和各分支机构主要负责人为成员。专责小组下设办公室，由台技术发展部主任兼任办公室主任，负责全台安全播出“网格化”管理工作的日常工作。各分支机构参照台成立相应的工

作机构，对所辖安全播出岗位、职责和任务进行“网格化”管理。二是明确目标任务，制订安全播出考核方案。严格按照总局对十八大安全播出提出的“零停播、零插播、零事故”目标要求，认真落实“六个确保”和“五个安全”措施，基本建立安全播出“网格化”管理组织和工作机制，制订全台安全播出工作考核方案，有效确保安全播出工作。

（二）科学划分网格，严格落实责任

一是科学划定网格责任区域。严格按照“谁主管谁负责”的要求，以分支机构为责任单位，将电视中心、公共频道、广播中心、广播电视发射中心、经营管理中心、河源市广播电视微波站、河源广播电视网站、《河源广播电视周报》社、行政后勤服务中心、动力组划定为10个网格责任单位，实行属地管理。二是明确网格责任主体。台长与各分支机构、部室签订安全播出工作责任状，台长为全台安全播出工作总责任人，台分管领导为直接责任人。各分支机构及相关部室“一把手”为辖区安全播出“网格化”管理第一责任人，分管技术、宣传工作的副职为直接责任人，一线值班人员为责任人，层层落实责任制。三是落实基层安全播出监管主体。根据台规章制度规定，台人事、纪检、办公室负责对全台各项工作的综合考核，台技术发展部和总编室分别负责对各分支机构技术安全和宣传安全工作的考核。全台建立健全安全播出问责制度，将安全播出工作纳入评先、评优及表彰范畴。

（三）夯实技术基础设施，强培训、严执行、促提高

一是加大硬件资金投入，切实提高技术保障水平。积极争取资金800多万元，在2009年搬进新广电中心办公楼。在实现电视制播数字化、网络化基础上，2012年重点加快河源网络广播电视台、河源人民广播电台数字广播一体化网络技术系统以及电视广告插播系统和桂山发射基地等项目的建设，从信号源系统、播出系统、供配电系统、监听监看系统等技术系统着手解决省局交叉检查指出的需整改的问题和环节。同时，对涉及安全播出的设备设施进行全面排查，消除安全隐患，为党的十八大安全播出提供有力的技术保障。二是加强思想教育和技能培训，进一步提高突发事件应急处置能力。为进一步加强人才队伍建设，努力培养造就一支政治强、业务精、纪律严、作风硬的安全播出队伍，按照党的十八大安全播出要求，有针对性地组织了一线值班人员和技术人员加强业务培训和应急演练（2012年组织8场200多人次业务培训，全台集中组织安全播出演练3次以上），保证每个值班人员熟练掌握本岗位应急处置的基本技能，提高故障处理能力和应变能力，确保出现问题时能及时处理，把故障影响降到最低。以分支机构为单位做好队伍政治思想排查工作，确保重要部门、关键岗位工作人员不出问题。关心一线值班人员，了解其思想动态和倾向，为他们营造良好的工作环境和氛围，最大限度减少人为事故发生。同时，加强双值班，在重大活动、重要节目、重点时段，主要领导靠前指挥，分管领导一线指挥，技术骨干全程值班。三是严格执行安全播出应急预案和重大事件、事故上报机制。根据广电总局第62号令和《广东省广播电视安全播出应急预案》等规定，完善《河源广播电视台十八大期间安全播出应急预案》，加强应急处置演练工作，规范重大事件、事故的管理和上报机制，严格上报时限和上报程序，科学安排，统筹协调，密切配合，确保党的十八大期间广播电视安全播出。

（四）建立管理台账，实行动态巡查

一是加强巡查，建立安全播出管理台账。对全台关键设备实行准入和退出制度，造册登记，并实行日检、周检、月检、季检和年检制度，确保设备设施处于最佳状态。对重要岗位、重要环节每天实行值班登记和交接班制度，对排查出的问题造册登记，实施台账管理，及时分析处理，总结经验教训，建立安全播出长效机制。二是加强重要场所的监管，加强部门联动，筑牢安全防线。重点加强广电中心、发射基地、电视塔、微波站等重要场所的视频监控和值班工作，把好入门第一关。加强重要部门的安全消防和电力设施维护及值班巡查力度。加强与市委政法委、610 办、公安局、无线电管理委员会等部门的沟通联系，建立突发事件的应急协调机制，做好广播电视设施的保护和安全防范工作。

（五）加强新媒体管理，确保网站安全运行

将网站、手机电视、户外电视大屏等新媒体纳入安全播出管理范畴，有针对性地落实管理措施和技术保障手段，加强软件管理和对内容的审查发布工作。加强网站服务器的安全管理工作，密切与市公安局网络警察支队、市信息中心、电信运营商、系统集成商等单位的沟通联系，实行群防共管。2012 年投入 212 万元建设河源网络广播电视台，以适应新媒体业务发展需求。

第三节　技术培训

科学技术迅猛发展，数字化、网络化、信息化技术在广播电视领域得到了广泛而深入的应用，IT 技术与 AV 技术深度融合。河源市台正视技术人员少、技术维护任务重的现实，重视员工的在职教育和技术培训，采取多种方式提高员工岗位技能。

一是邀请相关专家，分别就摄录编设备、演播室灯光和音响、新闻采编等方面业务开设多个专题培训班。

二是选派人员到上级电台、电视台跟班学习新闻采编和演播室灯光、音响等方面相关业务。

三是近几年来，由台分管领导带领相关技术人员到厦门、泉州、佛山等兄弟台参观考察学习。

四是每年订阅广播电视刊物、购买相关书籍，供员工阅读学习。

五是鼓励员工通过自学、函授、远程等继续教育方式，提升学历，并尽量提供学习上的方便。

六是制订《播控值班人员演练测试方案》、《主持人演练测试方案》、《桂山发射台值班人员演练测试方案》等有关方案，定期对播出人员进行业务培训和测试，提高播出人员的熟练程度和操作能力。

七是围绕党的十七大、十八大等重大安全播出任务，抓好广大员工的安全播出知识培训、考试和实操演练。2007年8月16日，为保障党的十七大期间及日常广播电视节目的安全播出，河源市台根据省广电局《广播电视安全播出培训方案》，对市台分支机构的工程技术人员、值班播控人员及有关管理人员等102人进行了安全播出知识考试。2007年8月25日，市台派出由台领导挂帅的考试工作小组同时分赴五县，组织各县台有关人员进行了考试，省广电局专门派出人员对考试工作进行了检查。2012年7月6日，市台在600平方米演播厅举办“迎党十八大安全播出政治常识”知识讲座，讲座由市委政法委副调研员李莉主讲。2012年8月3日，为提高市台新闻从业人员的业务水平，了解广播电视前沿资讯，市台在广播电视中心五楼会议室举办“融媒体时代的广播电视节目创新”专题讲座，讲座由广州大学新闻与传播学院院长王首程主讲。2012年9月14日，市广电台举行党的十八大安全播出岗位人员业务常识考试，一线采编、值班、维护、供电、安全播出等岗位147人参加了考试。2012年9月20日晚，市广电台在600平方米演播厅举行“专题辅导暨十八大安全播出工作”会议，台长汪小刚作了四个专题讲座，分别是：“全媒体和跨媒体视域中的城市广播电视台对外拓展”、“城市电视台的重新定位与转型思考”、“城市广电锐意进取的新标杆与新起点”、“中国电视发展年度创新榜”；副台长廖真传达了有关中国电视发展论坛的会议精神；副台长邹仕选传达了有关广播电视安全播出会议精神，并对下一步如何做好十八大安全播出工作作出相应部署；副台长车济民传达了有关广播电视宣传管理会议精神。

第四节　技术攻关

近年来，河源广播电视台努力克服资金不足等困难，牢固树立科技是第一生产力的观念，台党组解放思想、科学决策、艰苦奋斗、团结干事，台长汪小刚带领相关人员千方百计进行技术攻关和技术应用创新，充分发挥规划设计的先导作用和杠杆效应，获得良好的社会效益和经济效益。

一、河源广播电视中心一期工程及有关技术系统建设

根据广播电视专业需求和河源市台的实际情况，河源广播电视中心及有关技术系统在规划设计、工艺施工等环节，实现了多方面的技术应用创新。大楼强电设计采用主备1 250千伏安高压变压器和常备800千瓦柴油发电机相结合的供电方式，关键区域采用主备电源的供电方式，播出机房采用独立的80千瓦和40千瓦主备在线UPS供电，确保播出设备的用电安全。大楼弱电设计根据河源广播电视台的分区使用要求，结合演播室、制作室、录音室、播出机房以及转播车的需求，采用A、B、C、D、E区互通的设计理念，使每个区域互联互通，解决了错综复杂的信号传输问题。两个演播厅和电视转播车采取三位一体、共用一套导播设备的导播方式。以上规划设计科学合理、经济实用、安全高效。

河源广播电视中心一期工程获得2009年度中国建设工程“鲁班奖”（国家优质工程），河源广播电视台也成为国内地级市广播电视台第二家、省内广播电视系统第一家

获此殊荣的单位。

二、河源广播电视中心演播厅声学工程项目

（一）关键技术及创新点

（1）演播厅朝向城市道路的立面均采用实墙面，临近主干道的一侧布置双墙。

（2）演播厅入口处设置声闸，以阻止噪音传入。

（3）演播厅采用矩形结构，既符合建筑经济性，又可避免声聚焦、声衍射等声学缺陷。

（4）演播厅中央空调等机电设备采用物理性隔离和减震结构，确保演播厅内的背景噪音能符合要求。

（5）采用铝合金穿孔板及玻璃丝棉构建吸音墙面，根据穿孔密度、孔径、间距、吸音棉厚度，使高、中、低频的吸声量基本一致。结合声学原理和电视节目后期制作的要求，设定演播厅的混响时间。

经检测鉴定，该项目满足电视演播厅声学要求，并且经济环保，达到省内先进水平。

（二）应用情况

本项目自2009年9月投入使用至2012年12月，成功举办各类全市性活动120场次以上。省内外30多个兄弟单位也先后来本台现场参观、交流。本项目取得了良好的经济效益和社会效益，获得河源市人民政府2012年度科技进步二等奖。

三、河源广播电视台6+2讯道标清数字电视转播车项目

2009年底，河源市台添置了一辆6+2讯道标清数字电视转播车（6个有线讯道、2个无线讯道），车体集成时预留有2个无线讯道的拓展空间。

（一）车辆选购与加工改造

考虑河源山区地形特点，车辆既要满足自用又可出租，车身要坚固耐用，车框要好；结合单位经济条件，采用国产华菱汽车的车体，整车为直挂式车体，车体车厢在加工改造过程中导播区、技术区和音频区采用独立空间。

（二）车载系统设备集成

车载系统采用索尼BVP-E30P顶级标清摄像机以及配套的周边录制设备。车体改造完成后，考虑使用和日后维护成本，市台技术人员深入参与设备的集成、安装与调试等相关环节。

该转播车可满足大型体育赛事、大型综艺类节目、会议等的直播和录制需要，具备良好的稳定性，且技术先进、使用灵活，并在建设过程中节约了大量资金，获得河源市人民政府2010年度科技进步一等奖。

第七编

荣　誉

第三十章 先进集体和个人

第一节 先进集体荣誉称号

表 30－1 获省部级先进集体荣誉称号

序号	获奖年度	先进集体	荣誉或获奖等级	授奖单位
1	2005	电视中心	全国婚育新风进万家活动先进单位	中共中央宣传部 国家人口计生委
2	2007	河源广播电视台	广东省文明单位	中共广东省委、省人民政府
3	2009	河源广播电视中心一期工程	中国建设工程鲁班奖（国家优质工程）	国家住房和城乡建设部 中国建筑业协会
4	2013	河源广播电视台	广播影视基层统计工作先进集体	国家新闻出版广电总局

表 30－2 获省直部门级先进集体荣誉称号

序号	获奖年度	先进集体	荣誉或获奖等级	授奖单位
1	2005	河源广播电视台	全省广播电视信息工作先进单位	广东省广播电影电视局
2	2005	《政风行风热线》栏目	广东省广播影视行业之星先进集体	广东省纠风办 南方广播影视传媒集团
3	2006	河源广播电视台	联合经营先进单位	南方广播影视传媒集团
4	2007	河源广播电视台	党十七大广播电视安全播出优秀单位	南方广播影视传媒集团
5	2008	河源广播电视台	广播电视创新发展先进单位二等奖	南方广播影视传媒集团
6	2008	电视中心	抗冰灾报道三等奖	广东电视台

（续上表）

序号	获奖年度	先进集体	荣誉或获奖等级	授奖单位
7	2009	河源广播电视台	创新发展奖	南方广播影视传媒集团
8	2010	河源广播电视台	广播电视安全播出奖	南方广播影视传媒集团
9	2011	河源广播电视台	安全播出先进单位	南方广播影视传媒集团
10	2011	电视中心	最具成长性伙伴奖	南方电视台
11	2011	《新闻早餐档》栏目	广东省广播电视创新创优“十佳”栏目	广东省广播电影电视局
12	2012	河源广播电视台	党十八大广播电视安全播出先进单位	南方广播影视传媒集团
13	2012	《政风行风热线》栏目	广东省广播电视创新创优“十佳”栏目	广东省广播电影电视局
14	2012	电视中心	深度报道优秀奖	南方电视台

表 30－3　获市级（含部门）先进集体荣誉称号

序号	获奖年度	先进集体	荣誉或获奖等级	授奖单位
1	2005	河源广播电视台	先进集体	中共河源市委、市人民政府
2	2005	河源广播电视台	河源市查处市区违法用地建设和河道设障行为工作先进集体	中共河源市委、市人民政府
3	2005	电视中心	河源市创建省级双拥模范城工作先进单位	中共河源市委、市人民政府 河源军分区
4	2005	电视中心	河源市无偿献血促进奖	河源市人民政府
5	2005	电视中心	河源市“6·20”抗洪抢险先进集体	中共河源市委、市人民政府
6	2006	河源广播电视台	河源市无偿献血先进奖	河源市人民政府
7	2007	河源广播电视台	河源市文明单位	中共河源市委、市人民政府
8	2008	河源广播电视台	河源市创建全国双拥模范城工作先进单位	中共河源市委、市人民政府
9	2009	河源广播电视台	环境保护工作先进单位	中共河源市委、市人民政府

（续上表）

序 号	获奖年度	先进集体	荣誉或获奖等级	授奖单位
10	2012	广播中心	河源市精神文明建设先进单位	中共河源市委、市人民政府
11	2013	河源广播电视台	全市扶贫开发“双到”工作优秀单位	中共河源市委、市人民政府
12	2013	电视中心新闻一部	首届“河源青年五四奖章集体”提名奖	共青团河源市委 河源市青年联合会

第二节 先进个人荣誉称号

表 30－4 获省部级先进个人荣誉称号

序 号	获奖年度	先进个人	荣誉或获奖等级	授奖单位
1	2008	罗超龙	党十七大安全播出先进个人一等功	国家广播电影电视总局
2	2012	董秋香	全国广播电影电视系统先进工作者	国家广播电影电视总局

表 30－5 获省直部门级先进个人荣誉称号

序 号	获奖年度	先进个人	荣誉或获奖等级	授奖单位
1	2005	廖新民	抗洪抢险救灾工作先进个人	广东省防汛防旱防风总指挥部
2	2005	叶运枚	广东省广播电视信息工作先进个人	广东省广播电影电视局
3	2005	邓海滨	广东省优秀新闻工作者	广东省新闻工作者协会
4	2005	巫洪涛	先进工作者	《广东电视周报》管理委员会

（续上表）

序号	获奖年度	先进个人	荣誉或获奖等级	授奖单位
5	2006	车济民	广东省第七届金枪奖	广东省新闻工作者协会 广东新闻人才基金会
6	2006	张　昭	SMC2006 广播电视十大金牌主持人大赛最佳综艺类节目主持人奖	南方广播影视传媒集团
7	2006	钟相民	抗洪救灾先进个人	南方广播影视传媒集团
8	2007	汪小刚	党十七大安全播出个人突出贡献奖	南方广播影视传媒集团
9	2007	邹仕选	党十七大安全播出个人突出贡献奖	南方广播影视传媒集团
10	2007	叶运枚	广东省广播电视信息工作先进个人	广东省广播电影电视局
11	2007	邹菡莒	优秀通联编辑	广东电视台
12	2007	张　琦	广东省百佳电视节目主持人“时代主持新锐奖”	广东省广播电影电视局 广东省电视艺术家协会
13	2007	张　昭	“爱岗敬业”优秀女员工	南方广播影视传媒集团
14	2007	董秋香	广东省百佳电视节目主持人“时代主持新锐奖”	广东省广播电影电视局 广东省电视艺术家协会
15	2007	郭志辉	转星工作先进个人	广东省委宣传部、省广播电影电视局、省 610 办
16	2008	车济民	第二届广东省宣传思想战线优秀人才“十百千工程”新闻类第三层次培养对象	中共广东省委宣传部
17	2008	巫丽香	优秀女员工	南方广播影视传媒集团
18	2008	芦　艳	十大金牌主持人	南方广播影视传媒集团
19	2008	肖根生	北京奥运安全播出先进个人	南方广播影视传媒集团
20	2008	陈芬芳	优秀女员工	南方广播影视传媒集团
21	2009	汪小刚	广东百佳电视艺术工作者	广东省文学艺术界联合会 广东省电视艺术家协会
22	2009	涂少俊	广东百佳电视艺术工作者	广东省文学艺术界联合会 广东省电视艺术家协会

（续上表）

序号	获奖年度	先进个人	荣誉或获奖等级	授奖单位
23	2009	周凤娟	优秀女员工	南方广播影视传媒集团
24	2009	倪科华	“改革开放三十年广东广播主持人声光大奖”提名奖	广东电台
25	2010	周凤娟	2009 年度优秀通联编辑	广东电视台新闻中心
26	2010	郭佳红	优秀女员工	南方广播影视传媒集团
27	2012	缪俊芳	优秀女员工	南方广播影视传媒集团
28	2012	钟梓梅	《中国广播电视年鉴》先进工作者	广东省广播电影电视局
29	2012	邹　云	广东电视新闻优秀通联编辑	广东电视台新闻中心
30	2013	焦　洋	2012 年度优秀主持人	南方广播影视传媒集团

表 30－6　获市级（含部门）先进个人荣誉称号

序号	获奖年度	先进个人	荣誉或获奖等级	授奖单位
1	2005	车济民	河源市先进工作者	中共河源市委、市人民政府
2	2005	车济民	河源市优秀共产党员	中共河源市委、市人民政府
3	2005	朱玮珺	河源市优秀共产党员	中共河源市委、市人民政府
4	2005	廖新民	河源市“6·20”抗洪标兵	中共河源市委、市人民政府
5	2005	车济民	河源市“6·20”抗洪积极分子	中共河源市委、市人民政府
6	2005	秦诚意	河源市“6·20”抗洪积极分子	中共河源市委、市人民政府
7	2005	梁　雯	河源市“6·20”抗洪积极分子	中共河源市委、市人民政府
8	2005	缪俊芳	河源市“6·20”抗洪积极分子	中共河源市委、市人民政府
9	2005	廖运林	河源市“6·20”抗洪积极分子	中共河源市委、市人民政府
10	2005	赖国全	河源市“6·20”抗洪积极分子	中共河源市委、市人民政府
11	2005	邹　云	河源市“6·20”抗洪积极分子	中共河源市委、市人民政府
12	2005	车济民	河源市“6·20”抗洪救灾新闻宣传工作先进个人	中共河源市委宣传部
13	2005	廖新民	河源市“6·20”抗洪救灾新闻宣传工作先进个人	中共河源市委宣传部

（续上表）

序号	获奖年度	先进个人	荣誉或获奖等级	授奖单位
14	2005	钟来全	河源市“6·20”抗洪救灾新闻宣传工作先进个人	中共河源市委宣传部
15	2005	张辉贤	河源市“6·20”抗洪救灾新闻宣传工作先进个人	中共河源市委宣传部
16	2005	邹　云	河源市“6·20”抗洪救灾新闻宣传工作先进个人	中共河源市委宣传部
17	2005	徐志凌	河源市“6·20”抗洪救灾新闻宣传工作先进个人	中共河源市委宣传部
18	2005	黄水明	河源市“6·20”抗洪救灾新闻宣传工作先进个人	中共河源市委宣传部
19	2005	郑志豪	河源市“6·20”抗洪救灾新闻宣传工作先进个人	中共河源市委宣传部
20	2005	巫洪涛	河源市“6·20”抗洪救灾新闻宣传工作先进个人	中共河源市委宣传部
21	2006	朱玮珺	河源市首届十大杰出青年	中共河源市委
22	2007	谢培杰	金牌工人	河源市“金牌工人”职工职业技能竞赛组委会
23	2008	冯永根	优秀党务工作者	中共河源市委
24	2008	刘子权	处置东源县“6·29”事件工作先进个人	中共河源市委、市人民政府
25	2009	江礼贤	环境保护工作先进工作者	中共河源市委、市人民政府
26	2011	涂少俊	河源网络问政工作先进个人	中共河源市委、市人民政府
27	2011	钟来全	河源市优秀共产党员	中共河源市委
28	2011	钟来全	河源网络问政工作先进个人	中共河源市委、市人民政府
29	2012	徐　林	河源市创建国家卫生城市先进个人	中共河源市委、市人民政府
30	2012	钟秋珍	河源市创建国家卫生城市先进个人	中共河源市委、市人民政府
31	2013	车颖诚	首届“河源青年五四奖章”	共青团河源市委 河源市青年联合会
32	2013	钟　灏	河源市优秀团干部	共青团河源市委

第三十一章 获奖作品

第一节 获省级奖的广播类作品

表 31－1 获省级奖的广播类作品

序号	获奖年度	作品名称	获奖等级	授奖单位	主创人员
1	2005	《宝贝的烦恼》	广东新闻奖广播社教类二等奖	广东省新闻工作者协会 广东省新闻学会 广东新闻人才基金会	钟梓梅 廖 真 魏彩虹
2	2005	《忠诚的送信人》	广东新闻奖广播新闻类三等奖	广东省新闻工作者协会 广东省新闻学会 广东新闻人才基金会	梁 雯 朱铭臣
3	2006	《吹不倒的小草》	广东新闻奖广播专题类三等奖	广东省新闻工作者协会 广东省新闻学会 广东新闻人才基金会	魏彩虹 叶运枚
4	2006	《山区河源产品上了“神舟”六号》	广东省广播电视节目奖广播长消息奖三等奖	广东省广播电影电视局 广东省广播电视协会	黄世翻 缪俊芳 叶运枚
5	2006	《河源百年一遇大洪水：16 万灾民大转移》	广东新闻奖广播新闻类三等奖	广东省新闻工作者协会 广东省新闻学会 广东新闻人才基金会	黄世翻 缪俊芳 叶运枚
6	2006	《青少年为何滥喝“止咳药”》	2005 年度广东省广播电视新闻奖三等奖	广东省广播电影电视局 广东省广播电视协会	张丽萍
7	2007	《大声说爱你》	2006 年度广东省广播电视文艺奖三等奖	广东省广播电影电视局 广东省广播电视协会	崔海深

（续上表）

序号	获奖年度	作品名称	获奖等级	授奖单位	主创人员
8	2007	《河源市长效预警机制从容应对自然灾害》	2006年度广东省广播电视新闻奖三等奖	广东省广播电影电视局 广东省广播电视协会	黄世翻 张文裕
9	2007	《客家风情画——花朝戏》	广东新闻奖广播社教类三等奖	广东省新闻工作者协会 广东省新闻学会 广东新闻人才基金会	崔海深 曾　春
10	2007	《创新扶贫思路一策解脱千村困》	广东新闻奖广播新闻类三等奖	广东省新闻工作者协会 广东省新闻学会 广东新闻人才基金会	蓝瑞平 陈盛开
11	2007	《在音乐之路上成长——小记六岁盲童廖国旺》	2006年度广东残疾人事业好新闻广播类优秀奖	广东省残疾人联合会 广东省新闻工作者协会 广东残疾人事业新闻宣传促进会	陈盛开
12	2008	《真情故事会——我的支教岁月》	2007年度广东省广播电视新闻奖三等奖	广东省广播电影电视局 广东省广播电视协会	倪科华 芦　艳 崔海深
13	2008	《张梅妹：赡养非亲非故孤寡盲人45载不言弃》	2007年度广东残疾人事业好新闻广播类优秀奖	广东省残疾人联合会 广东省新闻工作者协会 广东残疾人事业新闻宣传促进会	陈盛开
14	2008	《我市无掌英雄陈希少成功入围08奥运广东段火炬手》	2007年度广东残疾人事业好新闻广播类三等奖	广东省残疾人联合会 广东省新闻工作者协会 广东残疾人事业新闻宣传促进会	陈盛开
15	2008	《上坪“肥料信贷银行”助诚信桃农走上致富路》	广东新闻奖广播新闻类三等奖	广东省新闻工作者协会 广东省新闻学会 广东新闻人才基金会	陈盛开 刘开芬
16	2008	《增坝村奋战八载凿山引甘泉　谱写新时代愚公精神》	广东新闻奖广播新闻类三等奖	广东省新闻工作者协会 广东省新闻学会 广东新闻人才基金会	陈盛开 刘开芬
17	2008	《亚洲创建违法排污市政府责令其停产》	广东省广播电视节目奖三等奖	广东省广播电影电视局 广东省广播电视协会	缪俊芳

（续上表）

序 号	获奖年度	作品名称	获奖等级	授奖单位	主创人员
18	2009	《律师与您面对面——一张假身份证引发的劳动纠纷》	广东省广播电视节目奖广播专题奖三等奖	广东省广播电影电视局 广东省广播电视协会	芦 艳 倪科华
19	2009	《无声世界里的彩虹天堂》	2008 年度广东残疾人事业好新闻广播类三等奖	广东省残疾人联合会 广东省新闻工作者协会 广东残疾人事业新闻宣传促进会	缪俊芳
20	2009	《万绿湖直饮水工程正式启动》	广东新闻奖广播新闻类三等奖	广东省新闻工作者协会 广东省新闻学会 广东新闻人才基金会	缪俊芳
21	2009	《结婚》	2008 年度广东省广播电视节目奖广播播音主持奖三等奖	广东省广播电影电视局 广东省广播电视协会	崔海深
22	2010	《客家古邑山歌情》	2009 年度广东省广播电视节目奖广播文艺奖三等奖	广东省广播电影电视局 广东省广播电视协会	焦 洋 魏彩虹
23	2010	《孩子，你在哪里?》	广东新闻奖广播新闻类三等奖	广东省新闻工作者协会 广东省新闻学会 广东新闻人才基金会	缪俊芳
24	2010	《小小温泉走向大大世界》	2009 广东旅游好新闻三等奖	广东省旅游局 广东省新闻工作者协会	缪俊芳
25	2010	《信息化建设从“电话”梦想到数字鸿沟消除》	第十三届广东科技好新闻三等奖	广东省科技厅 广东科技新闻工作者协会	陈盛开
26	2011	《全市新闻联播》	2010 年度客家地区广播电视播音主持作品奖广播播音类二等奖	广东省广播电视协会播音主持专业委员会 客家地区播委会	芦 艳
27	2011	《当代女性择偶价值观》	2010 年度广东省广播电视节目奖广播专题奖三等奖	广东省广播电影电视局 广东省广播电视协会	曾 春 焦 洋 胡 萍

（续上表）

序号	获奖年度	作品名称	获奖等级	授奖单位	主创人员
28	2011	《音乐掌门人之与你的青春散场》	2010 年度广东省广播电视节目奖广播文艺奖三等奖	广东省广播电影电视局 广东省广播电视协会	倪科华
29	2011	《与你的青春散场》	2010 年度客家地区广播电视播音主持作品奖广播主持类三等奖	广东省广播电视协会播音主持专业委员会 客家地区播委会	倪科华
30	2011	《全市新闻联播》	2010 年度广东省广播电视节目奖广播播音主持奖三等奖	广东省广播电影电视局 广东省广播电视协会	芦　艳
31	2011	《中埔村“帮教小组”送亲情　留守儿童得关爱》	2010 年度广东省关心下一代工作好新闻三等奖	广东省关心下一代工作委员会 广东省新闻工作者协会	刘戈燕
32	2011	《陈寿添：助 7 名失助青年找到致富路》	广东省关心下一代工作好新闻三等奖	广东省关心下一代工作委员会 广东省新闻工作者协会	刘戈燕
33	2011	《投资 45 亿元的东江·巴登城项目正式落户河源》	2010 广东旅游好新闻二等奖	广东省旅游局 广东省新闻工作者协会	陈盛开
34	2011	《“邀请农民工看亚运”提议者今圆梦》	广东新闻奖广播新闻类三等奖	广东省新闻工作者协会 广东省新闻学会 广东新闻人才基金会	胡　萍 陈盛开 焦　洋
35	2011	《天使之约：吉林女大学生远嫁河源残疾穷小子》	广东新闻奖广播新闻类三等奖	广东省新闻工作者协会 广东省新闻学会 广东新闻人才基金会	陈盛开 芦　艳 巫丽香
36	2011	《河源：借亚运会与世客会之东风　做强做大旅游产业》	2010 广东旅游好新闻优秀奖	广东省旅游局 广东省新闻工作者协会	缪俊芳
37	2012	《让客家民俗文化乘着歌声的翅膀快乐飞翔》	2011 年度广东省广播电视节目奖广播播音主持奖二等奖	广东省广播电影电视局 广东省广播电视协会	朱铭臣

（续上表）

序 号	获奖年度	作品名称	获奖等级	授奖单位	主创人员
38	2012	《河源网络问政新措开全国先河，3网友成“两代表一委员”推荐人选》	广东新闻奖广播新闻类二等奖	广东省新闻工作者协会 广东省新闻学会 广东新闻人才基金会	张文裕 黄世翻 芦 艳
39	2012	《圆梦》	广东新闻奖广播新闻类二等奖	广东省新闻工作者协会 广东省新闻学会 广东新闻人才基金会	陈盛开 刘开芬 芦 艳 朱铭臣
40	2012	《中兴通讯来了!》	广东新闻奖广播新闻类三等奖	广东省新闻工作者协会 广东省新闻学会 广东新闻人才基金会	陈盛开 刘开芬 芦 艳
41	2012	《从多选到单选》	2011年度广东省广播电视节目奖广播专题奖三等奖	广东省广播电影电视局 广东省广播电视协会	焦 洋 胡 萍 刘戈燕 王振宇
42	2012	《珠三角七城联动百万市民游河源》	2011广东旅游好新闻一等奖	广东省旅游局 广东省新闻工作者协会	缪俊芳 黄世翻
43	2012	《星光书屋》	2011年度客家地区广播电视播音主持作品奖广播主持类二等奖	广东省广播电视协会播音主持专业委员会 客家地区播委会	吴静燕
44	2012	《中大学子租荒山种蜜柚 带领村民脱贫致富》	广东省新闻战线“走基层、转作风、改文风”活动优秀作品三等奖	中共广东省委宣传部 广东省广播电影电视局 广东省新闻出版广电局 广东省新闻工作者协会 广东省新闻学会	刘戈燕
45	2013	《神圣的担当——对话中国最美警察张斌松》	2012年度广东新闻奖二等奖	广东省新闻工作者协会 广东省新闻学会	钟来全 胡 萍 焦 洋 陈盛开 王振宇 邹 颖

（续上表）

序号	获奖年度	作品名称	获奖等级	授奖单位	主创人员
46	2013	《“杜拉拉”的摇篮》	2012年度广东省广播电视节目奖广播专题奖二等奖	广东省广播电影电视局 广东省广播电视协会	吴静燕 缪俊芳 魏彩虹 王振宇
47	2013	《河源在全国首创为法律申援者免费担保》	2012年度广东新闻奖三等奖	广东省新闻工作者协会 广东省新闻学会	陈盛开 钟来全 刘开芬
48	2013	《新闻特写：汪洋举杯畅饮新丰江水》	2012年度广东新闻奖三等奖	广东省新闻工作者协会 广东省新闻学会	钟来全 陈盛开 刘开芬
49	2013	《汪洋举杯畅饮新丰江水》	首届广东环保好新闻三等奖	广东省环境保护厅 广东省新闻工作者协会	钟来全 陈盛开 刘开芬
50	2013	《希望工程班河源模式日见成效 今年34名学生全部考上高等院校》	2012年度广东新闻奖三等奖	广东省新闻工作者协会 广东省新闻学会	刘戈燕 芦　艳 刘开芬
51	2013	《绿色家园》	2012年度广东省广播电视节目奖广播文艺奖三等奖	广东省广播电影电视局 广东省广播电视协会	倪科华 芦　艳
52	2013	《乡村最美媳妇——袁辉乙》	2012年度广东省广播电视节目奖广播播音主持奖三等奖	广东省广播电影电视局 广东省广播电视协会	朱铭臣
53	2013	《嘻哈三人组》	2012年度客家地区广播电视播音主持作品奖广播主持类二等奖	广东省广播电视协会播音主持专业委员会 客家地区播委会	焦　洋 王振宇
54	2013	《人间瑶池万绿湖》	2012年度客家地区广播电视播音主持作品奖广播播音类二等奖	广东省广播电视协会播音主持专业委员会 客家地区播委会	闫建伟

（续上表）

序号	获奖年度	作品名称	获奖等级	授奖单位	主创人员
55	2013	《客家古城的呼唤》	2012 年度客家地区广播电视播音主持作品奖广播主持类三等奖	广东省广播电视协会播音主持专业委员会 客家地区播委会	吴静燕
56	2013	《全市新闻联播》	2012 年度客家地区广播电视播音主持作品奖广播播音类三等奖	广东省广播电视协会播音主持专业委员会 客家地区播委会	芦　艳

第二节　获省级及以上奖的电视类作品

表 31－2　获省级及以上奖的电视类作品

序号	获奖年度	作品名称	获奖等级	授奖单位	主创人员
1	2005	《花灯》	2005 年度广东省广播电视节目奖电视文艺类一等奖	广东省广播电影电视局 广东省广播电视协会	车济民、吴亚丁 闫建伟、陈晓敏
2	2005	《客家女阿萍》	《城市之星》电视节目纪录片类二等奖	中国电视艺术交流协会	车济民
3	2005	《万绿湖惊现“水中国宝”桃花水母》	广东新闻奖电视短消息类三等奖	广东省新闻工作者协会 广东省新闻学会 广东新闻人才基金会	廖新民、张辉贤 邹菡萏、张　琦
4	2005	《“灭鼠”行动》	2004 年度广东省广播电视节目奖电视新闻类三等奖	广东省广播电影电视局 广东省广播电视协会	朱玮珺、李燕南 陈芬芳、廖新民 匡永健、邹　云
5	2006	《花灯》	第六届百家电视台电视文学二等创优节目奖	中国广播电视协会	车济民、吴亚丁 陈晓敏、闫建伟

（续上表）

序号	获奖年度	作品名称	获奖等级	授奖单位	主创人员
6	2006	《渔船》	第六届百家电视台电视文学三等创优节目奖	中国广播电视协会	车济民、吴亚丁 张敬涛、朱铭臣
7	2006	《洪水袭山村，武警官兵勇救遇险群众》	广东新闻奖电视短消息类一等奖	广东省新闻工作者协会 广东省新闻学会 广东新闻人才基金会	黄水明、郭志军 邹菡莒、袁定央
8	2006	《生死大转移》	广东新闻奖电视纪录片类三等奖	广东省新闻工作者协会 广东省新闻学会 广东新闻人才基金会	车济民 巫丽香 朱铭臣
9	2007	《渔船》	2006 年度广东省广播电视节目奖电视文艺类一等奖	广东省广播电影电视局 广东省广播电视协会	车济民、吴亚丁 张敬涛、朱铭臣
10	2007	《恐龙出世》	中国南派优秀纪录片奖三等奖	中国广播电视协会电视纪录片学术委员会	车济民、巫丽香 陈伟兵、江礼贤 朱铭臣
11	2007	《盲人养猪》	2006 年度广东残疾人事业好新闻电视类三等奖	广东省残疾人联合会 广东省新闻工作者协会 广东残疾人事业新闻宣传促进会	汤　荣 石　林
12	2007	《真爱超越血缘》	2006 年度广东残疾人事业好新闻电视类优秀奖	广东省残疾人联合会 广东省新闻工作者协会 广东残疾人事业新闻宣传促进会	张敬涛
13	2008	《神秘妻子寻亲记》	2007 年度广东省广播电视节目奖电视新闻类二等奖	广东省广播电影电视局 广东省广播电视协会	周凤娟、江礼贤 翟源昌、匡永健 李治成
14	2008	《引水》	2007 年度广东省广播电视节目奖电视新闻类三等奖	广东省广播电影电视局 广东省广播电视协会	江礼贤、陈伟兵 张敬涛、朱铭臣 朱玮珺
15	2008	《我们有个“疯妈妈”》	2008 年度广东残疾人事业好新闻电视类一等奖	广东省残疾人联合会 广东省新闻工作者协会 广东残疾人事业新闻宣传促进会	翟源昌、高　伟 周凤娟、张敬涛 匡永健 欧阳春艳

（续上表）

序号	获奖年度	作品名称	获奖等级	授奖单位	主创人员
16	2008	《河源建设生态文明叫停“木业大鳄”》	广东新闻奖电视新闻类三等奖	广东省新闻工作者协会 广东省新闻学会 广东新闻人才基金会	邹　云 邹菡萏 潘　兵
17	2008	《邓敏：无声世界的大学梦》	广东残疾人事业好新闻电视类三等奖	广东省残疾人联合会 广东省新闻工作者协会 广东残疾人事业新闻宣传促进会	邹　云、邹菡萏 袁伟敏、王倩倩 邵　彤
18	2008	《同床共枕20年不知妻从何处来》	2007年度广东省广播电视节目奖电视播音主持类三等奖	广东省广播电影电视局 广东省广播电视协会	匡永健
19	2008	《嘴尾惊魂》	第二届广东省法制动漫作品征集活动鼓励奖	广东省普法办公室	肖少君
20	2008	《停车趣事》	第二届广东省法制动漫作品征集活动鼓励奖	广东省普法办公室	肖少君
21	2009	《我们有个“疯妈妈”》	广东新闻奖电视新闻类三等奖	广东省新闻工作者协会 广东省新闻学会 广东新闻人才基金会	翟源昌、高　伟 周凤娟、张敬涛 匡永健 欧阳春艳
22	2009	《我市残疾人踊跃为四川地震灾区捐款》	2008年度广东残疾人事业好新闻电视类优秀奖	广东省残疾人联合会 广东省新闻工作者协会 广东残疾人事业新闻宣传促进会	翟源昌
23	2009	《“英国佬”要做“客家郎”》	2008广东旅游好新闻特等奖	广东省旅游局 广东省新闻工作者协会	翟源昌 周凤娟 张敬涛
24	2009	《感受客家婚礼》	2008广东旅游好新闻三等奖	广东省旅游局 广东省新闻工作者协会	车济民、翟源昌 巫丽香、汤　荣 黄　亮
25	2009	《万绿河源》	广东省第七届精神文明建设“五个一工程”入选作品	中共广东省委宣传部	江礼贤 曾桂辉

（续上表）

序号	获奖年度	作品名称	获奖等级	授奖单位	主创人员
26	2009	《酒后禁驾》	第三届广东省法制动漫作品征集活动三等奖	广东省普法办公室	肖少君
27	2010	《幼童连接失踪全城关注》	广东新闻奖电视新闻类三等奖	广东省新闻工作者协会 广东省新闻学会 广东新闻人才基金会	汤　荣、邹　群 钟颖华、邵　彤 翟源昌、石　林
28	2010	《盲人夫妻不离不弃救治患心脏病女儿系列报道》	广东残疾人事业好新闻电视类优秀奖	广东省残疾人联合会 广东省新闻工作者协会 广东残疾人事业新闻宣传促进会	杨　海
29	2010	《渔船》	广东省首届百佳电视艺术作品奖	广东省文学艺术界联合会 广东省电视艺术家协会	车济民、吴亚丁 张敬涛、朱铭臣
30	2010	《市委书记邀请网友旁听“两会”》	第19届广东人大新闻奖广播电视类三等奖	广东省人大常委会办公厅 广东省新闻工作者协会 广东省人大新闻协会	邹　云、邹菡苕 周凤娟、刘子权 郑志豪、刘晓烁
31	2010	《梅开二度中山（河源）产业转移园再揽5亿元》	广东新闻奖电视新闻类三等奖	广东省新闻工作者协会 广东省新闻学会 广东新闻人才基金会	梁小群 郑志豪 宋文宜
32	2010	《我的水上生活》	2009年度广东省广播电视节目奖电视专题类二等奖	广东省广播电影电视局 广东省广播电视协会	陈伟兵、江礼贤 黄　亮、朱晓理
33	2010	《客家人的围屋》	2010年度广东省广播电视节目奖电视文艺类二等奖	广东省广播电影电视局 广东省广播电视协会	车济民、陈伟兵 江礼贤、钟梓梅
34	2010	《天下客家》	2010年南派纪录片最佳摄影奖	中国电视艺术委员会 中国电视纪录片学术委员会	车济民、吴亚丁 陈伟兵、江礼贤 徐志凌、黄　亮
35	2010	《天下客家》	2010年南派纪录片优秀作品奖	中国电视艺术委员会 中国电视纪录片学术委员会	车济民、吴亚丁 陈伟兵、江礼贤 徐志凌、黄　亮

（续上表）

序号	获奖年度	作品名称	获奖等级	授奖单位	主创人员
36	2010	《恐龙出世》	广东省首届百佳电视艺术作品奖	广东省文学艺术界联合会 广东省电视艺术家协会	车济民、巫丽香 陈伟兵、江礼贤 朱铭臣
37	2010	《爱护环境之“牛皮癣”篇》	广东省首届百佳电视艺术作品奖	广东省文学艺术界联合会 广东省电视艺术家协会	江礼贤、陈伟兵
38	2010	《天下客家》	广东省第二批重点文艺项目（电视专题片项目）	中共广东省委宣传部	车济民、吴亚丁 陈伟兵、江礼贤 徐志凌、黄　亮
39	2010	《天下无秽》	第四届广东省法制动漫作品征集活动优秀奖	广东省普法办公室	肖少君
40	2011	《激流中的生命壮歌》	广东新闻奖电视新闻类二等奖	广东省新闻工作者协会 广东省新闻学会 广东新闻人才基金会	石　林 吴小蓉 邵　彤
41	2011	《天使之约：女大学生嫁给残疾农民》	广东新闻奖电视新闻类三等奖	广东省新闻工作者协会 广东省新闻学会 广东新闻人才基金会	巫丽香、黄　亮 钟　灏、翟源昌 徐　林、汪希静
42	2011	《天下客家》	2010 年度广东省广播电视节目奖电视专题类一等奖	广东省广播电影电视局 广东省广播电视协会	车济民、吴亚丁 陈伟兵、江礼贤 徐志凌、黄　亮
43	2011	《超级任务》	2010 年度广东省广播电视节目奖电视专题类三等奖	广东省广播电影电视局 广东省广播电视协会	钟　灏、傅知晓 朱晓理、刘志棠 钟小鸳、邹　群
44	2011	《河源新闻联播》	2010 年度客家地区广播电视播音主持作品奖电视播音类三等奖	广东省广播电视协会播音主持专业委员会客家地区播委会	马　岚
45	2011	《天下客家》	2010 年度中国电视纪录片系列片好作品	中国电视艺术家协会 中国电视纪录片学术委员会	车济民、吴亚丁 陈伟兵、江礼贤 徐志凌、黄　亮
46	2011	《在水一方》	2011 中国（广州）国际纪录片节“广东日”南派纪录片三等奖	中国电视纪录片学术委员会 广东省广播电视协会	陈伟兵 江礼贤 高　伟

（续上表）

序号	获奖年度	作品名称	获奖等级	授奖单位	主创人员
47	2011	《珍惜创卫成果守护美好家园》	2010 年度客家地区广播电视播音主持作品奖电视播音类三等奖	广东省广播电视协会播音主持专业委员会客家地区播委会	王婧怡
48	2011	《天下客家》	中国广播影视大奖·广播电视节目奖（第22 届“星光奖”）电视纪录片提名荣誉奖	国家广播电影电视总局	车济民、吴亚丁 陈伟兵、江礼贤 徐志凌、黄　亮
49	2011	《阿狼的故事》	广东省广播电视节目奖电视专题类二等奖	广东省广播电影电视局 广东省广播电视协会	车颖诚、杜艺斐 甘智委、杜伶俐 许卫玺、杜瑜芳
50	2012	《河源新闻联播》	2011 年度客家地区广播电视播音主持作品奖电视播音类二等奖	广东省广播电视协会播音主持专业委员会客家地区播委会	宋文宜
51	2012	《河源新闻联播》	2011 年度客家地区广播电视播音主持作品奖电视新闻类三等奖	广东省广播电视协会播音主持专业委员会客家地区播委会	王婧怡
52	2012	《广东第一块硅基薄膜太阳能电池下线》	广东新闻奖电视新闻类二等奖	广东省新闻工作者协会 广东省新闻学会 广东新闻人才基金会	王　彪 林　毅 王婧怡
53	2012	《中兴通讯来了！》	广东新闻奖电视新闻类三等奖	广东省新闻工作者协会 广东省新闻学会 广东新闻人才基金会	陈盛开 王婧怡 宋文宜
54	2012	《晚间时分》	2011 年度客家地区广播电视播音主持作品奖电视主持类一等奖	广东省广播电视协会播音主持专业委员会客家地区播委会	蔡晓璐
55	2012	《晚间时分》	2011 年度广东省广播电视节目奖电视播音主持类三等奖	广东省广播电影电视局 广东省广播电视协会	蔡晓璐
56	2012	《阳明古郡山水和平》	2012“广东日”形象宣传片三等奖	中国电视纪录片学术委员会 广东省广播电视协会纪录片专业委员会	江礼贤、高　伟 陈伟兵、黄　亮 饶祥浩

（续上表）

序号	获奖年度	作品名称	获奖等级	授奖单位	主创人员
57	2012	《网络问政成为全国样本》	广东新闻奖电视新闻类二等奖	广东省新闻工作者协会 广东省新闻学会 广东新闻人才基金会	刘金明、陈盛开 宋文宜、陈 欣
58	2012	《“国庆走基层今天我加班”系列报道》	广东省新闻战线“走基层、转作风、改文风”活动优秀作品一等奖	中共广东省委宣传部 广东省广播电影电视局 广东省新闻出版广电局 广东省新闻工作者协会 广东省新闻学会	河源广播电视台电视中心新闻一部
59	2013	《河源新闻联播》	2012 年度客家地区广播电视播音主持作品奖电视播音类三等奖	广东省广播电视协会 播音主持专业委员会 客家地区播委会	宋文宜
60	2013	《美丽家园 河源创卫文艺晚会》	2012 年度客家地区广播电视播音主持作品奖电视主持类三等奖	广东省广播电视协会 播音主持专业委员会 客家地区播委会	王婧怡
61	2013	《天下网事》	2012 年度客家地区广播电视播音主持作品奖电视主持类三等奖	广东省广播电视协会 播音主持专业委员会 客家地区播委会	马 岚
62	2013	《天下客家》	第九届广东省鲁迅文学艺术奖（艺术类）	广东省鲁迅文学艺术奖评奖委员会 广东省文学艺术界联合会	车济民、吴亚丁 陈伟兵、江礼贤 徐志凌、黄 亮
63	2013	《晚间时分》	2012 年度客家地区广播电视播音主持作品奖电视播音类二等奖	广东省广播电视协会 播音主持专业委员会 客家地区播委会	蔡晓璐
64	2013	《汪洋称赞万绿湖水质 强调走生态文明发展道路》	2012 年度广东新闻奖二等奖	广东省新闻工作者协会 广东省新闻学会	王 彪 林 毅 宋文宜
65	2013	《蓝塘数万居民饮水难》	2012 年度广东新闻奖三等奖	广东省新闻工作者协会 广东省新闻学会	集体创作
66	2013	《阳明古郡山水和平》	2012 年度广东省广播电视节目奖电视专题类三等奖	广东省广播电影电视局 广东省广播电视协会	江礼贤 高 伟 陈伟兵

（续上表）

序号	获奖年度	作品名称	获奖等级	授奖单位	主创人员
67	2013	《初三女生》	2012 年度广东省广播电视节目奖电视专题类三等奖	广东省广播电影电视局 广东省广播电视协会	陈思思、车颖诚 甘　露、汤　荣 许卫玺、王健敏

第三十二章 发表在省级（含省级）以上刊物的论文

发表在省级（含省级）以上刊物的论文

序　号	发表时间	作　者	标　题	发表媒体
1	2006	邓海滨	《让〈行风热线〉成为构建和谐社会的重要力量》	《岭南新闻探索》
2	2008	张　惠	《城市电视台视音频资料管理新路——媒资管理系统的应用》	《广播电视信息》
3	2008	车济民	《追求原创　彰显个性——从〈乡村记忆〉谈电视散文的探索》	《当代电视》
4	2010	余智红	《浅议纪录片的商业化》	《新闻传播》
5	2010	陈盛开	《练好内功　增强效力　发挥地方广播媒体舆论监督作用》	《河源日报》
6	2011	刘开芬	《浅析敏捷模式的广播电视编辑系统的开发》	《新闻天地》
7	2011	缪俊芳	《浅论网络时代下广播电台面临的挑战与机遇》	《新闻天地》
8	2011	车济民	《电视文化片〈天下客家〉创作谈》	《当代电视》
9	2011	车济民	《论纪录片的“剧作性”空间结构》	《当代电视》
10	2011	车济民	《史诗的布局　理性的诠释与诗性的呈现——大型电视政论片〈天下客家〉创作谈》	《中国电视纪录》
11	2011	张　旺	《摇臂使用心得》	《中国电子商务》
12	2011	赵　鹏	《浅析硬盘播出系统中的 RAID 技术》	《科技资讯》
13	2011	汪希静	《广播、电视、网站：在融合中发展》	《视听》
14	2011	周凤娟	《论国外纪录片视野下的中国形象建构》	《新闻天地》
15	2012	江礼贤	《论纪录片运用 CG 技术的原则》	《中国传媒科技》
16	2012	车济民	《论电视艺术的意象与意境》	《当代电视》
17	2012	车济民	《创新，才能活力永续——以河源台〈政风行风热线〉为例》	《南方电视学刊》
18	2012	许卫玺	《从受众心理论综艺节目主持风格》	《青年文学家》

（续上表）

序　号	发表时间	作　者	标　题	发表媒体
19	2012	邹长毅	《论媒体人的时代意义》	《中国传媒科技》
20	2012	杜瑜芳	《从“抢盐”事件分析传言中的心理机制》	《中国传媒科技》
21	2012	刘戈燕	《浅谈广播新闻记者应该具备的基本素质》	《新闻天地》
22	2012	朱铭臣	《情动于中而音扬于外——从〈渔船〉谈电视散文的解说》	《南方电视学刊》
23	2012	朱铭臣	《从电视散文〈渔船〉谈文艺播音创作要件的把控》	《南方电视学刊》
24	2012	芦　艳	《也谈电视新闻节目主持的采访艺术》	《新闻传播》
25	2012	倪科华	《新时期广播主持的创新发展》	《新闻传播》
26	2012	焦　洋	《广播娱乐节目主持风格与艺术初探》	《新闻传播》
27	2013	陈盛开	《发挥广播优势　彰显广播价值——以河源台的两次地震灾害报道为例》	《新闻窗》
28	2013	陈盛开	《央视〈新闻联播〉“变脸”对地方台的启示》	《今传媒》

附　录

附录一 河源市广播电视局概况（1988—2005年）

一、河源市广播电视局体制沿革

1988 年 3 月，河源市成立市文体委，内设广播电视科，负责全市的广播电视工作。同年 7 月 2 日，经市委市政府同意，成立河源市广播电视局，内设综合科、宣传科和事业科。

1990 年 7 月，河源市广播电视局下属的“河源市有线电视服务站”成立，属科级建制；1991 年 7 月，“河源市有线电视服务站”更名为“河源市有线电视台”；2002 年 7 月，“河源市有线电视台”更名为“河源市有线广播电视网络中心”。

1991 年 12 月 9 日，经当时的国家广播电影电视部批准，成立“河源电视台”；同年 12 月 24 日，河源市机构编制委员会下发“河机编〔1991〕143 号”文件，同意成立“河源电视台”，为副处级事业单位建制。

1992 年 4 月，“河源市广播电视微波站”成立，为科级建制，由广东省广播电视技术中心和河源市广播电视局实行双重管理。

1992 年 5 月 30 日，河源电视台正式开始试播，揭开了河源电视发展的序幕。当时，内设机构仅有新闻部、技术部和广告信息部，全台只有八个编制人员和两套摄像机及后期编辑设备，主办一些本市新闻和广告节目，以转播中央和省电视台节目为主。

1993 年 5 月 13 日，市直机关工委以“河党工委复〔1993〕19 号”文件，同意设立中共河源市电视台支部委员会。

1993 年 6 月，举行首届“广东小姐”河源预选赛暨“河源小姐”竞选大赛。

1993 年 7 月 21 日，经市委批准，根据“河机编〔1993〕69 号”文件，同意成立“河源人民广播电台”，为副处级事业单位建制。经过 5 个多月的筹备，电台于同年 12 月 28 日开始试播。

1993 年 12 月 28 日，市委宣传部为《河源广播电视周报》颁发了河源市内部资料准印证，批准周报为对开 4 版，可在全市城乡发行。准印证号为“河内准印第 023 号”。1994 年 12 月 1 日，省新闻出版局为《河源广播电视周报》颁发了广东省报纸登记证，可在省内发行，为对开 4 版，刊号为 GD－0302。

1996 年 6 月 17 日，河源市广播电视局成立编辑委员会，负责确定全市广播电视宣传的指导思想，提出一个时期的广播电视宣传重点内容，组织协调策划广播电视宣传的重大活动，管理和监督广播电视节目的制作播出，指导和推动广播电视宣传业务的改革，把握正确舆论导向。编委会每月召开一次会议（一般在月底召开）。

1997 年 6 月 23 日，河源市工商局以“粤河广字 071025 号”核发了河源市电视广告制作中心广告经营许可证。经营范围为设计、制作、发布、代理国内外电视广告业务。6 月 28 日，河源市电视广告制作中心正式开业。

2001 年 5 月 18 日，国家广播电影电视总局同意河源电视台和河源市有线电视台合并为一个播出实体。

2001 年 6 月 22 日，电视台举办一号演播厅启动仪式，并在一号演播厅录播了庆祝建党八十周年文艺晚会。

2001 年 12 月 6 日，河源电视台直播了建台十周年文艺晚会。

2002 年 8 月 29 日，河源电视台成功直播中国（河源）国际摩托艇明星对抗赛。

2002 年 12 月，对广东省第二届“山洽会”开幕式进行直播。

2003 年 12 月 6 日，与市文化局共同举办“电信杯”赣粤闽三省八市客家歌手电视大奖赛河源赛区选拔赛。

2004 年 3 月 26 日，根据《中共广东省委办公厅、广东省人民政府办公厅关于转发〈广东省广播电影电视局关于《南方广播影视传媒集团组建方案》的实施意见〉的通知》（粤办发〔2004〕5 号）要求，“南方广播影视传媒集团河源广播电视台”挂牌成立，成为南方广播影视传媒集团的成员单位。2005 年 3 月 9 日，市机构编制委员会印发了《河源广播电视台机构编制方案》，明确河源广播电视台由河源人民广播电台、河源电视台、河源市有线广播电视网络中心、河源市广播电视微波站、《河源广播电视周报》社、河源市电视广告制作中心等单位合并组成。河源广播电视台成立后，直接管理频道（频率），不再保留河源人民广播电台、河源电视台建制，只保留其播出呼号。新组建的河源广播电视台是市委宣传部管理的正处级事业单位，其下属分支机构和机关部室均为正科级建制。由此，河源广播电视台实现了宣传、事业和人、财、物的统一，激活了河源广电发展的潜力，形成了体制顺、人心齐、事业兴的局面。

二、所属单位发展概况

（一）河源人民广播电台

1992 年底，经市编委发文，在原源城区广播电视局的基础上筹备组建“河源人民广播电台”。经过半年多的筹备，河源人民广播电台于 1993 年 7 月 21 日挂牌成立，为副处级事业单位建制，1993 年 12 月 28 日正式开播。

1. 广播设施档次不断升级

河源人民广播电台刚成立时，可以说是“一穷二白”，播出设备非常简陋，仅有一台功率 100 瓦的调频发射机，其他设备加起来也不足 4 万元。1997 年，在上级的支持下，电台投资近 10 万元购置了一批广播设备，并在紫金宝山安装了一台功率 1 000 瓦的调频发射机和一台 300 瓦的备用机，使广播发射信号的覆盖面显著扩大。从此，河源电台才成为真正意义上的全市人民的广播电台。

为进一步扩大广播信号覆盖面，2001 年初，电台又筹资 18 万元添置了一台 3 000 瓦的立体声调频广播发射机。同年 9 月，再投入 14 万元改造宝山发射塔，将发射功率从 1 000 瓦扩大至 3 000 瓦。

为适应形势发展和需要，2002 年下半年，电台继续筹资 60 万元，在市区南端最高峰——桂山“千秀峰”兴建广播发射塔，同时在电台办公楼五楼建设“数字化音频工作站”。从此，河源人民广播电台从节目制作、信号传输到发射，全套设备已基本赶上形势发展的步伐，为电台今后的发展奠定了坚实的基础。

2. 广播节目水平不断提升

河源人民广播电台自1993年12月28日开播以来，一直注重抓好节目建设，确保节目水平不断提升。

河源电台成立之初，节目比较单一，以转播为主，中间插播少量本地新闻和广告。据统计，1993年至1994年，电台全年播出本地新闻不足600条，相当于2004年每个月的本地新闻播出量。2002年，电台开始进行广播新闻改革，强化凸显了广播新闻“新、快、短”的特色，使听众在短时间内获取更多、更鲜活的新闻信息。

为适应新形势的要求，电台根据不同层面听众群体的需求进行节目的定位设置。如，针对年龄不同设置了适合少儿和学生收听、参与的节目《七色彩虹》、《快乐满天下》，适合中老年收听的各类健康讲座，此外还设立了《资讯早班车》、《浪漫情歌》以及综合性的新闻舆论监督节目《行风热线》等。历年来，电台各类节目通过从包装到宣传，从形式到内容的不断调整和改进，质量和水平不断提高，吸引力不断增强，影响力不断扩大。目前，电台“综合频道”已基本形成了以新闻节目为主线，融社教类、资讯类、娱乐类、健康类节目于一体的格局。

3. 人才队伍素质不断提高

事业需要人才，人才决定事业。河源电台自建台之日起，就注重人才队伍建设。一方面，电台通过招聘引进各种人才，优化了人才队伍的结构。另一方面，通过选送人员参加培训、以老带新、在实践中学习等方法，提高原有人员的专业水平，使队伍整体素质得到不断提高。

建台初期，电台具有大专以上学历的人员约占在岗人员的17%，到2004年已达到52%；有专业技术职称的人员由原来占在岗人数的2.1%，到2004年已上升到44%，人员素质结构有了很大改善。

建台以来，电台通过不断实践、学习、提高，台领导班子积累了较为丰富的理论知识和实践经验。经营理念从行政式管理逐步向符合市场经济规律的制度化管理过渡。工作内容从原来单一的从事广播宣传工作开始转向多元化经营探索，向产业化方向发展。与此同时，一支采编播新闻专业人才队伍不断成长壮大。2004年以来，采制的新闻和社教节目获得省级以上奖项的达50件。

表1　河源人民广播电台历任负责人一览表

任职时间	职　务	
	台　长	副台长
1993年7月至2001年6月	陈国芳	郭蓬发、饶兆勇
2001年6月至2004年6月	刘永颂	饶兆勇、黄明东
2004年6月至2005年12月	饶兆勇	黄明东

（二）河源电视台

河源电视台是1991年12月9日经当时的国家广播电影电视部批准建立的，于1992年5月试播。建台之初仅有8名员工，设有新闻部、广告部和技术部3个部门。到2003年，电视台已发展到拥有50多名员工，其中有大专以上学历的38人，中级以上职称14人。设有新闻部、广告部、总编室、文艺专题部、办公室、技术部6个部门。先后办有《河源新闻》、《河源大地》、《今日话题》、《一周荧屏》、《一周新闻回顾》（周日播）、《新闻视野》（周六播）、《经济生活报道》、《民生快递》、《午间新闻》、《县区新闻300秒》等栏目，每天播出节目10小时，覆盖人口约500万。到2005年，电视台有近70篇作品在省获奖。自开播至2003年，成功举办了“异彩纷呈东江夜”河源小姐大赛，完成了“亚洲第一高喷泉开喷”、河源首届“十佳民警”评选、建台十周年庆典、河源建市十周年大庆、河源市区两届集体婚礼、2002年中国（河源）国际摩托艇明星对抗赛、2003年河源客家女选拔大赛等大型直（录）播活动。

2001年1月，河源电视台从仅有300多平方米的茶亭山电视塔办公场所搬到了3 000平方米的文明路办公楼新址，从建台初期的5台摄像机、3套编辑机，发展到2003年拥有17台摄像机、8套线性编辑机、11套非线性编辑机，并建有400平方米演播厅和大型磁带库，河源电视台的硬件设施逐渐完善起来。

为做好日常的新闻宣传工作，电视台打破“大锅饭”制度，实行奖金与工作任务挂钩。1998年，新闻部共有10人，其中记者5人，编辑2人，《河源新闻》节目长12分钟，播出新闻6～8条。新闻报道内容除了宣传市委市政府的主要工作外，记者还经常深入基层，积极报道基层的发展和百姓民生动态。从建台到2005年，电视台组织报道了一批又一批的重大新闻。如每年召开的“两会”、村村通公路大会战、京九铁路五指山隧道开工、恐龙蛋化石出土、九运会火炬传递仪式、各县区首届龙舟赛、万绿湖旅游开通、教育乱收费、2002年国际摩托艇大赛、2003年非典、高新区规划建设、创建中国优秀旅游城市等大型宣传活动，都取得了预期的宣传效果。

从1997年开始，电视台注重做好对外宣传工作，制定激励机制，鼓励多送新闻和专题片到省台、中央台播出。从1997—2003年，河源电视台传送省台的新闻播出量在21个地级市中排在15名以内，上送中央台的新闻播出量保持在前10名。随着新闻报道质量的提高，2000年之后，河源电视台传送省台、中央台的新闻和专题片数量大幅提升，每年传送省台的新闻播出量平均保持在100～130条。

1996—2005年，电视台专题部共摄制了近百部电视专题片和纪录片，内容有反映河源风土人情的，有追溯河源历史的，有折射河源发展的，有讲述百姓故事的，等等。随着拍摄制作水平的不断提高，专题部拍摄的优秀作品也不断增多。其中，《十年建市话河源》、《油坊》、《渔船》、《阿狗的故事》、《旅游旺市谱新篇》等多部作品分别获得省级或国家级荣誉。

表2　河源电视台历任负责人一览表

姓　名	籍　贯	职　务	任职时间	备　注
郭振芳	河源市龙川县	（市广电局副局长）市电视台筹备负责人	1990年3月—1993年1月	副处级
郭振芳	河源市龙川县	（市广电局副局长）台　长	1993年1月—1997年8月	副处级
汪小刚	江西省高安市	副台长	1996年1月—1999年7月	1997年8月起负责全面工作
汪小刚	江西省高安市	（市广电局副总编辑）台　长	1999年7月—2004年7月	副处级
冯永根	河源市龙川县	副台长	2001年12月—2006年2月	正科级
廖新民	河源市东源县	副台长	2001年12月—2006年2月	正科级
刘永颂	河源市东源县	（市广电局副总编辑）台　长	2004年8月—2006年2月	副处级

（三）河源市有线广播电视网络中心

1990年7月10日，“河源市有线电视服务站”成立，属科级事业单位建制，隶属河源市广播电视局，其主要职责是负责市区有线电视网络的规划、安装、维护、管理工作。

1991年7月10日，“河源市有线电视服务站”更名为“河源市有线电视台”，更名后的单位性质、级别、隶属关系等不变。

2002年7月，“河源市有线电视台”更名为“河源市有线广播电视网络中心”。

有线电视用户和节目数量不断发展壮大。1990年市区只有4 000多用户，节目只有12套，而且用电缆传输，到2004年发展到3.4万用户，有36套用光纤传输的节目，极大丰富了市民的生活。

2005年3月12日，经市委市政府批准，由原市电台、市电视台、市网络中心、市微波站、市电视广告制作中心、市周报社等单位组建成立河源广播电视台，为正处级事业单位。下设广播中心、电视中心、网络中心、经营管理中心、广电发射中心和广电周报社6个正科级分支机构，网络中心全称为“河源广播电视台有线广播电视网络中心”。

表3 河源市有线广播电视网络中心历任负责人一览表

姓　名	性　别	籍　贯	职　务	任职时间
杨富兰	男	河源市龙川县	市有线站副站长、市有线台副台长	1991年4月—1995年4月
			市有线台台长	1995年4月—2002年12月
			市有线广播电视网络中心主任	2002年12月—2005年12月
朱学万	男	河源市龙川县	市有线站副站长、市有线台副台长	1991年4月—2002年12月
			市有线广播电视网络中心副主任	2002年12月—2005年12月
杨赐强	男	河源市龙川县	市有线台副台长	1996年6月—2002年12月
			市有线广播电视网络中心副主任	2002年12月—2005年12月
张水清	男	河源市龙川县	市有线广播电视网络中心副主任	2002年12月—2005年12月

（四）河源市广播电视微波站

为加强河源山区广播电视事业建设，1989年8月23日，广东省广播电影电视厅和市政府决定在河源市区茶亭山建设微波接收发射铁塔和机房。1991年10月18日，河源市广播电视（茶亭山）微波站微波信号传输正式开通。路由：由紫金宝山中继站开口，经由河源三台山无源站传至茶亭山终端站。传输频率为U6吉赫，频率范围为6.4～7.1吉赫。

1992年4月24日，市编委根据“河机编〔1992〕7号”文件，同意茶亭山微波站以“河源市广播电视微波站”命名，为正科级事业单位，事业编制10名，站址设在茶亭山电视塔二楼，由广东省广播电视技术中心和河源市广播电视局实行双重管理。主要职责是贯彻党和政府关于广播电视方面的路线、方针、政策，为广播电视宣传服务并承担着省市间广播电视信号源的传输任务。按要求正向传送三套电视节目（中央一台和珠江台、岭南台）、四套广播节目（中央一台、广东新闻台、文艺台、珠江经济台），回向传送一路河源市广播电视信号至省电视台。

1999年10月至2005年6月，河源市广播电视微波站承担河源市广播电视局全市广播电视微波覆盖网（11吉赫）的维护和管理，共建设有东源蝉子顶、连平凹顶、和平仙女石、紫金宝山等中继站点和各县有线电视机房终端站，正向传送八套电视节目，各县回传一套当地节目，解决了各县广播电视重要节目信号源问题，并回传各县新闻到河源电视台播出，为当时河源电视台的《县区新闻300秒》提供信号保障。“龙川电视塔落成典礼”和“连平首届葡萄节晚会”通过市微波网传输到河源电视台进行播出，实现了异地现场直播。此覆盖网的建成，为当地的宣传工作作出了重要贡献。

表 4　河源市广播电视微波站（正科级）历任负责人一览表

姓　名	籍　贯	职　务	任职时间
彭景新	河源市紫金县	副站长（负责全面）	1992 年 5 月—1999 年 6 月
诸景强	河源市东源县	副站长	1998 年 6 月—1999 年 6 月
诸景强	河源市东源县	副站长（负责全面）	1999 年 6 月—2002 年 3 月 15 日
诸景强	河源市东源县	站　长	2002 年 3 月 15 日至今

（五）《河源广播电视周报》社

1993 年 12 月 28 日，河源市委宣传部为《河源广播电视周报》颁发了河源市内部资料准印证，批准《河源广播电视周报》为对开 4 版，可在全市城乡发行，准印证号为“河内准印第 023 号”。

1994 年 10 月 23 日，《河源广播电视周报》正式试刊。

1994 年 11 月 28 日，河源市委宣传部以“河宣发〔1994〕13 号”文件，同意成立《河源广播电视周报》社。河源市广播电视局局长魏金水兼任《河源广播电视周报》社社长，河源市广播电视局副局长邹道宏兼任《河源广播电视周报》社总编辑。成立初期，《河源广播电视周报》社在河源市新市区大同路 85 号有线电视大楼一楼办公，有干部职工九人。当时投入办报资金 20 多万元，购置了三套北大方正编辑出版设备。

1994 年 12 月 1 日，广东省新闻出版局为《河源广播电视周报》颁发了广东省报纸登记证，批准《河源广播电视周报》为对开 4 版，可在省内发行，刊号为 GD－0302。

1994 年 12 月 28 日，《河源广播电视周报》正式创刊。

1995 年 1 月 1 日，河源市广播电视局白桥桂兼任《河源广播电视周报》社总编辑。

2000 年 10 月，《河源广播电视周报》被纳入《广东电视周报》的统一出版、发行网中，整份报纸为 4 开 8 版，主要报道河源市及国内外影视歌坛盛事，展现明星风采，追踪影视热点，介绍河源市地方文化风貌及预告河源广播电视节目。

2002 年 1 月 19 日，《河源广播电视周报》与《广东电视周报》、广东电视台《外来媳妇本地郎》剧组演员在河源市区茶山公园举行了“《河源广播电视周报》创办七周年暨‘首届读者同乐日’”大型户外庆祝活动，吸引了 5 万多市民关注。

表 5　《河源广播电视周报》社历任负责人一览表

姓　名	职　务	任职时间
魏金水	局长兼社长	1994 年 11 月—2004 年 4 月
邹道宏	副局长兼总编辑	1994 年 11 月—1995 年 1 月
白桥桂	总编辑	1995 年 1 月—2004 年 6 月
巫洪涛	副社长	2002 年 10 月至今
周伟忠	副总编辑	2002 年 10 月—2003 年 5 月

（六）河源市电视广告制作中心

1997年6月28日，河源市广播电视局为整合资源，统一广告经营，决定合并原有的河源电视台广告部和河源市有线电视台广告部，设立“河源市电视广告制作中心”（即经营管理中心的前身），办公地址设在河源市新市区大同路85号（当时的有线电视台办公楼一层）。由于当时经济和人力较紧张，购置了一套JVC双卡双带编辑机和一台JVC摄像机以及一些简单的办公设备，总投入不到25万元。在员工只有六人的情况下，开始了电视广告的经营业务。

河源市电视广告制作中心成立后，解决了当时广告经营机构重叠、业务内耗大的问题，逐渐理顺了关系，调整了利益，统一了经营，扩大了收入。通过几年的发展，各项工作有了明显的进步，广告经营队伍逐渐成长，基础设施逐渐完善，广告收入稳步提高。到2004年，广告年收入达到580万元。

2000年至2004年，广告制作中心累计投入100多万元用于扩大经营场所和更换设备，先后购买了奥维迅2000非线性编辑机四套、索尼摄像机一台、广州现代飞越2000硬盘播出机一套、广州视讯广告管理系统一套等设备。

表6　河源市电视广告制作中心历任负责人一览表

姓　名	性　别	籍　贯	职　务	任职时间
利渊景	男	河源市紫金县	负责人	1997年6月—1999年4月
利渊景	男	河源市紫金县	主　任	1999年5月—2005年3月
唐小文	男	河源市龙川县	副主任	1999年5月—2005年3月
蒋　文	男	江西省九江市	副主任	2002年10月—2005年3月
刘　海	男	河源市龙川县	副主任	2002年10月—2005年3月

三、河源市广播电视局领导机构

（一）河源市广播电视局历任领导

表7　河源市广播电视局历任领导一览表

姓　名	籍　贯	职　务	任职时间	备　注
魏金水	河源市龙川县	副局长	1988年7月—1994年9月	
谢丰勇	广东省饶平县	副局长	1989年3月—1991年3月	
郭振芳	河源市龙川县	副局长 副总编辑	1990年3月—1997年8月	1993年1月兼电视台台长，1996年任副总编辑

（续上表）

姓　名	籍　贯	职　务	任职时间	备　注
邹道宏	河源市 龙川县	副局长 副总编辑	1991 年 3 月—1999 年 7 月	1996 年任副总编辑
魏金水	河源市 龙川县	党组书记、局长 总编辑	1994 年 9 月—2004 年 5 月	1996 年任总编辑， 2001 年任党组书记
廖　真	河源市 东源县	副局长 副总编辑	1999 年 7 月—2005 年 2 月	
黄新强	河源市 东源县	副局长 副总编辑	2001 年 6 月—2005 年 2 月	
汪小刚	江西省 高安市	党组书记 局长、总编辑	2004 年 6 月—2005 年 2 月	

（二）河源市广播电视局各科室历任负责人

表 8　河源市广播电视局各科室历任负责人一览表

序　号	姓　名	职　务	任职时间
1	白桥桂	综合科副科长	1990 年 9 月—1996 年 1 月
	白桥桂	宣传科科长	1996 年 1 月—2005 年 3 月
2	黄超群	宣传科副科长	1990 年 9 月—1993 年 4 月
	黄超群	宣传科科长	1993 年 4 月—1996 年 1 月
	叶运枚	宣传科副科长	2003 年 10 月—2006 年 2 月
3	李水清	事业科副科长	1990 年 9 月—1993 年 4 月
	李水清	事业科科长	1993 年 4 月—2005 年 3 月
4	谢振标	综合科科长	1996 年 1 月—1997 年 7 月
	谢振标	办公室主任	1997 年 7 月—2005 年 8 月

（三）河源市广播电视局历任党组成员

表 9　河源市广播电视局历任党组成员一览表

序　号	姓　名	职　务	任职时间
1	魏金水	党组书记	2001 年 8 月—2004 年 6 月
2	黄新强	党组成员	2001 年 8 月—2005 年 3 月
3	廖　真	党组成员	2001 年 8 月—2005 年 3 月

附录二 历史荣誉

表 1 获省直部门级集体荣誉称号一览表

序号	获奖年度	先进集体	荣誉或获奖等级	授奖单位
1	1996	河源电视台	1996 年度实施全民健身计划优秀报道奖	广东省实施全民健身计划委员会
2	1997	河源市广播电视局	省一级档案综合管理单位	广东省、市级档案评审组
3	1997	河源电视台	中国当代五老公益工程系列活动百家电视台大联播慈善单位	中华慈善总会、中国视协星月交辉工程组委会
4	1999	河源电视台	广东省全民健身活动日优秀报道奖	广东省体育局
5	2000	河源市广播电视局	1999 年度全省广播电视统计工作二等奖	广东省广播电影电视局
6	2002	河源市广播电视局	2001 年度全省广播电视统计工作一等奖	广东省广播电影电视局
7	2002	河源市广播电视局	党的十六大安全播出先进集体	广东省广播电影电视局
8	2002	河源市有线广播电视网络中心	2002 年度全省广播电视技术维护先进台站二等奖	广东省广播电影电视局

表 2 获市级集体荣誉称号一览表

序号	获奖年度	先进集体	荣誉或获奖等级	授奖单位
1	1997	河源电视台	1997 年度旅游工作表扬单位	河源市人民政府
2	1998	河源电视台	1998 年度旅游工作表扬单位	河源市人民政府
3	1998	河源电视台	创建双拥模范城工作先进单位	中共河源市委、市人民政府 河源军分区
4	2000	河源市广播电视局	办理代表议案建议工作先进单位	河源市人大常委会

（续上表）

序 号	获奖年度	先进集体	荣誉或获奖等级	授奖单位
5	2000	河源电视台	爱心献功臣行动先进单位	中共河源市委、市人民政府 河源军分区
6	2001	河源电视台	创建双拥模范城工作先进单位	中共河源市委、市人民政府 河源军分区
7	2001	河源电视台	工业服务工作先进单位	中共河源市委、市人民政府
8	2002	河源电视台	文明单位	中共河源市委、市人民政府
9	2003	河源人民广播电台	党的十六大宣传报道 工作先进单位	中共河源市委、市人民政府
10	2004	河源市广播电视局	2003 年度计划生育 工作先进单位	中共河源市委、市人民政府
11	2004	河源人民广播电台	河源市创建中国优秀旅游城市 工作先进单位	中共河源市委、市人民政府
12	2004	河源人民广播电台	文明窗口单位	中共河源市委、市人民政府
13	2004	河源人民广播电台	无偿献血先进奖	中共河源市委、市人民政府
14	2004	河源电视台	河源市创建中国优秀旅游城市 工作先进单位	中共河源市委、市人民政府
15	2004	河源电视台	河源市创建省级双拥模范城 工作先进单位	中共河源市委、市人民政府 河源军分区

表 3　获省部级先进个人荣誉称号一览表

获奖年度	先进个人	荣誉或获奖等级	授奖单位
2000	饶兆勇	1996—2000 年广播影视系统“三五”法制宣传教育工作先进个人	国家广播电影电视总局

表4　获省直部门级先进个人荣誉称号一览表

序号	获奖年度	先进个人	荣誉或获奖等级	授奖单位
1	1992	李石文	全省广播电视系统先进工作者	广东省广播电视厅
2	1996	周小莲	广东省广播电视统计工作先进个人	广东省广播电视厅
3	1998	邹道宏	档案达标升级先进工作者	广东省广播电视厅
4	1998	谢振标	档案达标升级先进工作者	广东省广播电视厅
5	1998	谢振标	全省广播电视信息工作先进个人	广东省广播电视厅
6	1999	谢振标	全省广播电视信息工作先进个人	广东省广播电视厅
7	2000	谢振标	全省广播电视信息工作先进个人	广东省广播电影电视局
8	2002	张庆华	广东省广播电视维护技术竞赛三等奖	广东省广播电影电视局
9	2002	汪小刚	广东省五一劳动奖章	广东省总工会
10	2002	肖根生	全省广播电视技术能手	广东省广播电影电视局
11	2003	朱玮珺	全省抗击非典宣传工作先进个人二等奖	中共广东省委宣传部
12	2003	翟源昌	全省抗击非典宣传工作积极分子	中共广东省委宣传部
13	2003	廖运林	全省抗击非典宣传工作积极分子	中共广东省委宣传部
14	2004	叶运枚	全省广播电视信息工作先进个人	广东省广播电影电视局

表5　获市级先进个人荣誉称号一览表

序号	获奖年度	先进个人	荣誉或获奖等级	授奖单位
1	1992	郭振芳	河源市社会主义文明建设积极分子	中共河源市委、市人民政府
2	1996	李绍希	创建文明单位积极分子	中共河源市委、市人民政府
3	1998	刘子权	创建双拥模范城活动先进个人	中共河源市委、市人民政府 河源军分区
4	2000	谢振标	办理代表议案建议工作先进工作者	河源市人大常委会
5	2003	刘永颂	十六大宣传报道先进个人	中共河源市委宣传部
6	2003	刘永颂	优秀党务工作者	中共河源市委

（续上表）

序 号	获奖年度	先进个人	荣誉或获奖等级	授奖单位
7	2003	邓海滨	十六大宣传报道先进个人	中共河源市委宣传部
8	2003	欧阳咏	十六大宣传报道先进个人	中共河源市委宣传部
9	2003	朱玮珺	优秀共产党员	中共河源市委
10	2004	车济民	精神文明创建活动积极分子	中共河源市委、市人民政府
11	2004	车济民	河源优秀人才	中共河源市委组织部
12	2004	车济民	创建中国优秀旅游城市工作先进个人	中共河源市委、市人民政府
13	2004	梁　雯	创建中国优秀旅游城市工作先进个人	中共河源市委、市人民政府
14	2004	梁　雯	2003 年度计划生育先进工作者	中共河源市委、市人民政府

表 6　获省级荣誉的广播类作品一览表

序 号	获奖年度	作品名称	获奖等级	授奖单位	主创人员
1	1995	《龙川卖掉豪华车建校舍》	1994 年广东新闻奖三等奖	广东省新闻工作者协会 广东省新闻学会	廖晓棠 陈其明
2	1996	《执着不悔谱乐章》	1995 年广东新闻奖三等奖	广东省新闻工作者协会 广东省新闻学会	廖晓棠 梁　雯
3	1996	《绿之赞歌》	（中国）国际广播音乐博览会优秀奖	广东国际广播音乐博览会	饶兆勇 廖晓棠
4	1996	《教育，和平人的另一条“京九”》	第二届广东省广播电视优秀播音作品奖三等奖	广东省广播电视协会	张　琼
5	1996	《午间娱乐城》	第二届广东省广播电视优秀播音作品奖三等奖	广东省广播电视协会	李彬彬
6	1997	《库区两千移民喜进乐源新村》	1996 年广东新闻奖三等奖	广东省新闻工作者协会 广东省新闻学会	饶兆勇 廖晓棠
7	1997	《积极乐观的心态，才是我们应取的生活态度》	第三届广东省广播电视优秀播音作品奖三等奖	广东省广播电视协会	李彬彬

（续上表）

序号	获奖年度	作品名称	获奖等级	授奖单位	主创人员
8	1998	《从修表到卖表》	广东改革开放二十年优秀新闻作品奖三等奖	广东省新闻工作者协会	饶兆勇
9	1998	《走近小阿狗》	1997 年广东新闻奖二等奖	广东省新闻工作者协会 广东省新闻学会	梁雯 杜伶俐
10	1998	《走近小阿狗》	第四届全国各地广播电台残疾人节目展播一等奖	中央人民广播电台 中国残疾人联合会	梁雯 杜伶俐
11	1998	《土地的召唤》	1997 年广东新闻奖三等奖	广东省新闻工作者协会 广东省新闻学会	曾春 黄世翻
12	1998	《丰碑，立在京九线上》	广东省广播电视优秀播音作品奖二等奖	广东省广播电影电视厅 广东省广播电视协会	张琼
13	1999	《个体老板写论文获金奖》	1998 年广东新闻奖三等奖	广东省新闻工作者协会 广东省新闻学会	饶兆勇 廖晓棠
14	1999	《来自“麻风村”的召唤》	1998 年度广东省广播电视新闻奖广播社教类三等奖	广东省广播电影电视厅 广东省广播电视协会	张丽萍 张琼
15	1999	《朱镕基肯定河源“千干扶千户”做法》	1998 年广东新闻奖三等奖	广东省新闻工作者协会 广东省新闻学会	饶兆勇 廖晓棠
16	1999	《爬行学童站起来了》	第四届广东残疾人事业好新闻广播类二等奖	广东省残疾人联合会 广东省新闻工作者协会 广东残疾人事业新闻宣传促进会	饶兆勇
17	2000	《揭开“白虎吃人”之谜》	广东新闻奖三等奖	广东省新闻工作者协会 广东省新闻学会	廖晓棠 张琼
18	2000	《成长，让我们不惧怕风雨》	1999 年度广东省广播电视新闻奖广播专题类三等奖	广东省广播电影电视厅 广东省广播电视协会	张丽萍
19	2001	《山区农民种“洋菜”赚“洋钱”》	2000 年度广东省广播电视新闻奖广播短消息类三等奖	广东省广播电影电视局 广东省广播电视协会	饶兆勇 廖晓棠

（续上表）

序 号	获奖年度	作品名称	获奖等级	授奖单位	主创人员
20	2001	《直言者——廖耀宪》	广东新闻奖广播新闻类三等奖	广东省新闻工作者协会 广东省新闻学会 广东新闻人才基金会	梁 雯 邓海滨
21	2001	《情牵聋哑儿》	第五届广东残疾人事业好新闻广播类优秀奖	广东省残疾人联合会 广东省新闻工作者协会 广东残疾人事业新闻宣传促进会	崔海深
22	2002	《我国首座环艺馆将在河源诞生》	第八届广东省广播电视播音与节目主持作品奖广播新闻播音类二等奖	广东省广播电影电视局 广东省广播电视协会	朱铭臣
23	2002	《盲人兄弟光明行》	广东新闻奖广播新闻类三等奖	广东省新闻工作者协会 广东省新闻学会 广东新闻人才基金会	梁 雯
24	2002	《盲人兄弟光明行》	第二届全省各市人民广播电台残疾人节目展播一等奖	广东省残疾人联合会 广东人民广播电台 广东残疾人事业新闻宣传促进会	梁 雯
25	2003	《墩头村委会向村民交出一份满意答卷》	2002 年度广东省广播电视新闻奖广播新闻类三等奖	广东省广播电影电视局 广东省广播电视协会	张文裕 黄世翻
26	2003	《重访苏家围》	2002 年度广东省广播电视新闻奖广播新闻类三等奖	广东省广播电影电视局 广东省广播电视协会	邓海滨 张丽萍
27	2003	《与书结缘 感悟人生》	2002 年度广东省广播电视新闻奖广播社教类三等奖	广东省广播电影电视局 广东省广播电视协会	崔海深
28	2004	《我是一名西藏兵》	广东新闻奖二等奖	广东省新闻工作者协会 广东省新闻学会 广东新闻人才基金会	钟梓梅
29	2004	《“水中国宝”桃花水母现身河源万绿湖》	2003 年度广东省广播电视新闻奖广播短消息类三等奖	广东省广播电影电视局 广东省广播电视协会	蓝瑞平 黄世翻 张文裕

（续上表）

序号	获奖年度	作品名称	获奖等级	授奖单位	主创人员
30	2004	《河源将建成首座环保博物馆》	广东省广播电视节目奖广播播音主持类二等奖	广东省广播电影电视局 广东省广播电视协会	朱铭臣
31	2004	《自信走出自强路》	第三届全省各市人民广播电台残疾人节目展播三等奖	广东省残疾人联合会 广东人民广播电台	张丽萍
32	2004	《捧起失落的希望》	广东省广播电视新闻奖广播社教类三等奖	广东省广播电影电视局 广东省广播电视协会	邵　童 芦　艳
33	2004	《在路上，做一个麦田捕手》	第十届广东省广播电视播音与节目主持作品奖广播社教、文艺节目播音（主持）类三等奖	广东省广播电影电视局 广东省广播电视协会	崔海深

表7　获省级及以上荣誉的电视类作品一览表

序号	获奖年度	作品名称	获奖等级	授奖单位	主创人员
1	1994	《九连山人有了程控电话》	广东新闻奖三等奖	广东省新闻工作者协会 广东省新闻学会	廖新民 张润才
2	1995	《农民张天送》	1994 年广东新闻奖三等奖	广东省新闻工作者协会 广东省新闻学会	车济民
3	1997	《高埔四名学生六年如一日护送残疾同学上学》	广东残疾人事业好新闻电视类优秀奖	广东省新闻工作者协会 广东省残疾人联合会	廖新民
4	1998	《阿狗的故事》	广东省宣传残疾人事业优秀电视作品	广东省广播电视协会 广东省残疾人联合会	车济民 涂少俊 甘　露
5	1998	《阿狗的故事》	1997 年广东新闻奖二等奖	广东省新闻工作者协会 广东省新闻学会	车济民 涂少俊 甘　露

（续上表）

序号	获奖年度	作品名称	获奖等级	授奖单位	主创人员
6	1998	《20 年间河源人民圆了千百年铁路梦》	广东改革开放二十年优秀新闻作品奖三等奖	广东省新闻工作者协会	廖新民 朱玮珺
7	1998	《我市出土六千万年前恐龙蛋化石全部得到完整保护》	1997 年广东新闻奖三等奖	广东省新闻工作者协会 广东省新闻学会	李燕南 朱　瑛
8	1998	《关于黄塘镇“搭车收费”的连续报道》	1997 年度广东省广播电视新闻奖电视新闻播音类三等奖	广东省广播电影电视厅 广东省广播电视协会	汤　荣
9	1998	《“罗食”脱贫记》	广东改革开放二十年优秀新闻作品奖三等奖	广东省新闻工作者协会	车济民 甘　露
10	1999	《阿狗的故事》	中国残疾人事业好新闻奖二等奖	中国残疾人联合会 中华全国新闻工作者协会 中国残疾人事业新闻宣传促进会	车济民 甘　露
11	1999	《万绿湖：我省环保教育基地》	1998 年广东新闻奖三等奖	广东省新闻工作者协会 广东省新闻学会	朱玮珺 骆新银
12	1999	《“罗食”脱贫记》	1998 年广东新闻奖三等奖	广东省新闻工作者协会 广东省新闻学会	车济民 甘　露
13	2000	《文明婚典上的不文明现象》	广东新闻奖三等奖	广东省新闻工作者协会 广东省新闻学会 广东新闻人才基金会	车济民
14	2000	《河源继出土恐龙蛋化石后又发现骨骼化石》	1999 年度广东省广播电视新闻奖电视新闻类三等奖	广东省广播电影电视厅 广东省广播电视协会	廖新民 朱玮珺
15	2000	《血，总是热的》	第六届广东省广播电视播音与节目主持作品奖电视新闻播音类三等奖	广东省广播电影电视厅 广东省广播电视协会	汤　荣
16	2001	《全国人大代表反映农民负担重　政府积极清理乱收费　农民叫好》	广东新闻奖电视新闻类三等奖	广东省新闻工作者协会 广东省新闻学会 广东新闻人才基金会	廖新民 张辉贤 甘　露 林耀斌

（续上表）

序号	获奖年度	作品名称	获奖等级	授奖单位	主创人员
17	2001	《忠信花灯》	广东省对外宣传电视专题节目第一届“南粤金鹊奖”作品奖三等奖	广东省人民政府新闻办公室 广东省广播电视协会 广东电视台	车济民 甘　露
18	2001	《新型农民创新生活方式》	广东新闻奖电视新闻类三等奖	广东省新闻工作者协会 广东省新闻学会 广东新闻人才基金会	廖新民 林选清 刘　萍
19	2001	《路，在山间延伸》	广东新闻奖电视社教类三等奖	广东省新闻工作者协会 广东省新闻学会 广东新闻人才基金会	车济民 刘子权 徐志凌 邹　云 陈宇平
20	2001	《人间自有真情在》	广东省对外宣传电视专题节目第一届“南粤金鹊奖”作品奖二等奖	广东省人民政府新闻办公室 广东省广播电视协会 广东电视台	车济民 甘　露 邹　云
21	2002	《铁拳出击摧庙会》	2001 年度广东省广播电视新闻奖电视新闻类三等奖	广东省广播电影电视局 广东省广播电视协会	朱玮珺 刘子权 车济民
22	2002	《铁拳出击摧庙会》	广东省社会治安综合治理好新闻三等奖	广东省维护稳定及社会治安综合治理委员会 广东省新闻工作者协会	朱玮珺 刘子权 车济民
23	2002	《和平县长“贿选”事件连续报道》	广东新闻奖电视新闻类三等奖	广东省新闻工作者协会 广东省新闻学会 广东新闻人才基金会	廖新民 林选清 刘子权 张辉贤 许志武 刘　萍 邹　云

（续上表）

序号	获奖年度	作品名称	获奖等级	授奖单位	主创人员
24	2002	《和平县长“贿选”事件连续报道》	广东人大新闻奖音像类三等奖	广东省人大常委会研究会 广东省新闻工作者协会 广东省人大新闻协会	廖新民 林选清 刘子权 张辉贤 许志武 刘　萍 邹　云
25	2002	《信息网络进山村　农民富了笑开颜》	2001 年度广东省广播电视新闻奖电视新闻类三等奖	广东省广播电影电视局 广东省广播电视协会	张辉贤 邹菡苕 张　琦
26	2002	《圆梦》	2001 年度广东省广播电视新闻奖电视社教类三等奖	广东省广播电影电视局 广东省广播电视协会	车济民 钟来全 徐志凌 朱玮珺 刘子权 蒋　文
27	2002	《信息网络进山村　农民富了笑开颜》	广东省广播电视新闻奖播音与主持类三等奖	广东省广播电影电视局 广东省广播电视协会	张　琦
28	2003	《油坊往事》	第五届百家电视台电视文艺节目展评活动奖银奖	中国广播电视协会	车济民
29	2004	《客家女阿萍》	2003“中国·横店影视城杯”纪录片大奖人文类短片优秀奖	中国广播电视协会纪录片研究委员会	车济民
30	2004	《制贩假烟分子难逃法网》	广东省广播电视新闻奖电视新闻类三等奖	广东省新闻工作者协会 广东省新闻学会 广东新闻人才基金会	朱玮珺 柴　飞 肖　戈 李燕南 匡永健 邹　云

（续上表）

序号	获奖年度	作品名称	获奖等级	授奖单位	主创人员
31	2004	《制贩假烟分子难逃法网》	第三届全省公安电视专题节目优秀奖	广东省公安厅 广东省广播电视协会	朱玮珺 柴　飞 肖　戈 李燕南 匡永健 邹　云
32	2004	《源城敢开全省先河免征农特税》	第十届广东省广播电视播音与节目主持作品奖电视新闻播音类三等奖	广东省广播电影电视局 广东省广播电视协会	汤　荣
33	2004	《源城敢开全省先河免征农特税》	广东新闻奖电视新闻类三等奖	广东省新闻工作者协会 广东省新闻学会 广东新闻人才基金会	廖新民 骆新银 林选清 汤　荣 许志武 刘子权
34	2004	《不息的高音喇叭》	广东省广播电视播音与节目主持作品奖三等奖	广东省广播电影电视局 广东省广播电视协会	匡永健

表 8　发表在省级以上刊物的论文一览表

序号	发表时间	作　者	标　题	发表媒体
1	2000	车济民	《心灵由理性而美——〈阿狗的故事〉创作体验》	《南方电视学刊》
2	2001	车济民	《特写镜头的表现魅力》	《电视研究》
3	2001	廖　真	《合力办好这个“窗口”》	《岭南新闻探索》
4	2001	车济民	《纪录片与蒙太奇散议》	《电视研究》

附录三 河源市广播电视局大事记（1988—2004年）

1988 年

4 月 2 日，河源市编委（河机编〔1988〕34 号）同意河源市文化体育委员会暂设“文化艺术科”、“体育科”、“广播电视科”。

5 月 4 日，中共河源市委组织部（河组干〔1988〕71 号）任命李石佑为广播电视科科长。

7 月 2 日，河源市编委（河机编〔1988〕99 号）同意撤销河源市文化体育委员会，设立“河源市文化局”、“河源市体育运动委员会”、“河源市广播电视局”。

7 月 4 日，中共河源市委组织部（河组干〔1988〕115 号）任命魏金水为河源市广播电视局副局长。

9 月 9 日，广东省广播电影电视厅厅长蔡辉一行 4 人到河源市广播电视局考察。

10 月 13 日，中共河源市委组织部（河组干〔1988〕85 号）同意成立河源市广播电视局党支部，任命魏金水为河源市广播电视局党支部书记。

11 月 29 日至 30 日，河源市第一次广播电视工作会议在源城区召开。副市长黄煜祯主持会议并讲话。

1989 年

3 月 8 日，《河源市 1989—1995 年广播电视发展规划》印发。至 1995 年底，河源市要建成河源市电视台、河源市立体声广播电台、河源市闭路电视播控中心，实现市区内能听到两套以上的立体声广播节目，看到六套以上彩色电视节目的目标。各县区要建成县广播电台和电视台，20% 的乡镇要建成调频广播电台，实现广播、电视覆盖率均达到 95% 以上的目标。

3 月下旬，河源市市区电视转播台正式试播。该台地处上城，塔高 10 米，发射功率为 50 瓦，主要转播岭南台电视节目。

8 月 23 日，广东省广播电影电视厅、河源市人民政府就加强河源山区广播电视事业建设举行联席座谈会。座谈会同意河源市广播电视微波站的选址：中继站设在紫金宝山，终点站设在河源市茶亭山，茶亭山建接收发射铁塔及机房，隔山北侧 200 米建控制中心，总占地面积 10 000 平方米。

10 月 26 日，河源市政府（河府办〔1989〕104 号）成立以市委常委、宣传部部长罗尚贤为组长，市政府各有关部门负责人为成员的河源市广播电视局工程筹建领导小组。

11 月 20 日，河源市广播电视局党支部印发《中共河源市广播电视局支部组织生活制度》，内容包括学习制度、民主生活会制度、三会一课制度、党员定期汇报制度。

1990 年

1 月上旬，“河源市广播电视工程申请立项”请示获省计划委员会批准。

3 月 20 日，粤东 721 台由惠州市移交给河源市，暂由市委宣传部接管和领导，在条件成熟时再移交河源市广播电视局管理。

4 月 3 日，广东省广播电影电视厅音像处为河源市广播电视局颁发广东省广播电影电视厅有线电视播映证。

4 月下旬，河源市广播电视铁塔（茶亭山）的设计、承建合同正式签订，上海同济大学负责设计，江西萍乡钢塔厂负责制造和安装。

5 月 1 日，河源市区有线电视网络正式开通，每天可播出六套以上的电视节目。

7 月 26 日，河源市编委（河机编〔1990〕74 号）同意成立“河源市有线电视服务站”，属科级事业单位建制；河源市编委（河机编〔1990〕75 号）同意成立“河源市广播电视微波站（筹建）”，属科级事业单位建制。

9 月 11 日，河源市广播电视塔（茶亭山）土建工程正式动工。

1991 年

4 月 25 日至 27 日，河源市各县区广播电视局局长第一次工作会议在市区召开。

7 月 10 日，河源市编委（河机编〔1991〕101 号）同意“河源市有线电视服务站”更名为“河源市有线电视台”。

10 月 18 日，河源市广播电视（茶亭山）微波工程正式开通。

12 月 9 日，国家广播电影电视部地方管理司、科技司（广地建字〔1991〕159 号）同意河源市建立电视台，确定台名“河源电视台”、台址“新市区茶亭山”、播出频道“DS－8”、发射功率“300 瓦”等相关参数。规定河源电视台职责“以转播中央台、省台电视节目为主，可自办新闻、专题和知识性、文艺性、服务性节目”。

12 月 20 日，河源市广播电视工程验收会在河源电视塔举行。专家组对此广播电视工程给予充分肯定，认为各方面的技术含量都符合要求。

12 月 24 日，河源市编委确定河源电视台为副处级单位建制。建台之初，全台仅有八名职工，向银行贷款 30 多万元购置了两台索尼 DXC－327（超 8）摄像机，索尼 9800、9850 编辑录放机各一套，一台索尼 2000 特技机等采编设备。

1992 年

1 月 11 日，中共河源市委市政府授予河源市广播电视局副局长郭振芳“河源市社会主义精神文明建设积极分子”荣誉称号。

1 月 15 日，广东省广播电影电视厅事业处同意茶亭山微波站以“河源市广播电视微波站”命名。

2 月上旬，河源市广播电视（茶亭山）微波工程被市政府列入“市直 28 项工程庆典活动”项目之一。

2 月 20 日晚，河源电视台现场直播“市直28 项工程庆典烟花晚会”，这是河源电视台成立以来的首次现场直播。

2 月 21 日，中共河源市委市政府在电视塔举行河源市广播电视工程竣工庆典仪式。中共广东省委省政府领导黄浩、刘竣杰、郑群，市委市政府领导张凯、梁戈文、张明东、罗尚贤，省广电厅工程师冯锡增及河源市广播电视局全体人员参加庆典活动。

3 月下旬，河源市广播电视局党支部被市直工委授予“先进党组织”称号。

4 月 24 日，河源市编委（河机编〔1992〕7 号）批准茶亭山微波站以“河源市广播电视微波站”命名，为正科级事业单位建制。

5 月 25 日，河源市广播电视局局长办公会议确定彭景新为河源市广播电视微波站负责人。

5 月 30 日，河源电视台开始试播。

9 月 26 日，中共河源市委、市政府（河委发〔1992〕13 号）作出《关于理顺市与区和区与区关系的决定》。《决定》第九条“关于广播电视管理”规定：撤销源城区广播电视局，源城区广播电视局的人、财、物归属河源市广播电视局，公园电视差转台的办公用房划给郊区广播电视局。

10 月 18 日，河源市广播电视局向广东省广播电影电视厅提交请示，要求将“河源人民广播电台”（FM 103.47 兆赫，发射功率100 瓦）由原来的设台单位“源城区广播电视局”更改为“河源市广播电视局”；将“河源人民广播电台”的发射功率由原来的100 瓦扩大到1 000 瓦。

1993 年

1 月 8 日，中共河源市委组织部（河组干〔1993〕6 号）任命郭振芳兼任河源电视台台长。

1 月，河源电视台制作《河源在改革中奋进》首部专题片，参加阳江、清远、河源三个新建市组织的建市五周年庆祝晚会和节目联播。

5 月 28 日至29 日，河源市广播电视工作会议在河源市广播电视局召开。中共河源市委常委、宣传部部长李万源出席会议并讲话。

7 月 21 日，河源市编委（河机编〔1993〕69 号）同意成立河源人民广播电台，为副处级单位建制。

7 月 21 日，中共河源市委组织部（河组干〔1993〕167 号）任命陈国芳为河源人民广播电台台长。

9 月，河源电视台先后开办《河源新闻》、《点歌台》栏目。

10 月 11 日，广东省广播电影电视厅（粤广厅管〔1993〕38 号）批准河源人民广播电台调频发射频率更改为 FM 91.1 兆赫。

12 月 28 日，河源人民广播电台正式开播。

12 月 28 日，《河源广播电视周报》经中共河源市委宣传部批准，获颁发河源市内部资料准印证（准印证号为“河内准印第023 号”），对开4 版，面向全市城乡发行。

1994 年

4 月 20 日，河源电视台开办《天气预报》栏目。

9 月 26 日，河源市人大常委会（河常任〔1994〕3 号）任命魏金水为河源市广播电视局局长。

10 月 23 日，《河源广播电视周报》试刊。

11 月 28 日，中共河源市委宣传部（河宣发〔1994〕13 号）同意成立《河源广播电视周报》社。社长由河源市广播电视局局长魏金水兼任，主编由河源市广播电视局副局长邹道宏兼任。

12 月 28 日，经广东省新闻出版局批准，《河源广播电视周报》发行创刊第一期，刊号为 GD－0302，刊期为周报，对开 4 版，省内发行。

1995 年

3 月 18 日，河源市广播电视局综合大楼（金视酒店）破土动工。大楼框架 8 层，占地面积 1 400 平方米，建筑面积约 3 200 平方米。

4 月 10 日，中共河源市委组织部（河组干〔1995〕49 号）任命杨富兰为河源市有线电视台台长。

4 月 28 日，河源人民广播电台在市区望江楼召开第一次特约通讯员会议。

8 月 20 日，河源人民广播电台实行节目改版，首次推出主持人直播板块节目，同时邀请嘉宾并开通热线电话让听众参与节目运作。

12 月 28 日，河源人民广播电台在市会议中心举办“河源人民广播电台建台两周年台庆文艺晚会”。中共河源市委常委、宣传部部长李万源出席晚会并致辞。

1996 年

3 月 6 日，由河源市广播电视局牵头主办的首届河源市（1995 年度）广播电视好新闻评选活动在河源电视台举行，共选出 14 件获奖作品。

4 月，河源市广播电视局开始对市区有线电视用户进行普查登记归档管理。

8 月 6 日，河源市广播电视局首次编委会在局长办公室召开。

9 月 27 日，河源人民广播电台首次开展户外活动，在市区龙津海鲜坊举行庆中秋文艺活动。

1997 年

1 月 7 日，河源市广播电视局与埔前镇委召开联席会议，专题研究埔前镇广播电视站人、财、物移交给河源市广播电视局管理问题。

1 月 8 日，广东省广播电影电视厅事业处、微波总站、河源市广播电视局和邮电部第四研究所对紫金—河源广播电视微波传输链路进行验收并顺利通过。

1 月 28 日，河源电视台转播台开始运行播出，该台设在海拔 780 米的紫金宝山，发射功率为 3 000 瓦。

2 月 21 日，河源市 1996 年度广播电视好新闻评选活动在河源电视台举行。经评委会认真审议，共有 15 件作品获奖。

3 月 4 日至 8 日，河源市广播电视局局长魏金水带队前往肇庆、云浮等市学习和考察广播电视广告经营以及有线电视联网情况。

3 月 6 日，河源电视台与广东省广播电视技术中心微波总站就河源电视台在紫金电视转播台（笔架山）设置 3 000 瓦电视发射机，并利用现有的河源至紫金微波线路传送河源电视节目问题签订协议书。

3 月 27 日至 28 日，河源市广播电视工作会议在河源市区召开。中共河源市委常委、宣传部部长李万源参加会议并讲话。

5 月 14 日至 31 日，河源市广播电视局副局长邹道宏随广东省广播电视考察团经香港前往西欧进行为期 17 天的考察访问。

6 月 6 日，河源人民广播电台首次通联工作会议在河源市区召开，会议表彰了一批优秀通讯员。

6 月 12 日，河源市推行国家公务员制度领导小组以“河人公〔1997〕51 号”文件，同意并批复了《河源市广播电视局建立和推行国家公务员制度实施方案》。

6 月 23 日，河源市电视广告制作中心获核发广告经营许可证，经营范围为设计、制作、发布、代理国内外电视广告业务。

6 月 27 日，河源电视台、河源市有线电视台、河源市电视广告制作中心签订了《关于联合经营电视广告有关问题的协议》。

6 月 28 日，河源市电视广告制作中心正式开业。中共河源市委常委、宣传部部长李万源等领导参加开业庆典仪式。

7 月 23 日，中共河源市委常委、宣传部部长李万源考察紫金宝山转播台。

8 月 13 日，河源市广播电视局编制了《河源市信息化发展“九五”计划及 2010 年规划》（广播电视部分），内含广播电视事业现状、广播电视网络特点、广播电视事业建设目标等内容。

9 月 9 日，河源市首次有线广播电视工作会议在龙川县召开。

9 月 23 日至 25 日，河源市广播电视局局长魏金水带队前往梅州、兴宁等市、县学习和考察有线电视联网工作。

9 月 26 日，河源人民广播电台在紫金宝山设置的 1 000 瓦调频发射机开始发射运作。

11 月 18 日，河源市档案局组织了由省、市级档案评审员组成的评审组对河源市广播电视局档案综合管理工作进行了考核评审。评审组一致同意评定河源市广播电视局为“省一级档案综合管理单位”。

12 月 9 日，河源电视台与河源市兄弟广告有限公司就河源电视台台标设计一事签订了协议书。

12 月 25 日，河源市编委发“河机编〔1997〕105 号”文，同意《河源电视台机构编制方案》。

12 月 28 日，中共中央政治局常委、国务院副总理朱镕基及其夫人劳安一行到河源视察工作。河源电视台以该主题采制的 12 分钟专题片《年末岁首喜逢春》和三条新闻当晚播出，引起社会各界关注。

1998年

1月2日至3日，河源电视台与河源市有线电视台联袂直播河源建市十周年“大型焰火晚会”、“中国歌舞团文艺晚会”、“庆典大会”、“万梓良义演晚会”。

3月17日至18日，全市广播电视工作会议在市区召开。

4月，河源市区第一期有线电视光缆工程开始施工（1998年12月竣工）。

5月15日至16日，广东省广播电影电视厅厅长许光辉率队考察河源市广播电视工作。中共河源市委常委、宣传部部长李万源陪同考察。

5月18日，河源人民广播电台采制的专题节目《走近小阿狗》获“第四届全国各地广播电视台残疾人节目展播”一等奖。

7月2日，河源市广播电视局建局十周年座谈会在河源电视台召开。

9月15日，河源市广播电视局搬迁至新市区沿江路8号1号楼办公。

10月21日，中共河源市委书记杨华维在市委副秘书长吴善平、河源市广播电视局局长魏金水的陪同下考察了河源人民广播电台。

10月28日，中共河源市委常委、宣传部部长李万源，副部长李石佑、郑俊强考察河源电视台。

11月9日至10日，河源市电视宣传工作会议在市区召开。中共河源市委常委、宣传部部长李万源出席会议并讲话。

11月13日，广东省广播电影电视厅发“粤广厅发〔1998〕390号”文，分别对河源人民广播电台、河源电视台、河源有线广播电视台重新登记进行了批复。许可证编号分别为：013190884、023190905、033190316。台标编号分别为：TB013190884、TB023190905、TB033190316。

11月19日，广东省广播电影电视厅（粤广厅发〔1998〕390号）同意河源市广播电视局设立的河源人民广播电台、河源电视台、河源有线广播电视台重新登记。登记后的台名分别为“河源市人民广播电台”、“ 河源市电视台”、“ 河源市有线广播电视台”。

12月3日，由广东省广播电影电视厅组织的“河源市有线广播电视传输网络总体规划、工程技术方案论证会”在河源市区举行。广东省广播电影电视厅专家论证小组认为，该方案依据充分、指导思想明确、设计合理、技术先进，同意通过论证。

12月28日，河源人民广播电台在市区举行五周年台庆文艺晚会。

1999年

1月19日，河源市广播电视局在河源市有线广播电视台举行“市区有线广播电视网络改造暨30套节目试播”仪式。中共河源市委书记杨华维率市五套班子有关领导出席仪式并致辞。

1月27日至28日，河源市广播电视工作会议在连平县召开。

2月8日，河源市广播电视局举行河源市“村村通广播电视”设备发送仪式。中共河源市委常委、宣传部部长李万源在设备发送仪式上致辞，副市长黄少良宣布仪式启动。

3 月 6 日至 9 日，河源市广播电视局与河源电视台联合在市区举办电视新闻理论讲座。

3 月 21 日，河源电视台推出《新闻视野》栏目。

3 月 27 日至 30 日，河源市广播电视局局长魏金水、副局长邹道宏先后到龙川、和平、连平、紫金、东源县检查“村村通广播电视”工作落实情况。

4 月 6 日，河源电视台《内部交流》创刊。

4 月 8 日，河源市“村村通广播电视”现场会议在和平县召开。

4 月 26 日至 27 日，广东省广播电影电视厅厅长许光辉一行视察了河源龙川、东源两县“村村通广播电视”工作。

5 月 5 日，河源电视台副台长汪小刚当选河源市第三届党代会代表。

6 月 1 日，副市长吴有必到河源电视台调研。

7 月 5 日，中共河源市委常委、宣传部部长叶祥昌看望河源市广播电视局机关全体工作人员。

7 月 17 日，中共河源市委组织部（河组干〔1999〕53 号）任命汪小刚为河源电视台台长。

7 月 19 日，河源市人大常委会（河常任〔1999〕5 号）任命魏金水为河源市广播电视局局长。

10 月 4 日，河源市广播电视微波联网（蝉子顶）工程正式动工。

12 月 16 日，河源电视台首次启动河源电视微波传输网现场直播“龙川人民迎澳门回归暨庆祝龙川广播电视发射中心落成文艺晚会”。

12 月 27 日至 28 日，河源市“村村通广播电视”工程通过省“村村通广播电视”工程领导小组检查验收。

2000 年

1 月 15 日，河源市广播电视微波联网工程开始向各县传输八套电视节目；至 20 日，整个工程调试安装结束。

1 月 28 日，河源市广播电视局在市区召开广播电视系统引进人员新春茶话会。中共河源市委常委、宣传部部长叶祥昌到会并讲话。

1 月下旬，河源市广播电视局副局长廖真与市长黄煜祯签订了《河源市创建中国优秀旅游城市工作责任书》。

3 月 2 日，河源市有线电视台开始进行市区有线电视用户建档工作。

3 月 22 日，河源市政府办公室（河府办〔2000〕23 号）对市国税局、河源市广播电视局等 26 个档案管理达标升级单位给予通报表扬。

4 月 23 日至 24 日，河源市广播电视工作会议在市区召开。

6 月 6 日，河源市广播电视局和局办公室主任谢振标分别被市人大常委会评为“办理代表议案建议工作先进单位和先进工作者”。

7月5日，国务院稽查特派员、原国家广播电影电视部副部长何栋材与省广播电影电视局有关领导一行四人前来河源考察河源人民广播电台、河源电视台、河源市有线电视台、河源市广播电视微波站。

7月25日，广东有线广播电视网络股份有限公司筹建领导小组副组长、省有线台台长王长利一行三人，就筹建网络公司有关事宜前来河源市广播电视局进行现场办公。

7月，河源电视台新购一栋办公楼，面积达2 947平方米，投入200多万元进行改造，建设了播控机房、磁带库、资料室、制作室、400平方米演播厅，购置了电视转播车，采访车辆增加到5辆。

8月11日，河源市广播电视局局长魏金水率局机关及所属电台、电视台、有线电视台副科以上干部共23人前往东源县顺天镇岩石村开展结对帮扶活动。

9月14日，河源市广播电视局下属的金视酒店举行开业庆典仪式。

10月16日，河源电视台推出《地方新闻300秒》栏目，龙川县、和平县、东源县、紫金县、连平县、源城区按星期一、二、三、四、五、日轮流播出各县区地方新闻。

10月31日，广东省各地级市“广播电视周报”刊号被取消，《河源广播电视周报》成为《广东电视周报》河源广播电视地方版。

11月7日，河源市广播电视局在市区召开“河源市广播电视系统庆祝第一个记者节”茶话会。

12月27日，河源电视台举行新办公大楼落成启用仪式。

12月29日，中共河源市委宣传部主办、河源人民广播电台承办的“迎接新世纪·海尔杯”群众歌唱大赛颁奖晚会在市会议中心举行。

2001年

2月1日，河源电视台正式搬迁到市区文明路51号办公大楼办公。

3月19日至21日，河源市广播电视工作会议在河源市区召开。中共河源市委常委、宣传部部长叶祥昌到会并讲话。

3月27日至28日，在深圳市举行的“广东省对外宣传电视专题节目首届‘南粤金鹊奖’”评选会上，河源电视台选送的《人间自有真情在》获二等奖。

3月28日，河源市总工会（河工复〔2001〕3号）同意成立河源市广播电视局工会委员会。

4月25日，河源市广播电视局召开第一届职工代表大会，选举李水清、廖荣章、车济民、蓝玉玲、周小莲五位同志为河源市广播电视局第一届工会委员。

5月14日，中共河源市直工委（河直委组字〔2001〕50号）同意成立中共河源市广播电视局委员会。

5月16日，中共河源市直纪工委（河直纪复〔2001〕8号）同意河源市广播电视局成立中共河源市广播电视局纪律检查委员会。

5月18日，国家广播电影电视总局同意河源电视台和河源市有线电视台合并为一个播出实体。

6月，中共河源市委组织部（河组干〔2001〕88号）任命刘永颂为河源人民广播电台台长。

6月22日，河源电视台举行庆祝建党八十周年文艺晚会暨1号演播室启播仪式。

7月5日，河源市电视广告制作中心与河源市气象台就《天气预报》电视栏目经营及播放问题签订了协议。

7月9日，中共河源市直工委（河直委组字〔2001〕69号）同意任命刘永颂为中共河源人民广播电台支部委员会委员、书记。

8月1日，河源市府办（河府办〔2001〕44号）印发了《河源市广播电视局职能配置、内设机构和人员编制规定》。

9月3日，河源市广播电视局广播电视监听监看领导小组编辑出版了第一期《河源视听反馈》。

11月1日，河源市广播电视局与紫金电视调频转播台就宝山3 000瓦广播调频发射机管理、维护等有关事项签订了协议。

12月6日，河源电视台在市区举行建台十周年答谢晚宴，并在市会议中心举行台庆文艺晚会。

2002年

1月19日，《河源广播电视周报》与《广东电视周报》、广东电视台《外来媳妇本地郎》剧组演员在茶山公园举行了"《河源广播电视周报》创办七周年暨'首届读者同乐日'"大型户外庆祝活动，吸引了5万多市民前往观看。

3月23日，河源市广播电视局搬迁至新市区兴源东路1号华怡集团办公楼九楼办公。

3月27日至28日，河源市广播电视工作会议在市区召开。

4月2日，河源市广播电视局获得"2001年度广东省广播电视统计工作一等奖"。

5月1日，河源电视台台长汪小刚被广东省总工会授予"广东省五一劳动奖章"荣誉称号。

6月12日至14日，广东省广播电视信息工作会议在河源市区召开。

6月30日，河源电视台自行设计安装的四讯道电视转播车首次投入使用，并成功直播了"河源市首届'联通新时空杯'龙舟赛暨第三届生态旅游推介会"。

8月5日，河源市广播电视局完整和安全转播中央、省台15套电视节目，获广东省广播电影电视局通报嘉奖。

10月，河源人民广播电台投资30万元组建的广播节目自动播控系统正式启动。

11月，河源人民广播电台筹资数十万元在市区南端最高峰——桂山千秀峰兴建广播发射塔。

11月13日，河源市人事局（河人字〔2002〕74号）同意组建以河源市广播电视局局长魏金水为主任委员、河源电视台台长汪小刚为副主任委员的第二届河源市播音初级专业技术资格评审委员会。

11月25日，中共河源市委宣传部主办、河源人民广播电台承办的"好歌颂中华"

歌唱大赛总决赛暨颁奖晚会在源城区会展中心举行。

12 月 1 日，河源电视台推出白天电视节目。

12 月 11 日，河源市广播电视局被广东省广播电影电视局评为“党的十六大安全播出先进集体”。

12 月 31 日，广东省广播电影电视局（粤广局发〔2002〕323 号）同意河源电视台压缩现有自办节目为一套自办电视节目：新闻综合频道；同意新开办一套节目：河源电视公共频道。

2003 年

1 月 25 日至 26 日，广东省广播电影电视局局长阎宪奇一行七人前来考察河源市广播电视工作。

3 月 14 日至 15 日，河源市广播电视工作会议在市区召开。

3 月 25 日，河源人民广播电台与市纪委纠风办、市文明办、市信访局联办的广播新闻舆论监督直播栏目《政风行风热线》开播。

4 月 3 日，河源市有线广播电视网络中心被广东省广播电影电视局授予“2002 年度全省广播电视技术维护先进台站二等奖”。

5 月 16 日，河源市广播电视局召开市直广播电视系统作风建设年活动动员大会。

6 月，桂山“好汉顶”广播发射塔工程竣工，并发射运作。发射功率 5 000 瓦，信号覆盖河源市五县一区以及周边的惠州、深圳、东莞等地。

6 月 18 日，中共河源市委书记梁伟发在市委常委、宣传部部长叶祥昌，市委副秘书长吴善平等人的陪同下，视察了河源人民广播电台、河源电视台等新闻单位。

7 月 2 日，河源市广播电视局在河源电视台七楼演播厅举行“庆祝河源市广播电视局成立十五周年文艺晚会”。

7 月 12 日，河源市广电系统新闻采编人员资格培训考试在市第一小学举行，共有 114 人参加，分三个试室进行。

8 月 18 日，中共河源市委宣传部主办、河源人民广播电台承办的“爱我家乡 · 唱我河源”歌唱大赛总决赛暨颁奖晚会在市会议中心举行。

8 月 29 日至 30 日，河源市广播电视系统采编人员培训班在市区举办。培训班邀请了省局副总编辑、省广电协会会长孙孔华和广东电台新闻频道主任监制邱丽萍授课。全市广播电视系统有 100 名采编人员参加了培训。

9 月 27 日，河源市广播电视安全播出工作会议在市区召开。

12 月 1 日，河源电视台《河源新闻》节目首播时间调整至每晚 8：00。

12 月 23 日至 24 日，河源市 2003 年度广播电视好新闻奖评选会议在龙川县举行。会议还特邀省广电协会会长孙孔华、副会长阙子民和蔡贤盛前来指导广播电视节目主创人员进行精品创作。

12 月 28 日，河源人民广播电台在河源市区举行建台十周年文艺晚会。

2004年

1月9日至10日，以中共广东省委副书记蔡东士为团长，省广播电影电视局局长王克曼为副团长的省委省政府送温暖慰问团一行二十多人到河源电视台进行慰问，并召开了座谈会。中共河源市委书记梁伟发，市委常委、组织部部长刘小华，市政府副市长张育文，市委副秘书长、办公室主任吴善平，河源市广播电视局局长魏金水等同志陪同慰问。

1月18日，经中共广东省委同意，省文化体制改革试点工作领导小组召开广东省广播电视集团化改革工作会议暨南方广播影视传媒集团成立大会。市政府副市长吴有必、市委宣传部副部长郑俊强、河源市广播电视局局长魏金水参加了会议。

3月19日，中共河源市委（河委〔2004〕13号）对市纪委、河源市广播电视局等荣获“2003年度计划生育工作先进单位”称号的单位予以通报表彰。市委办、市府办（河委办发〔2004〕8号）对市财政局、河源市广播电视局等荣获“2003年计划生育综合治理工作目标管理责任制考核达标”称号的单位予以通报表彰。

3月21日，在2003年度广东省广播电视新闻奖评选会上，河源人民广播电台选送的《我是一名西藏兵》荣获广播社教专题二等奖。

3月25日至27日，以广东省广电局党组副书记、副局长、南方广播影视传媒集团副总裁梁浩泉为组长的调研小组一行十三人先后到河源市区、东源县、和平县就集团化建设问题进行了调研。

3月26日，河源市广播电视局在河源电视台举行了“南方广播影视传媒集团河源广播电视台”成立挂牌仪式。

6月18日，中共河源市委组织部（河组干〔2004〕44号）任命汪小刚为河源市广播电视局党组书记。

6月25日，河源市人大常委会（河常任〔2004〕5号）任命汪小刚为河源市广播电视局局长。

7月，国务院纠风办在内蒙古包头市召开全国部分省（区）、市“政风行风热线”工作座谈会，河源市作为广东省唯一代表在会上介绍经验。

8月，广东省民主评议行风工作座谈会在河源市召开，河源《政风行风热线》经验在全省推广。

8月12日至14日，河源市广播电视局副局长廖真带领局宣传科和河源电视台中层以上干部共十五人，前往清远、中山、江门等市参观，学习开办公共频道的经验。

8月20日，河源电视公共频道开始试播。

8月26日，中共河源市直工委（河直委组字〔2004〕72号）就河源市广播电视局党组织设置事宜给予批复，同意“中共河源市广播电视局委员会”更名为“中共河源市广播电视局机关委员会”、“中共河源市有线电视台支部委员会”更名为“中共河源市有线广播电视网络中心支部委员会”，设立“中共河源市广播电视微波站支部委员会”和“中共河源市电视广告制作中心支部委员会”。

9月9日，中共河源市委书记梁伟发在市委常委、宣传部部长黄建中和市委常委、秘书长刘嘉文等的陪同下，到《河源日报》社、河源市广播电视局、河源电视台等单位调研。

9月16日，河源市广播电视工作会议在市区召开。

9月24日，河源市发展计划局（河计社〔2004〕170号）同意市区有线广播电视网络双向改造建设项目立项。

10月1日，河源电视台新闻节目《河源新时空》更名为“河源新闻”。

10月30日，河源市广播电视局筹集3万元资金，如期完成了紫金县龙窝镇彭坊村3公里行政村公路水泥硬底化建设任务。

11月，河源人民广播电台被中共河源市委、河源市人民政府评为“文明窗口单位”。

11月，河源市电视广告制作中心与央视索福瑞签订了《收视调查数据合同》。此后，电视节目在河源的收视率开始有了权威数据发布。

11月2日，中共河源市直工委（河直委组字〔2004〕98号）同意河源市广播电视局机关党委设立中共河源市广播电视局机关纪律检查委员会。

11月12日，南方电视台与河源广播电视台在河源电视台举行联合发展签字仪式。南方电视台台长区念中与河源市广播电视局局长汪小刚签订了联合发展协议。

11月24日，河源市区至县有线广播电视光纤联网工程竞争谈判招标会在广州举行，广州视讯器材公司以每公里1.48万元的价格中标。

11月30日，河源市区至县光纤联网工程协调会在市区举行。河源市广播电视局和局网络中心有关领导以及东源、连平、和平县局负责人参加了会议。

12月9日，经河源市委市政府同意，市委办、市府办（河委办发〔2004〕50号）转发了《河源市文化管理体制改革领导小组〈关于在全市建立文化市场综合执法机构的实施方案〉的通知》。文件规定，调整归并市、县区现有的文化、广电、新闻出版行政管理部门，分级设立文化广电新闻出版局。剥离了行政职能后的河源广播电视台为正处级事业单位，县广播电视台为正科级事业单位，经费按原供给渠道。

12月20日至22日，河源市2004年度广播电视好新闻奖评选会议在和平县举行。评选会特邀请了省广电协会会长孙孔华、副会长阙子民前来指导广播电视节目主创人员进行精品创作。

编后记

经过全体编纂人员的通力合作，河源广播电视台成立以来的第一册史志类图书《河源广播电视台志》终于问世了，这是河源广播电视台的一大喜事，值得庆贺。

回眸过去，是为了更好地前行，《河源广播电视台志》的出版正是题中之义。近年来，在河源市委市政府的领导下，在市委宣传部的指导下，河源广播电视台奋勇拼搏、锐意进取，不断发展壮大，成为河源地区有重大影响力的主流媒体，并在新闻宣传中当好党、政府和人民的喉舌，成为推动河源加快崛起的舆论主战场。梳理总结河源广播电视台的发展轨迹，鼓舞人心、催人奋进。为进一步激励全台员工团结一致、开拓创新，同时让艰苦创业、勇于拼搏、善于创新、不断进取的广电精神传于后世，河源广播电视台领导班子于2013年1月作出了编纂台志的决定。

为做好台志的编纂工作，2013年2月，河源广播电视台成立了台志编纂组，由副台长叶振廷同志具体负责，并从台内抽调11名熟悉广电业务、文笔较好、综合能力较强的员工参与编纂工作。台机关各部室、分支机构、下属机构也抽调相应人员作为本部门的供稿员，收集、整理部门资料。在编纂过程中，相关人员以高度负责的态度认真编写。虽然编写队伍不是专业的，且缺乏相关经验，但编纂人员通过研读、借鉴同类书籍及虚心请教专家、学者等形式，初步了解了志书的编写体例、书写格式和子目分类等，并边学习边编写，不断提高修志理论水平和业务能力。

《河源广播电视台志》的编纂是一项光荣而艰巨的任务。洋洋洒洒数十万字，凝聚了参与人员辛勤的汗水。台机关各部室、分支机构和下属机构对涉及本单位和部门的篇章节点尽职尽责，及时供稿；编纂小组更是精益求精，在组稿过程中，小到标点符号、时间地点，大到段落行文、逻辑推理都力求准确无误，经得起历史的检验。正是有这种一丝不苟的精神，在很短的时间里，《河源广播电视台志》终得付梓。

在台志编辑过程中，台领导班子高度重视，多次开会研究编纂工作，要求编纂人员要以对河源广电历史负责的态度，全力以赴，高质量完成工作任务。台领导班子成员在日常工作任务繁重的情况下，仍然挤出时间认真审阅文稿，并提出宝贵意见。

几经推敲，数易其稿，《河源广播电视台志》如期出版。逾50万字500多张图片的《河源广播电视台志》着重记述了河源广播电视台建台以来的发展史。时间上自南方广播影视传媒集团河源广播电视台挂牌成立之日起，下至2013年12月，是一部全面反映全台基本情况和发展变化、客观记述建台以来广播电视各方面建设成就的史志类图书。而河源广播电视台成立前的有关情况也附录于后，以备查阅。

本书在编辑出版过程中，得到吴木老师的帮助和指导，同时也得到河源市史志办和暨南大学出版社等部门的热情帮助。对本书出版提供过帮助的其他朋友，在此一并致谢。

由于编纂时间较为仓促，编写人员专业知识有限，书中难免有不当之处，请新闻界同仁以及广大读者予以批评指正。

《河源广播电视台志》编辑部

2015 年 6 月 10 日

供稿人员：（以姓氏笔画为序）

邓海滨　冯少珍　朱铭臣　朱玮珺　刘传儒　刘　海　许志武
巫丽香　邹蕊莴　张　琦　张庆华　周小莲　钟志明　钟梓梅
徐志凌　郭佳红　黄伟发　梁　雯　赖晓君　蔡启发